总体国家安全观系列丛书

生物安全与国家安全

Bio-Security and National Security

中国现代国际关系研究院 著

时事出版社
北京

图书在版编目（CIP）数据

生物安全与国家安全 / 总体国家安全研究中心，
中国现代国际关系研究院著．-- 2 版．-- 北京：时事出
版社，2025.3. -- ISBN 978-7-5195-0588-2

Ⅰ．D631

中国国家版本馆 CIP 数据核字第 2025SJ6984 号

出版发行：时事出版社
地　　址：北京市海淀区彰化路 138 号西荣阁 B 座 G2 层
邮　　编：100097
发行热线：（010）88869831　88869832
传　　真：（010）88869875
电子邮箱：shishichubanshe@sina.com
印　　刷：北京良义印刷科技有限公司

开本：710mm × 1000mm　1/16　印张：24.5　字数：267 千字
2025 年 3 月第 2 版　2025 年 3 月第 1 次印刷
定价：65.00 元

主　编

张　力

撰稿人

邓门佳　刘　冲　孙　冉

孙　红　杨　霄　林一鸣

郭晓兵　唐新华　梁建武

韩一元

总体国家安全观
系列丛书

《生物安全与国家安全》
分册

总　序

总序

一

摆在读者面前的这套丛书，名为“总体国家安全观系列丛书”，共六册。分别是《地理与国家安全》《历史与国家安全》《文化与国家安全》《生物安全与国家安全》《大国兴衰与国家安全》《百年变局与国家安全》。

我们试图以一种通俗而不失学术、鲜活而不失严肃的方式，让读者走进国家安全这个既神秘高端又同我们每个人息息相关的领域，在拓展知识开阔眼界的同时，提升我们的国家安全意识，增强统筹发展和安全的本领，为中国从大国走向强国奠定思想基础。这是我们学习领会习近平总书记创造性提出的总体国家安全观的一种尝试，也是现代院作为国家高端智库的一份责任。

国家安全离我们很远，诸如所谓“三海”（台海、南海、东海）问题，“三边”（边疆、边界、周边）问题，中美关系问题，政治安全、国土安全、军事安全、经济安全、金融安全、文化安全、社会安全、科技安全、网络安全、生态安全、资源安全、核安全、海外利益安全、深海安全、极地安全、太空安全、生物安全、人工智能安全等等问题，看似是“居庙堂之高”的党政领导干部关心关注的话题；国家安全又离我们很近，你说身边哪件事情跟国家安全完全没有关系？美国对华贸易战、香港“修例风波”、新冠肺炎疫情肆虐……不仅攸关我们的日常生活，甚至改变我们的人生轨迹。国事家事天下事，从来没有像今天这样紧密缠绕，深刻影响着我们每一个人。

我们生活在一个伟大的时代，比历史上任何时期都更接近民族的伟大复兴；我们生活在一个剧变的时代，世界正经历百年未有之大变局；我们生活在一个跨越的时代，中国从大国走向强国，从高速度发展走向高质量发展，从全面建成小康社会走向全面建设社会主义现代化国家……凡此意味着，我们面临的国家安全形势更加复杂，我们维护国家安全的任务更加艰巨。

改革开放 40 多年，我们坚持以经济建设为中心，坚持发展是第一要务，强调发展是硬道理，实现了初步崛起，取得了举世瞩目、史所罕见的历史性成就，中国人民为之自豪！世界人民为之钦羡！党的十八大以来，中国的发展进入新时代；今天，中华民族伟大复兴从“第一个百年”征程转向“第二个百年”目标。

毫无疑问，作为世界上最大的发展中国家，发展依然是中国的中心任务。但中美博弈加剧、香港“修例风波”、新冠肺炎疫情肆虐、金融风险升高、网络安全隐忧，几乎同时从不同领域不同方面向我们发出了警告：缺乏安全的发展有可能使我们遭遇“半渡而击”的不测，有可能使我们积累的财富一夜归零，也有可能使我们无穷接近的民族复兴无法抵达胜利的彼岸。

因此，在坚持发展的同时，国家安全问题非常紧迫地摆在中国人面前。如果说过去 40 多年我们较好处理了“改革、发展、稳定”的关系，那么未来 30 年我们则必须处理好“开放、发展、安全”的关系。站起来阶段，我们更强调安全；富起来阶段，我们更重视发展；强起来阶段，我们则必须兼顾发展和安全。如何统筹发展和安全两件大事？如何在更高水平开放条件下动态维护国家安全？什么是中国特色的国家安全道路？成为时代留给当下中国人的一道必答题。

二

对于这道必答题，以习近平同志为核心的党中央给出了答案。随着时间推移，答案愈清晰、科学、精准。

2013 年 11 月，党的十八届三中全会决定成立国家安全委员会。习近平总书记指出：

> 国家安全和社会稳定是改革发展的前提。只有国家安全和社会稳定，改革发展才能不断推进……设立国家

安全委员会，加强对国家安全工作的集中统一领导，已是当务之急。

2014年4月15日，在中央国家安全委员会第一次会议上，习近平总书记创造性地提出总体国家安全观，指出：

> 当前我国国家安全内涵和外延比历史上任何时候都要丰富，时空领域比历史上任何时候都要宽广，内外因素比历史上任何时候都要复杂，必须坚持总体国家安全观，以人民安全为宗旨，以政治安全为根本，以经济安全为基础，以军事、文化、社会安全为保障，以促进国际安全为依托，走出一条中国特色国家安全道路。

4月15日自此成为中国的全民国家安全教育日。

2014年11月28日，习近平总书记在中央外事工作会议上指出：要“统筹国内国际两个大局，统筹发展安全两件大事”。

2015年12月16日，习近平总书记在第二届互联网大会开幕式主旨演讲中指出：

> 安全和发展是一体之两翼、驱动之双轮。安全是发展的保障，发展是安全的目的。

2016年1月18日，在省部级主要领导干部学习贯彻党的十八届五中全会精神专题研讨班上，习近平总书记指出：

> 推动创新发展、协调发展、绿色发展、开放发展、共享发展，前提都是国家安全、社会稳定。没有安全和稳定，一切都无从谈起。

2017年10月18日，在党的十九大报告中，坚持总体国家安全观被纳入新时代坚持和发展中国特色社会主义思想的基本方略，并被写入党章。

2020 年 7 月 30 日，在中央政治局会议上，习近平总书记首次提出“更为安全的发展”，指出要“实现更高质量、更有效率、更加公平、更可持续、更为安全的发展”。

2020 年 10 月 29 日，党的十九届五中全会在《中共中央关于制定国民经济和社会发展第十四个五年规划和二〇三五年远景目标的建议》中，设专章论述“统筹发展和安全，建设更高水平的平安中国”，对坚持总体国家安全观尤其是统筹发展和安全浓墨重彩，将安全提升到和发展并重的位置，并将其作为“十四五”时期中国经济社会发展的指导思想，这在中国发展史上具有里程碑意义。

2020 年 12 月 11 日，中共中央政治局专门就切实做好国家安全工作这一主题进行第二十六次集体学习，习近平总书记就贯彻总体国家安全观提出 10 点要求，也即“十个坚持”，标志着总体国家安全观的思想体系和理论体系已然成型，堪称习近平新时代中国特色社会主义思想的“国家安全篇”。

总体国家安全观从最初提出到不断完善，统筹发展和安全从被重视到成为中国经济社会发展的指导思想，安全发展理念被要求贯穿到中国发展各领域和全过程，“十个坚持”系统集成，自成体系……凡此意味着，中国特色的国家安全思想和中国特色的国家安全道路逐步形成，而总体国家安全观就是集中体现。这也就意味着，总体国家安全观不只是国家安全职能部门的工作指引，而应成为从事各项工作的党政干部的世界观和方法论，成为从大国走向强国的中国人民的必修课。

三

我们这套丛书，正是循着上述思路，试图站在中华民族伟大复兴战略全局和世界百年未有之大变局这“两个大局”，以及新发展格局和大安全格局这“两个格局”的高度，立足“两个一百年”历史交汇期的特殊时间节点，从历史的长河、地理的视域、文化的纵深、大国兴衰的规律和百年变局的沉思等不同角度和维度，全景式、大视野认识国家安全。新冠肺炎疫情的突发和泛滥，促使我们对国家安全又多了一份从生物安全角度的思考，凡此汇编成六册，作为“总体国家安全观系列丛书”的第一辑，奉献给读者。

时间紧，任务重，责任大。丛书编者们大多是从事国际战略、区域国别和国家安全问题研究的学者，不乏知名专家，但从学习领会总体国家安全观入手，从历史、地理、文化诸角度看国家安全，却是一种全新的尝试和初步的探索。加之从一开始我们就商定，这套丛书必须通俗易懂、喜闻乐见，既要有国家安全主题的严肃性、政论性，又要兼顾可读性、知识性，总之让读者愿意看，且看后有收获，对编者们确实提出了挑战。

不论怎样，大家暂时放下手边的工作，全身心投入这项全新的事业，虽不时有“书到用时方恨少”之叹和“独上高楼，望尽天涯路”的茫然，但其中的责任感、使命感是真实且真诚的。

至于六册书的具体内容，各分册主编在书的前言都做了概述或导读，不乏精彩呈现。比如，谈历史与国家安全，从秦朝二世而亡，到“无事袖手谈心性，临危一死报君王”的明朝灭亡启示录，涉及中国历史的多个片段，从国家安全视角看历史，给人不一样的启发。谈地理与国家安全，突出“一方水土养一方人”，从俄罗斯的广袤到新加坡的狭小，从北极变迁到气候变化，从地理环境决定论到人定胜天，从地缘战略到首都安全，天南地北，无所不包。谈文化与国家安全，既有印度的种姓制度，也有日本的圈子文化，有阿拉伯人的困惑，有犹太人的韧性，由此解析国家安全的文化密码。至于大国兴衰与国家安全，百年变局与国家安全，可谓跌宕起伏，云谲波诡……在此不一一介绍了。借用一句广告词：更多精彩内容，敬请读者鉴赏。

编写本套丛书是一次初步的尝试，加之知识储备的限度，其中错舛自然难免，我们会不断修正、完善、改进，为我们接续编写丛书的第二辑积累经验。

是为序。

中国现代国际关系研究院院长　袁鹏

前　言

前言

突如其来的新冠肺炎疫情，把重大传染病和生物安全风险对人类生存和发展的威胁展现无遗。疫情波及范围之广、领域之多、烈度之深，历史罕见。疫情按下了“百年未有之大变局”的加速器，成为大变局的一个标志性事件。

生物安全事件一旦爆发，可致病伤人，可亡国灭种，切实关乎国家安全、人类安全。目前，全球生物安全形势日趋严峻。全球化便利了传染病和生物安全风险的跨境传播；人类活动范围的拓展侵害了其他生物的领地，越来越多的病毒、细菌和疾病也加速“越界”侵袭；生物技术的发展带来的双刃剑效应越来越突出。为应对全球生物安全形势的变化，各主要大国都在加紧生物安全能力建设。

何为生物安全？ 2020 年 10 月 17 日，十三届全国人大常委会第二十二次会议通过的《中华人民共和国生物安全法》指出：所谓生物安全，“是指国家有效防范和应对危险生物因子及相关因素威胁，生物技术能够稳定健康发展，人民生命健康和生态系统相对处于没有危险和不受威胁的状态，生物领域具备维护国家安全和持续发展的能力”。生物安全是国家安全的重要组成部分。

习近平总书记提出的“总体国家安全观”，是做好新时代中国国家安全工作和维护国际安全的重大战略思想，也为我们研究生物安全与国家安全提供了指针。习近平总书记高度重视生物安全，他指出：“要从保护人民健康、保障国家安全、维护国家长治久安的高度，把生物安全纳入国家安全体系，系统规划国家生物安全风险防范防控和治理体系建设，全面提高国家生物安全治理能力。要尽快推动出台生物安全法，加快构建国家生物安全法律法规体系、制度保障体系。”关注和重视生物安全，普及生物安全常识，是贯彻总体国家安全观、维护和塑造新时代中国国家安全的必然要求。

艺术作品中曾有过关于“黄昏十二乐章”的神话描述。据说分别代表着宇宙十二种规则，蕴含着毁天灭地的力量。一旦“十二乐章”齐奏，人世间所有的生命都会逝去，陷入无尽的黑暗。生物安全风险对人类的危害之大，足以匹敌这样的力量。本书希望借此奏响一曲唤起我们共同重视生物安全、维护生物安全的黎明之歌、生命之歌。

本书以总体国家安全观为指导，以生物对国家安全的影响为主题，共分十一章，涉及生物安全概述、传染病与公共卫生、动物疫情、外来生物入侵与物种安全、生物资源与人类遗传资源安全、微生物耐药安全风险、生物武器与国家安全、实验室生物安全保障、生物多样性与生态系统安全、现代生物技术的安全与伦理以及如何应对全球生物安全面临的新挑战等议题。全书选取了一些中外案例，希望尽量做到通俗易懂，与读者们一起加深对生物安全与国家安全紧密关系的理解。

中国现代国际关系研究院

《生物安全与国家安全》课题组

目　录

经历过了非典型性肺炎（SARS）、
炎疫情的中国人，对生物安全这个概念
以往庙堂之论，已经飞入寻常巷陌。生
很强专业性的跨学科议题，所系甚广、
时，生物安全更是攸关每位公民、每个
的热点话题，必须重视、必须普及。生
最切身的安全。无论是公共卫生、食
渔、物种生态，还是生物新技术、新威
挑战，归根到底都是人的安全。正因如
要科学探索、严谨论证，更应科学普及
就是生物安全问题最突出的两面性，也
社会分歧的根源所在。因此，提高普通
的科学、理性认识，是构建全社会生物
力的关键一环，也是建构起生物安全与
戚相关、紧密联系的根本纽带。于是，

1

第一章

生物安全纵横谈

国家安全，既需要一些纵论横谈，更需要一些活生生的例证，于管窥中解析脉络精髓，从枯荣里阅览春秋古今。

人的安全是最大的国家安全

“医及国家乎？上医医国，其次疾人，固医官也。”《国语》为我们呈现了这样一种生物安全与国家安全之间关系的哲学观，即上医医国、大医治世。自人类文明肇始，治病救人就与济世治国深度交融。生物安全威胁自人类文明兴起之日就是切肤之疾，而生物安全自国家诞生就是关乎国之存亡的大事。

上下五千年，多少部落生灭，多少民族兴亡。因大规模疫情暴发引发人种的灭绝和文明消亡的案例并不在少数。炎黄华夏，于苍茫穹宇中滋长繁衍、绵延永续，独特的医人之方、活人之术无疑是特质之一。自上古起，炎帝一脉有神农氏亲尝百草，创立的中草药医疗系统一直延续至今；黄帝一族神医扁鹊创立了“望闻问切”的诊断体系和针灸等医疗系统。自上古而来的数个中医医疗系统在历史长河中螺旋演进、交融发展，成为千百年来守护中华民族人民健康、种族繁衍的生物盾牌。这就是中国人民的生物防御体系。

活人之术和医人之方，让濒危的生命存续；治世之策，更让文明之火传承以致燎原。《韩非子・喻老》记载不可“讳疾忌医”

在中国家喻户晓。与此类似，中国历代法、儒、道等各家大量典籍都记载了以医人喻治国的寓言故事，成为以疾喻事、针砭时弊的典故载体。而诸如《国语》《汉书》等政治和历史文献，也都深刻阐述了“上医医国”“论病以及国，原诊以知政”的先进理念和智慧。实质上，这些浸润在中国历史中的点滴，都是将生物安全的哲学理念与国家安全的具体实践进行的有机结合，是中华文明中传承而来的宝藏。对于指导我们当前和未来维护国家安全，特别是维护生物安全的实践工作，构建人类生物安全命运共同体等都具有独特的、弥足珍贵的价值。

而今，生物安全成为总体国家安全观的组成要素。在医人与治国济世之间，生物安全最直接关系到人的安全。从种群安全到生态安全，从自身安全到共同安全，从休戚与共到治乱兴衰，生物安全攸关国家安全、人民安全和民族安全。全方位了解和重视生物安全，是维护国家安全不可或缺的关键。

“过量即毒”的哲学启示

“任何物质都有毒性，没有无毒的东西。只有剂量决定什么东西没有毒性。”[1] 这是中世纪欧洲著名医学家、化学家巴拉赛尔苏斯（1493—1541 年）的传世名言。巴拉赛尔苏斯，意思是“超过名医赛尔苏斯”（para：超过，celsus：赛尔苏斯），也就是比古罗马时期著名的医生赛尔苏斯（公元前 25—50 年）更伟大。显然，这是一位名医的“医名”。瑞士苏黎世人冯·霍恩海姆（Von Hohenhein），为自己起了这个著名的“医名”，并以此闻名于世，以至于无人记得他的原名。

而人类文明总有那么多相似之处，追寻神技神医就是古今中外的一贯做法。巴拉赛尔苏斯的“医名”恰如一千六百多年前，

1 All things are poison and nothing is without poison, only the dose permits something not to be poisonous.

在东方的中华大地上，人民惯于将神医都称为“上古名医扁鹊”。上古神医，以针灸治疾，就如喜鹊的喙，啄人便得治愈之喜，以此被奉为翩翩之鹊。时至春秋，上古神医扁鹊的名号依然响彻民间。各家名医的神奇事迹，都被归于扁鹊。《史记·太史公自序》讲：“扁鹊言医，为方者宗，守数精明，后世循序，弗能易也。”司马迁在《扁鹊仓公列传》中将战国时期最著名的医生姬姓秦氏名越人（秦越人），作为“扁鹊”称号的典型，记录在了历史长河之中。由于各类关于扁鹊行医的趣闻、典故的记载时间跨度从公元前8世纪持续到公元前4世纪，因此如何看待扁鹊一直为医家所争。日本名医安滕惟寅（1706—1782年）所著《扁仓传割解》指出：“周秦间凡称良医皆谓之扁鹊。”

这位欧洲的“秦越人”——巴拉赛尔苏斯——“赛扁鹊”，被誉为近代医学科学的奠基人。虽然很多论述在现代科学看来仍未脱愚昧，但也是时代所限。而他的许多观念至今仍在发挥关键作用，成为生物安全的核心法则。欧洲文艺复兴时期，巴拉赛尔苏斯主张医学科学必须建立在经验和观察基础上，反对古代的迷信医学，尤其是自古罗马时期克劳狄乌斯·盖伦（129—200年）所传承超过1300年的“四体液学说”（即认定人体由血液、黏液、黄胆汁和黑胆汁组成）。巴拉赛尔苏斯提倡将化学应用到医学领域，奠定了医疗化学的基础。巴拉赛尔苏斯反对“万灵药”，而是主张将单一物质作为特定疾病的药物。他在实践中采用很多新药物，成为著名的“药剂师”。有说法认为，风靡西方的塔罗牌中的魔法师的形象就是以他为原型。他所倡导的用单一药物治疗单一疾病的理念，就是近代西方医学、药学的核心基础，且沿用至今。

巴拉赛尔苏斯的贡献远不止于此。“剂量即毒性”是他为“毒理学”创造的传世之功，核心理念是物质的平衡需要一个“度”，即所谓“过量即毒”“过犹不及”。人类是地球生态中的一个物种，按照自然演化的规律与环境协同进化，人类的出现之所以尤为特殊，就在于演进出了智慧与文明。尤其是近代以来的科技发展，使得人的个体能力得到巨大增长。人类以血肉之躯，却可以飞天下海、无远弗届，可以探索宇宙、登陆月球，也可以操控原子、改造世界。人类个体能力的极大拓展和整体能力的巨大飞跃成为地球生态的最大变量。尤其是在广义进化的维度上，人类的出现和发展为地球生态体系中的单一物种演进按下了“极速键”和“未知键”。

然而，天道轮回，大自然有其自身的规律。作为地球生态的物种之一，人类一直都面临着人与自然、与其他物种间，以及在人类物种内的多重生物安全威胁。这种威胁与其说是一种需要被动防御的威胁，不如说是因为人类主动改变环境所必须付出的“再适应”和代价。自然界维持稳态平衡的核心，是每个物种都占据着独特的“生态位”，通俗而言，就是生态食物链的特定范围。一旦突破原有的生态位，无论是拓展能力还是改变习性，任何变化生态位的物种以及整个生态系统都需要进行“再平衡”。这种再平衡的过程是残酷的，必须付出成本和代价。例如食用野生动物引发的疫情反噬、滥用抗生素引发的耐药性微生物出现等，都是这个道理。人类经过进化，成长为地球的王者种群，既戴王冠，必承其重。

在生物世界，人类永远都不能独善其身。而冥冥中操纵种群群体诞生、发展的“看不见的手”，一直在以恒定的规律深刻操纵着世界。这只“看不见的手”并不是亚当·斯密的市场经济规律，而是自然规律，即所谓“自私的基因”。直到20世纪中叶，人类才刚刚搞明白决定遗传规律、生物特性的物质不是蛋白质、不是油脂、不是纤维、不是骨骼，而是承载于染色体之上的基因。短短几十年，基因这个词听起来已经习以为常，然而正如早期人类如何认识到人是用脑思考而不是用心脏思考、搞清楚究竟是地球绕着太阳转还是太阳绕着地球转一样，这是非常艰难而又伟大的发现。这扇天窗的打开，让半个世纪以来的生物科学突飞猛进、日新月异。染色体以其特定的规律分裂、复制、遗传，基因以其特定的方式表达蛋白质，产生生理效果。人及一切地球物种，从诞生的那一天起，就服从于基因的运行规律。繁衍与生存，都是传播基因的渠道。大自然就是有这样一双强大而无处不在的“看不见的手”，将人类的发展与安全玩弄于“五指山”中。

人类无论如何发展强大，依然受到自然规律的左右，对种群数量和形态都构成影响。这种影响是内生的生物安全，也是所有生物安全问题的内核与哲学基础。

作祟的资本市场“劣根性”

1955 年 6 月，日本一大批刚刚生育不久的母亲发现襁褓中的婴儿开始不停腹泻、发热、吐奶，并且陆续出现了皮肤发黑等严重症状。一开始，母亲们以为是中暑，然而大量相同症状的婴儿在日本各地陆续出现，这就是“森永砒霜奶中毒”事件。医生们很快发现，这些婴儿都在食用日本乳业龙头森永公司生产的奶粉，而这些奶粉居然添加了砒霜！原来，森永在加工奶粉过程中通常会使用磷酸钠作为乳质稳定剂，而其在德岛的加工厂使用的劣质磷酸钠混入了砷，也就是俗称的砒霜，这会严重损害婴儿的神经、内脏。中毒的婴儿长到几岁后，又相继出现痴呆、畸形、残疾等病症，其家庭再遭劫难。

仅半年后的 1956 年，日本又暴发“水俣病”事件。小镇水俣的居民患上了奇怪的“猫舞蹈症”。患者口齿不清、步态不稳、面部痴呆、手足麻痹、感觉障碍、视觉丧失、手足变形，最终神经失常，或酣睡，或兴奋，身体弯弓高叫，直至死亡。实际上，这是汞中毒，导致脑中枢神经和末梢神经遭破坏。1963 年，日本多地再次暴发水俣病，该病的罪魁祸首是当时日本的氮生产企业。氮广泛用于化学肥料，制造过程中要使用含汞催化剂，而排放的废水中含有大量汞。该事件暴发前，日本曾自豪地认为，日本的经济成长是“在以氮为首的化学工业的支撑下完成的”。然而，这个“光环”产业却给当地居民及其生存环境带来了无尽的灾难。

1968 年，日本爆发大规模“米糠油”事件。当年 3 月，日本多地养殖的几十万只鸡突然死亡，但当时并未深究原因。然而从当年 6 月起，日本出现了大量指甲发黑、皮肤色素沉着、眼结膜充血等症状的患者，之后在全国蔓延。至 1977 年，因此病死亡达数万人。调查发现，日本企业在生产米糠油时，为降低成本追求利润，在脱臭过程中使用了多氯联苯（PCBs）液体做导热油。因生产管理不善，多氯联苯混进了米糠油中。受污染的米糠油被销往各地，导致食用者中毒、患病甚至死亡。

持续的丑闻及导致的病况一波又一波，冲击着原本祥和安宁的日本社会。20 世纪 50 年代中期之后的日本，经过彻底改造，已经从第二次世界大战的废墟中崛起，社会生活秩序恢复、生产蓬勃发展，战争创伤也逐渐平复。当时的日本民众怎么也想不到，无数个家庭就这样突然万劫不复。公共卫生安全，一直是日本最引以为傲的“文明标杆”。早在 1876 年，日本就发布了《禁止销售用进口染粉着色的饮食物》等行政规制。1900 年，日本正式实施食品安全立法。日本对公共卫生安全的重视和保障，是当时全亚洲的先驱和标杆。第二次世界大战后，日本于 1947 年出台《食品卫生法》，并一直沿用至 2003 年《食品安全基本法》的出台。

一面是先进完善的管理规范、法律体系和光芒万丈、高歌猛进的龙头产业、“光环”企业，另一面却是民众的生命安全遭受严重侵害。日本究竟哪里出了问题?

欧美国家的劣迹就更加不堪铺陈，只不过因为年代久远，已不为世人所熟知。与日本类似，18—19 世纪，英国、美国等西方发达国家在工业化起飞的过程中，普遍出现了严重的公共卫生危机事件，且都造成了极其恶劣的社会危害和影响，其中最典型的是普遍的牛奶造假案例。在 19 世纪 20 年代，据称伦敦有 50%—75% 的牛奶使用污染过的水进行稀释，然后以面粉调稠，加入胡萝卜汁作为甜味剂，并用有毒的黄色颜料进行调色。[2] 19 世纪中期，纽约的婴儿们则遭遇了更严重的境况。那里的牛奶绝大多数都产自饲养的奶牛，饲料则来自酿酒厂和啤酒厂的粮食废渣。饲养场非常拥挤，工人在不洗手的情况下提取和加工牛乳。在出售前，这种“泔水奶”（swill milk）散发着酒精气味，并被进

---

2 Bee Wilson: "Swindled", Princeton University Press, 2009, p.64.

一步稀释，用巴黎的粉笔末和石膏调稠，加入糖浆。[3]

综上所述，为什么是在工业化起飞的时候，民众遭受到如此多的生物安全危害？显然，从全世界不同历史时期的重大公共卫生危机事件中，我们能够很容易地发现规律。这些危机事件与国别、政府、文化、体制等都无必然相关性，而是与发展相联，是发展的“伴生病”，是发展成就背后隐藏的巨大伤痛。

国家生物安全实践具有极强的历史阶段性和规律性，其重要性也与人类工业化的现代文明伴生增长。例如产品的公共卫生安全问题就是在国家的特定发展阶段出现的，今天发达国家相对严密的生物安全体系也正是在曾经极其严重和普遍的生物安全危机刺激下逐渐完善形成的。[4]英国、美国、日本都经历了这样的过程。百年来快速崛起的日本出现的案例尤其典型。日本在第二次世界大战后经历了经济高速发展，化工产业急剧膨胀，进而接连发生了多起极其重大的公共卫生事件。

“问题产品”引发的公共卫生安全有其独特性，能导致典型的市场失灵现象。这种独特性在于，涉及公共卫生安全的指标往往无法轻易甄别。通俗来讲，民众到市场上买一个苹果，可以用肉眼观察果皮是不是皱了来分辨它是不是放久了，但很难通过看

---

3 Perdue, Lewis: "Bad Milk", Barron's, Jan 5, 2009. Vol. 89, Iss. 1; p. 36.

4 Susan Aaronson: "Taking Trade to the Streets", The University of Michigan Press, 2001, p.81.

外观、看色泽，甚至不能通过口感来鉴别它是不是喷洒了有毒农药来防止虫害，是不是添加了有毒化学品来催生促壮，提升观感、口感。恰恰相反，那些用过“特殊手段”处理的产品，往往让人更有购买欲。添加剂、染色剂就是这种“特殊手段”中相对安全和规范的一类。“日本添加剂之父”安部司，就因撰写《食品真相大揭秘》为人熟知。他用添加剂制成风靡市场的“肉丸”，见到自己 3 岁的女儿对此“爱不释口”后，因痛心而“幡然悔悟”。

特殊手段总非正道，还是那句话，“剂量即毒性”。买方和卖方的信息严重不对称，导致大量在现代工业技术助力下经过包装的添加剂制成品，甚至有毒物质制成品，因为口感好、成本低导致市场参与者进行逆向选择，[5] 也就是劣质产品驱逐优质产品、不安全产品驱逐安全产品的现象。但是更严重的后果，还不止于此类的“劣币驱逐良币现象”。

最严重的问题在于，上述现象逐渐演进发展，最终可能导致市场的萎缩和消失。结合进化论和博弈论而形成的“进化稳定策略”（evolutionarily stable strategy）就描述了这样一种现象：如果占群体绝大多数的个体选择进化稳定策略，那么小的突变群体就

---

5 Akerlof, George: "The Market for 'Lemons': Qualitative Uncertainty and the Market Mechanism", Quaterly Journal of Economics, 89:488-500.

不可能侵入到这个群体。或者说，在自然选择压力下，突变者要么改变原有策略而选择进化稳定策略，要么退出系统在进化过程中消失。通俗而言，那就是当一个群体形成稳定策略后，任何违反此策略的个体都将被淘汰。这一现象在生物安全领域，尤其是产品的公共卫生领域尤其明显。这既包括食品、日用品，也包括药品、疫苗、保健品等，与每个人日常生活息息相关，且攸关生命健康安全。

当一个行业形成普遍默认“劣质”规则后，任何遵守原规定、生产安全产品的企业就“违反了行业规则”，而最终将被排挤出市场，这正是资本主义市场经济的奇特现象。例如 19 世纪 20 年代，虽然伦敦的毒牛奶问题多次引发轩然大波，但由于英国议会担心商人的强烈反对，花了半个世纪的时间才做出反应。同样，面对纽约的“泔水奶”，美国政府开始采取整治措施已经是十年之后。在这些“进化稳定策略”中，人民安全并未成为统治者在宣称“普世价值”时的优先选项。

“两用性”与恶魔的玩具

“人的邪恶，他们错误行为导致了战争，如果个人的美德能够被普及，就会有和平。”[6] 现实主义国际关系大师肯尼迪·沃尔兹（Kenneth Waltz）所说的这种邪恶中，居其最者当属大规模杀伤性武器，而其中最令人毛骨悚然且不可知的当属生化武器，但是今天世人已经不记得生化武器的恐怖。经历了广岛、长崎的核武器爆炸、美苏数十年的冷战核恐怖之后，核武器的禁忌已经深入人心。但是，生活在 21 世纪的人们已对大规模杀伤性武器毫无感觉。

大约 100 年前，生化武器还是当时世界上最先进的武器，是“战略大杀器”，主要大国无不趋之若鹜，甚至连当时积贫积弱的中国也不得不努力探索。1913 年，武汉汉阳兵工厂开始尝试生产最初步的毒气弹——“伤脑气”时，每枚炮弹价格高达 12 两纹银。到 1922 年时，用常规炮弹简单改造的毒气炮弹（甚至谈不上什么杀伤力）价格已经高达每枚 27—28 银圆。以至于当时两湖巡阅使致信直鲁豫巡署称：“初次改装，费工甚大。如再多造时，可以设法省工。”虽然如此，直鲁豫巡阅使却批复：“奉谕

---

6 Kenneth Waltz: "Man the State and War", New York: Columbia University Press, 1959, p. 39.

造最恨（狠）之毒气炮弹二百颗，愈速愈好。”让北洋政府自上而下紧催忙赶、不计成本督造的“毒气炮弹”究竟有何迷人之处呢？当时陆军部军械司记载：“法火药，最厉害，一物不得见，一步不可行，生擒贼兵用之；五里雾，顺风用，人马闻气，涕泪不绝，互相戕杀；追魂雾，上风用，七孔流血，其人立死；烟球毒药，若其气中，人则口鼻血出，以害人攻城。”[7]

如今读来，这些还略显蒙昧的名称和用语，依然使人瑟瑟生寒。当时作为“害人攻城”的这一先进武器，实际上离我们还并不遥远。仅仅15年之后，中华大地上的军械工业生产单位就大批改扩建，大部分转为生产防毒面具。那是在日本侵华投放生化武器案例日渐增多的情况下，中国的国防工业不得不进行的应急快速反应。1932年，时任民国政府兵工署署长的陆军中将俞大维（后任“国防部长”，被誉为“兵工国父”）向时任国防设计委员会委员长、大地质学家翁文灏（后曾任“行政院长”，中国人民政协第二届、第三届全国委员会委员）称：“喷嚏和芥子气可造，其余尚不可半工业化。”1934年，陈济棠引进德国技术，建立主产防毒面具和相关设备的42厂（广东化学工厂），直到1946年停产。而同时代的23厂就没有那么幸运了，其命运折射

7　中国近代兵器工业档案史料编委会：《中国近代兵器工业档案史料》，兵器工业出版社1993年版。

出那个时代的国运。23 厂是当时中国最大的军用化学厂，1932 年由留美化学家牵头，与美国合建，专为化学战而设。1933 年开始筹建，1936 年投产运行，到 1937 年即量产工业化学原料百余吨、多型特种炮弹数万颗。这样一个拥有 7 个厂房、建有分厂的大厂，最初设在北京卢沟桥。日本侵华战争爆发后，迁移到河南巩县。不久，又遭破坏，进而西迁四川。最终在重庆被改编进了另一家工厂。1937 年，全国生产防毒面具 57034 副，到 1944 年，下降至生产 8000 副。1940 年，全国生产防毒衣 20024 套，到 1943 年滑落至 6266 套。[8] 如今，正在经历新冠肺炎病毒传播的全世界都能体会到这个数字背后的辛酸。每一套防护装备，就是一位战士的生命盾牌，就是一份战斗力的维系。往日辛酸，不堪回首。

这段历史细节非常令人揪心，也正因如此，生化武器的军备控制，以及以此为基础的国际防控体系就尤为关键。可惜的是，这样的理想经过近百年的努力仍未实现。人类最早的生物安全国际公约诞生于第一次世界大战之后。1925 年 6 月，国际联盟在日内瓦签署《关于禁止在战争中使用窒息性、有毒性或其他类似气体和细菌作战方法的议定书》（《日内瓦议定书》），至今仍在发

8　中国近代兵器工业档案史料编委会：《中国近代兵器工业档案史料》，兵器工业出版社 1993 年版。

侵

< 黑龙江省哈尔滨市侵华日军七三一部队罪证陈列馆

挥法律效力。可惜的是，作为战时法则的议定书，在不久之后的第二次世界大战中，并未能有效约束细菌和毒素武器的使用。在冷战高潮时期，美国首倡，苏联和英国响应，1971 年达成了《禁止细菌（生物）和毒素武器的发展、生产以及销毁此类武器的公约》（BTWC），简称《禁止生物武器公约》。从战时法则到全面禁止，该公约于 1975 年的生效标志着全球生物武器军控进入了一个全新时代。然而这份公约只完成了前半篇文章，仅强调通过加强各国国内立法和内部措施来全面禁止生物武器的发展、生产和储存；而公约未提出具体的禁止清单（试剂、物种等）和阈值等，也未解决防御性研究与进攻性开发的区别问题，最关键的是未形成履约核查制度。

因此，事实上全球生物武器的研制和生产并未就此销声匿迹。俄罗斯 1992 年承认，在 1979 年乌拉尔地区军事设施内发生的泄漏事故导致了炭疽流行。美国于 2006 年曝出在马里兰州德特里克堡存有细菌战计划的残留物——近 2000 吨没有生物安全文件的危险废料和活菌制剂。直到 2019 年 8 月的专家组会议和 12 月缔约国会议，《禁止生物武器公约》的履约依然步履维艰。虽然在建立互信措施、成立履约支持机构等方面持续实现进展，但实质性履约和核查机制并未出现任何突破。尤其是在制定具有法律约束力的核查议定书等核心问题上，美国一方面坚持反对态度，一方面又对其他国家履约情况横加责难。核心分歧在于，冷

< 英美苏三国在伦敦兰开斯特宫签署《禁止生物武器公约》

战结束后，保有生物科技优势（生物战优势）符合发达国家利益，普遍生物军控妨害其谋求单边优势。

上述现象，当然也有一双“看不见的手”在发挥作用。这双手就是生物技术的两用性问题。也就是发展进攻性生物武器与研究防御性生物安全手段，这两种活动如剑之双刃，在一般层面上很难甄别。这也是令所有军备控制学者挠头的事情。对于大规模杀伤性武器而言，研发核武器及其投送手段与发展导弹防御体系是截然不同的两件事，攻防界限明晰。但是生化武器，尤其是生物武器则完全不同。这也是至今世界仍未形成可执行的生物武器管控机制的原因所在。归根到底，还在于生物技术的特质造成了信息的严重不对称。与怎么买一个好苹果，实际上是一个道理。

而这种信息不对称，恰恰是生化武器持续存在、无法禁绝的一种内在特质。因为，维持战略模糊是战略威慑的一种手段。这种威慑并不依赖于确定性的武器、部署和作战能力。模糊性本身就已经达到了战略效果。这种战略模糊的形成有可能是自然发生的，也有可能是刻意为之，或故意不完全澄清。但无论如何，由战略模糊形成的威慑所需成本很低。即使可信度有一些缺陷，但性价比绝对超值。这也是很多恐怖组织等非国家行为体尝试运用炭疽杆菌、沙林毒气等制造袭击，并形成影响的原因。形成战略模糊的原因与生化武器的技术特性有一定关系。核试验可以通过地震波、空气中释放的同位素等进行监测，导弹试验可以通过雷达和卫星实时探测，而生化武器的研发、储存和试验的全流程都可以隐藏在合法的科研项目或工业设施中开展。同时，生化项目尤其是生物项目，其军民两用性相较核、导项目更为突出。生化设备和原料贸易的敏感性都远低于核、导项目。更关键的是，生化项目可快速实现民用与军用之间的相互转换。例如，发酵罐经过一两天的消杀清洗，就可以完全改变用途。这些技术特性导致了生化武器项目的“模糊性”很高，既有可能相对容易地将生化武器项目隐藏起来，又有可能相对草率地将民用设施误判为潜在的生化武器项目。

以生动实践迈向更好未来

历史上，世界及中国均出现过极其严重的人口数量大波动案例。究其原因，战乱与生物危机长期并生，是人类最大的挑战，更是国家安全最大的威胁。当前，生物安全威胁带来的冲击更加严重，因为更大的变化在于，现代生物科学与通常认识的以生物分类学、观察生物学和实验生物学等为主体的传统生物学已截然不同。高新科技助力下的新型生物威胁和挑战正在以全新形态呈现，在享受生物技术带来发展红利的同时，人类也面临着生物技术误用和滥用、生物技术武器化、生物恐怖主义等严峻挑战。在分子生物学方法等先进技术的支撑下，生物安全最大的变局是生物技术的快速演进。人类在这一领域改造自然生态乃至自身的能力发展速度太快，影响太深远，对于究竟能造成哪些后果还不能完全认识清楚。基因工程、蛋白质工程、膜工程引发的生命体改造和创造成为最大的变数，也是人类历史上未有过的生物安全挑战。现代生物科技极大提升了人类研究生物、改造生物甚至设计生物的能力，但也因此极大拓展了生物安全威胁和挑战的范畴。

新型生物安全威胁的特殊性尤其是技术两用性异常突出，保护还是威胁只在一念之间。发达国家凭借技术优势掌握了疫苗和特效药物，就足以实现对发展中国家生死的全面掌控。在此情况下，国际生物军控的领域与范畴被迫大为拓展，诸如新生物技术伦理等新议题层出不穷，国际生物军控分歧和战线不断扩大和延展。科幻中的生物安全危机意识日渐成为现实，人类对于人工智能、生命改造等方面的警觉正在日益成真，将成为威胁生物安全与国家安全的潜在风险。同时，生物技术的快速演进极大降低了掌握先进技术的门槛，为国家行为体制造了更多用于不对称威慑的选项，同时也催生出更多具有战略影响力的非国家行为体，极大改变着世界格局与国家安全。

天地不仁，以万物为刍狗。面对如此繁多的生物安全挑战，面对全新的生物安全威胁，肩负着维护人民生命安全、人类种群安全和地球生态平衡可持续的使命，中国已经扬帆起航，为的是构建人类生物安全命运共同体。孔子在教育他的高足颜回时讲："一日克己复礼，天下归仁焉。"天下归仁，则天下大同。天下大同的理想一直是中华民族无数仁人志士的宏愿。在今天，就是共同构建人类命运共同体的崇高指引。生物安全问题是当前最突出的全人类共同命题之一，也是当下最具代表性的人类命运共同体议题之一。人类命运共同体是生物安全与国家安全的理论与哲学指引，具有极强的引领意义，在生物领域尤其突出。当前，新冠肺炎疫情仍在肆虐，生物安全也是人类命运共同体实践中的先行领域，可能形成引领示范效应。以崇高的人类使命和价值观为引领，坚持共同、综合、合作、可持续的生物安全观，将是维护全人类共同生物安全的必由之路，也将是指引人类共生共存、可持续发展的伟大实践。

2

第二章

从黑死病到新冠肺炎

2020年伊始，突如其来的新冠肺炎疫情席卷全球，被联合国称为“二战后最严重的危机”，对包括中国在内的世界各国造成了不可逆转的历史影响。地球上几乎每个角落，每个群体，每个生命都面临着自然和社会交叠共生的生物安全考验。

回顾历史，人类经历过不计其数的传染病威胁。黑死病、天花、霍乱等传染病造成了数以亿计的人口死亡，成为与饥荒、战争等共同改写人类历史的重大变量。人类在应对过程中，既有很多惨痛教训，也积累了宝贵经验和方法。正是因为有了一次次痛定思痛、重新站起来的生死磨难，人类文明才得以在艰难曲折中不断演进。

19世纪以来，伴随现代微生物学、医疗技术的进步以及公共卫生事业的发展，很多传染病得以控制。近年出现的埃博拉病毒、猪流感、中东呼吸综合征

（MERS）等传染病疫苗研制也取得了成功。但展望未来，病毒的快速变异、人类与动植物的密切接触、人口增加、城市发展扩张以及全球化加速流动等，都将导致新冠肺炎这样的新型传染病不断产生，并且迅速蔓延，挑战国家安全和世界安全。如何完善各国公共卫生体系，提高全球卫生治理能力，构建“人类卫生健康共同体”，成为世界各国共同面对的重大课题。

翻开人类的“病历本”

其一，“黑色死神”及鼠疫大流行。14世纪的欧洲遭遇了一场罕见的毁灭性传染病，就是被人们称为“黑色死神”的黑死病，据说罪魁祸首是蒙古沙鼠携带的鼠疫杆菌。1347年，金帐汗国的蒙古大军攻打黑海的卡法港（现乌克兰城市费奥多西亚）时损失惨重，蒙古人便下令将感染了沙鼠瘟疫的士兵尸体抛入城中，导致卡法城的军民感染鼠疫后不战而败。但鼠疫病毒并未随战争结束而消亡，而是通过鼠身上的跳蚤传播给了卡法城内的意大利人，被感染的人皮肤出现许多黑斑后不治身亡。中世纪晚期的欧洲邦国林立，彼此征战不断，加上商贸活动频繁，为黑死病传播创造了条件。短短6年间（1347—1353年），黑死病从意大利扩散到西欧、北欧、波罗的海地区，最终传入俄罗斯和中东。据联合国教科文组织称，全球约7500万至2亿人死于这场浩劫。意大利作家薄伽丘的《十日谈》中关于“丧钟乱撞、尸横遍野、十室九空”的场景就是对黑死病最直观的描述。

黑死病称得上世界历史上最严重的鼠疫，但绝非第一次。早在6世纪暴发的“查士丁尼瘟疫”被认为是黑死病的前身。当时在地中海，雄踞东部的拜占庭帝国正值盛世，查士丁尼皇帝想趁势统一罗马帝国。但万万没想到，一场空前的鼠疫传染病使帝国复兴之梦化为泡影。在疾病传播得最厉害的时候，路上行走的百姓甚至会随时倒下毙命，拜占庭帝国几乎 1/3 的人口被死神选中。人们将它视为上帝的“降罪”，却不知道这是一种由鼠疫杆菌引发的传染病，它伴随着人类历史，在近代仍肆虐横行。1885—1950 年间，中国南方省份也曾遭遇过鼠疫的侵害，并由云南省蔓延到贵州、广州、香港、福州、厦门等地。1900 年后，美洲、欧洲、非洲等 60 多个国家也先后出现了鼠疫。

如今，随着防疫技术发展和人体免疫进化，鼠疫在世界上已较罕见，但每年仍有 1000—2000 人感染，历史的惨剧给人们留下难以磨灭的阴影，鼠疫仍被许多人视为最恐怖的传染病。

其二，天花：杀人“如麻”，却成就了一代帝王。天花的病原体是天花病毒。美国生物学家戴蒙德研究发现，10000 年前，西亚“新月沃地”被驯化的牛身上携带着一种牛痘病毒，其与人类长期接触后突变成天花病毒，随后通过呼吸道传播，导致患者皮肤出现颗粒状脓包伴发高热，病死率达 30%，幸存者大多留下麻脸或失明等后遗症。考古学家和病理学家发现，在公元前 1157 年去世的古埃及法老拉美西斯五世是迄今最早的天花病例，在他木乃伊的脸部、脖子和肩膀都发现了天花印记，[1] 说明天花至少在 3000 年前就存在了，随后通过商贸迁徙从埃及传播到整个亚欧非大陆。17—18 世纪，天花病毒传播达到高峰，仅在欧洲就导致 1.5 亿人死亡，法王路易十五、英女王玛丽二世、清朝顺治帝和同治帝等都命丧天花。但天花偏偏成就了康熙的帝国盛世。原因是，顺治帝选继承人时，认为年幼的皇子玄烨（康熙）患过天花却大难不死，系有福之人，所以放心地将帝位传给他。

其三，霍乱：至今仍祸患。哥伦比亚作家加西亚·马尔克斯的《霍乱时期的爱情》，真实还原了霍乱对拉美民众生命和生活的严重摧残。从 1817 年至 1923 年，全球共暴发了 6 次大规模霍乱，病源均来自印度被霍乱病菌污染的水源。霍乱传遍欧美、中东以及南亚和东南亚，波及整个北半球，感染的人在几小时内出现腹泻脱水甚至死亡。进入现代社会，各国的污水处理技术能有效阻止霍乱蔓延，但在非洲一些公共卫生治理落后的国家，仍饱受霍乱困扰。据世界卫生组织（WHO）统计，全球每年仍有 11 万—20 万人感染霍乱，5000 人死亡，但这个数字只是实际数据的 10%。[2]

---

1 王旭东、孟庆龙:《世界瘟疫史》，中国社会科学出版社 2005 年版。

2 Kelly Lee and Richard Dodgson: "Globalization and Cholera:Implications for Global Governanve", Global Governance:A Review of Multilateralism and International Organizations 6:2(2000):213-216.

< 布鲁盖尔1562年创作的油画《死亡的胜利》，描绘了14世纪黑死病的场景

其四，1918 年大流感：西班牙“背锅”。1918 年大流感也被称为“西班牙流感”，是由甲型 H1N1 病毒引发的全球首次流感大流行（第二次是 2009 年的 H1N1 流感），这是人类历史上最致命的大流行病之一。据世卫组织（WHO）统计，该流感造成全球约 5000 万人死亡，[3] 病死者多为青壮年。然而具有讽刺意义的是“西班牙流感”并非源自西班牙，原因是 1918 年 11 月大流感传播时正值第一次世界大战，德、英、法、美等主要参战国为避免疫病影响士气，严控媒体报道疫情。而没参战的西班牙，则因未严格管控媒体，出现了大量关于此次流行病的报道，结果使外界误认为西班牙发生疫情且特别严重，“西班牙流感”由此得名。这场流感在两年内发生 3 次大流行，传播范围覆盖全球所有人类聚居地，包括北极圈内爱斯基摩人。[4]

其五，SARS：冠状病毒首亮相。严重急性呼吸综合征（severe acute respiratory syndrome，SARS）是一种非典型肺炎，由冠状病毒中的一个变种病毒——SARS 病毒引起。SARS 病毒此前从未在人类身上发现，而存在蝙蝠、果子狸等野生动物体内。2002 年

3 约翰·M. 巴里著，钟杨、赵佳媛、刘念译：《大流感：最致命瘟疫的史诗》，上海科技教育出版社 2008 年版。

4 任泽平、李建国、范城恺：《全球历次大瘟疫：起源、影响、应对及启示》，搜狐网，https://m.sohu.com/a/379200679_467568/7pvide=000115_3w_a&sec=wd,2020 年 3 月 11 日。

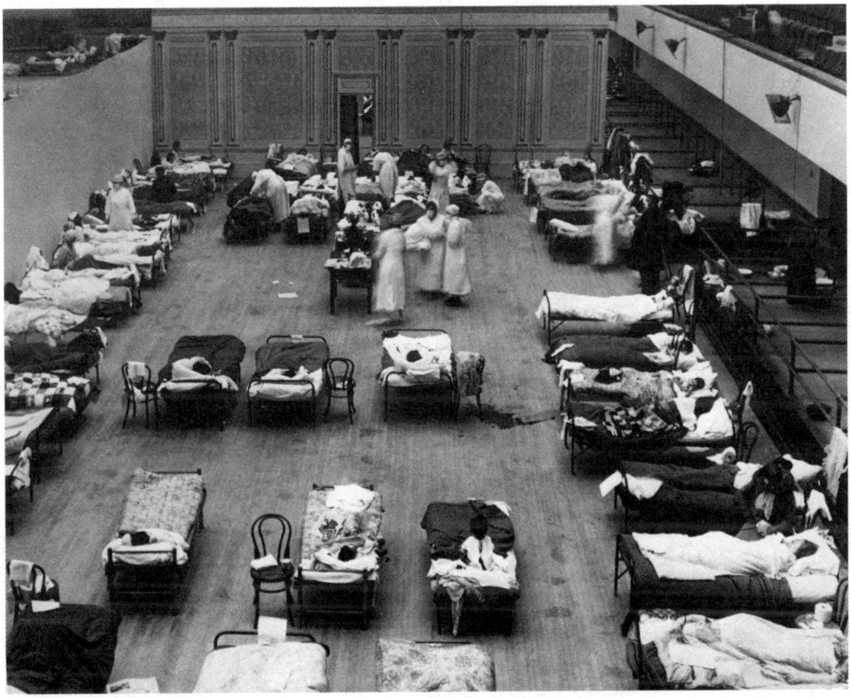

< 1918年，美国红十字会的志愿护士在流感大流行期间照顾病人

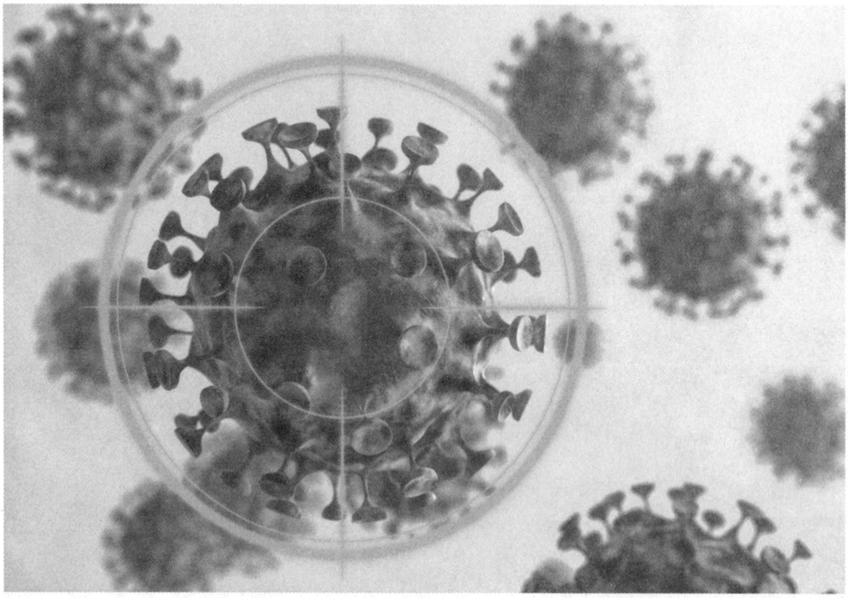

11 月，SARS 疫情在中国广东顺德首发，2002 年底传播到香港等地，2003 年 2 月中旬后，蔓延到北京、天津、山西、内蒙古等北方地区。SARS 病毒传播快、病死率高，潜伏期 2—14 天，主要传播方式除近距离飞沫传播或接触患者呼吸道分泌物外，还包括下水道粪口传播。[5]

其六，新冠肺炎：狡猾的“杀手”。新型冠状病毒肺炎是距离我们最近的全球大流行传染病，至今仍肆虐全球。新型冠状病毒（简称新冠病毒）属冠状病毒家族，此前未在人类身上发现，

5 张鸿仁：《关键战疫：台湾传染病的故事》，普及出版社 2018 年版。

相比于 SARS 和 MERS，它的致死率低得多。之所以导致那么多的死亡病例，是因为新冠病毒太“狡猾”：它的传播途径包括飞沫、人与人密切接触，以及气溶胶等多种渠道。新冠肺炎的轻症患者与一般感冒难以辨别，等到发病时已过了最佳治疗时间，造成感染者基数迅速增长。还有一些类似“伤寒玛丽”[6]的无症状患者，接触人群难以设防，给初期防治带来巨大困难。它还极易变异，疫情发生半年后，全球已收录 100 多种新冠病毒变异版本，可能重复引发疫情。

新冠肺炎的冲击力触目惊心。截至 2020 年底，此次疫情已波及 220 多个国家和地区，感染了 8100 多万人，夺走近 180 万人的生命。除了新冠肺炎和上述几种重大传染病外，承载着人类血泪史的“病历本”中还记录了艾滋病、疟疾、埃博拉病毒、禽流感、甲型 H1N1 流感等不计其数的传染病……其中部分已被攻克，部分仍高发致命。每年，全球约 2 亿人感染疟疾，58 万人死亡；200 万人死于艾滋病。仅在中国，主要传染病就包括 39 种之多，[7]对民众的生命安全造成重大威胁。

---

6 玛丽·梅伦（1869 年 9 月 23 日—1938 年 11 月 11 日），生于爱尔兰，是一位无症状伤寒带菌者，14 年间她直接引起 8 次伤寒流行，间接污染水源引发一次伤寒大流行，被其传染病患共 1350 人。

7 中国传染病分类：甲（2 种）乙（26 种）丙（11 种）类共 39 种。

“破坏者”与“重构者”

受历史条件限制，传染病过去未统筹到国家安全层面去重视和应对。直到 20 世纪下半叶开始，艾滋病、SARS 等在人类历史上闻所未闻的“非传统类”传染病开始流行，对全球各国民众的安全构成严重挑战后，它才与自然灾害、金融危机、环境污染、恐怖主义、网络安全等被作为非传统安全问题，引起人们重视。[8]重大的传染病给国家安全以致命打击，常常造成政治和社会动荡，人口锐减，城镇破败，经济衰退等一系列阻碍社会经济发展的障碍。[9]但人们在与病毒斗争的过程中，不断突破旧思维，积累新经验，促进了科学技术和医疗卫生体系的发展，推动了人类文明进步。传染病无疑是安全的“破坏者”，但从某种意义上说，它也是安全体系的“重构者”。威廉·麦克尼尔[10]在《瘟疫与人》中称：“传染病是历史的决定因素之一，是‘行走的生化武器’，它可以塑造一个国家的内部结构，也能影响世界的大格局。”[11]

---

8 陆忠伟主编：《非传统安全论》，时事出版社 2003 年版。

9 涂晓艳：《传染病与国家安全》，社会科学文献出版社 2016 年版。

10 威廉·麦克尼尔（1917.10.31—2016.7.8）：当世最著名的历史学家之一、全球史研究奠基人、世界历史学科的“现代开创者”。主要作品《西方的兴起》《世界史》《瘟疫与人》《权力竞逐》。

11 ［美］威廉·H. 麦克尼尔著，余新忠、毕会成译：《瘟疫与人》，中国环境科学出版社 2010 年版。

破坏之一：足以导致政治动荡和政权更迭。“查士丁尼瘟疫”断送了罗马帝国的统一之路，东罗马自此衰落。而中国历史上的朝代终结也与传染病有极大关系。唐朝天宝十三年（公元754年），李宓“将兵七万击南诏”。唐军长途奔袭，身心疲惫；南诏军“坚壁清野，以逸待劳”。由于唐军感染了严重的传染病，结果大败。这场战役成为安史之乱的导火索，标志着大唐由盛转衰。明末，中国北方鼠疫肆虐，崇祯皇帝麻痹大意忽视防疫，导致李自成的农民军轻易攻占了北京城。[12] 随后鼠疫继续蔓延，最终农民军因感染病毒又被清军一击即溃。

破坏之二：冲击国际格局和经济民生。黑死病颠覆了欧洲陈旧的社会结构，动摇了教会的绝对权威，导致农奴制的瓦解和资本主义的壮大。而新冠病毒也在悄然改变着当前世界的政治和经济格局。在当今新冠肺炎疫情之下，全球经济大萧条，“一超多强”的国际格局中，美国虽暂保“一超”的地位，却难以“独霸”；中国加速崛起，但面临赶超瓶颈；欧洲整体实力下滑，未来方向不确定。[13] 亚非拉等新兴经济体被疫情拖了后腿，跌进发展倒退期，而且一些非洲国家的公共卫生条件不佳，陷入严重的人道主义危机。世界各国为防疫纷纷“封城”，限制人员流动、

12　仲伟民、李俊杰：《瘟疫与人类历史——传染病影响世界历史进程》，《光明日报》2020年3月14日。

13　袁鹏：《新冠疫情与百年变局》，《现代国际关系》2020年第5期。

贸易往来，服务业和交通运输业遭受重创，特别是零售、休闲、酒店、娱乐等一些需要实体互动的行业，失业率大幅增加，全球供应链持续中断，制造业产量也大幅萎缩。联合国发布的《世界经济形势与展望》简报显示，2020 年全球经济总产值从预计增长的 2.5% 下降为 0.9%。[14]

破坏之三：导致种族灭绝和人道主义危机。15 世纪末哥伦布发现美洲新大陆，西班牙人随后殖民美洲，与阿兹特克帝国和印加帝国等上千万土著居民交战。印第安人因感染西班牙殖民者从欧洲带入的天花病毒几乎灭绝。原因在于，印第安人生活的美洲长期与旧大陆隔离，对很多外来疾病没有丝毫免疫力，更别提杀伤力极大的天花病毒了。人们意识到天花病毒的威力后，曾将其作为生物武器。第二次世界大战时，美、英、日都尝试研制天花生物武器，但因天花疫苗的普及而放弃。战后，苏联设立天花武器开发厂，却在 1971 年意外泄露，造成多人死亡，引发国际社会的强烈谴责。[15]

传染病虽然带给人们痛苦记忆，但正如一个硬币有两面一样，人们在承受苦难的同时，也通过与传染病的斗争学会了自救

14 《世界经济形势与展望简报》2020 年 4 月，联合国新闻网站，https://news.un.org/zh/story/2020/04/1053912。

15 ［美］贾雷德·戴蒙德著，谢延光译：《枪炮、病菌与钢铁》，上海译文出版社 2016 年版。

< 印第安人与西班牙人交战

和成长。恩格斯曾说“没有哪一次巨大的历史灾难不是以历史的进步为补偿的”。[16] 传染病恰恰从另一面重塑了人类文明和安全体系。

重构之一：促进科技和医疗水平进步。西班牙大流感曾导致美国 70 多万人死亡。当时美国的医疗技术一直落后于欧洲，而这次大流感激发了美国医学研究的觉醒之路，推动美国医学人才培养和整个自然科学领域的巨大变革。1893 年，约翰·霍普金

16　王毅：《以习近平外交思想为指引，在全球抗疫合作中推动构建人类命运共同体》，《求是》2020 年 4 月 17 日。

斯医学院成立，引领了美国的医学教育改革，一系列实验室和医学研究所顺势建立。[17] 同样在 1893 年，霍乱疫苗研制成功，但只有半年保存期，且具毒副作用。2004 年，中国研制的新型口服霍乱疫苗，降低了成本和不良反应，完善了口服补液、静脉输液和抗生素的治疗体系，使霍乱病死率大幅降低，成为世卫组织的推荐药。

重构之二：推动法制体系和医疗制度的完善。1920 年，俄国建立了世界上第一个完全公共性的集中式卫生系统，其他国家纷纷效仿创建卫生部门；SARS 后，中国发布《政府信息公开条例》，[18] 带动世界各国建立疫情信息通报和共享机制；MERS 暴发促使韩国政府加大医疗行业的监管力度；新冠肺炎疫情发生后，中国制定了《关于全面禁止非法野生动物交易、革除滥食野生动物陋习、切实保障人民群众生命健康安全的决定》。这些措施的出台和机制体系的完善，都是痛定思痛的结果。

重构之三：催生全球化转型。《世界是平的》作者托马斯·弗里德曼认为："新冠疫情催生了新的全球化转型。在这次疫情里，全人类胜利的逻辑超越了某个国家单赢的逻辑，只有共同战胜疫

---

17 ［美］詹姆斯·郝圣格主编，赵莉、石超明译：《当代美国公共卫生》，社会科学文献出版社 2015 年版。

18 《中华人民共和国传染病防治法》，中国法制出版社 2013 年版。

情，人类才能安全。”[19] 在疫情全球大流行的背景下，中国积极与世界卫生组织和世界各国合作，主动开展地区联合抗疫，分享防控经验，与韩国等周边国家成立联防联控合作机制。[20] 向伊朗、意大利、俄罗斯等多国派遣医疗专家组。在中国的推动下，全球防控合作趋势有所增强，2020 年 4 月，世卫组织和欧盟国家为抗疫启动国际行动倡议，德国、法国等呼吁疫苗研制使用后将作为全球公共产品。相比之下，美国的阻挠和反对引发国际社会的不满。

如影随形的传染病

细菌、病毒等微生物被公认为传染病的根源，但传染病的产生在很大程度上归咎于人类自身对环境和饮食卫生的忽视，以及与自然生物的越界互动。传染病源其实一直潜伏在人们的日常生活中。

可爱的宠物背后：2017 年，澳大利亚米尔迪拉医院接收了一位名叫朱莉·麦肯娜的患者，她被送医时几乎无法说话，四肢

19 [美] 托马斯·弗里德曼:《我们新的历史分界线:“新冠前世界”与“新冠后世界”》,《纽约时报》2020 年 3 月 17 日。

20 王毅:《以习近平外交思想为指引，在全球抗疫合作中推动构建人类命运共同体》,《求是》2020 年 4 月 17 日。

冰凉，皮肤青紫。经诊断，是细菌侵入她的血液循环造成感染性休克。住院两周后，医生终于识别出朱莉血液中的细菌——犬咬二氧化碳嗜纤维菌，[21] 而且就存活在与她朝夕相处的猫的唾液中。人类自定居后，就一直与被驯化的牲畜、家禽、宠物共同生活；可是，我们是否知道，它们身上携带着多少不为人知的传染病原体，正在慢慢杀死人类？科学家曾在犬的口腔中发现了 400 多种细菌，而猫的口腔中则存活着 200 多种，家禽体内的禽流感、H7N9 等病毒也会随时传染给人。

瓦拉纳西的恒河水：瓦拉纳西是印度的圣城，那里流经的恒河水据说可以洗涤灵魂，洗净罪孽，印度人每天日出前就去恒河沐浴。很多印度教徒死后，尸体被火化撒入恒河水中。络绎不绝的沐浴和火化，以及各种物质的排放，严重污染了河水，积聚了大量细菌，可是印度人依然认为恒河是圣洁无垢的。但这条“洁净”的河流曾是 19 世纪初霍乱暴发的水源地，饮过被霍乱患者粪便污染过的水后，患者会腹泻死亡，之后尸体再被运回恒河。至今，很多到访印度的游客一旦在饮水时不慎，仍会腹泻。“德里痢疾”成了外国游客挥之不去的梦魇。

21　犬咬二氧化碳嗜纤维菌（Capnocytophaga canimorsus）属于细菌域、拟杆菌门、黄杆菌纲、黄杆菌目、黄杆菌科、二氧化碳嗜纤维菌属。寄居在健康的猫、狗口腔内的正常菌群，造成人的感染主要与动物咬伤、密切接触、机体免疫力低下有关。

现代城市发展日新月异，基于各国不同的经济水平和人口增长速度，环境和饮食卫生成为反映各国文明健康状况的重要指标。非洲一些国家的难民营里，蚊蝇滋生、生活用品遭污染，为疟疾、乙型脑炎、流行出血热等传染病的滋生和传播提供了条件。一些摆在民众餐桌上看似洁净的食品也无法确保在储存和运输期间是否已经霉变或者遭到污染。每年，全球都有不同国家的人因喜食寿司、生鱼片而感染线虫肉芽病；因忽视食品卫生，美国每年约 2100 万人感染诺如病毒。[22] 在全球四通八达的人流和

22 来自美国疾病预防控制中心（CDC）数据。诺如病毒又称脓融病毒，可引起非细菌性急性胃肠炎。

物流中，大量肉眼无法探测的病原体隐藏在日常最易被忽视的角落，传播速度“一日千里”，随时可能爆发出“横扫千军”的威力，击垮任何一个国家的公共医疗卫生防线。

“穿山甲效应”：这些年来，人们已经习惯所谓的“蝴蝶效应”；而此次新冠肺炎疫情在全球的蔓延却无法用这种“蝴蝶效应”来解释，因为科学界对新冠病毒的溯源尚无定论。但可以肯定的是，新冠病毒借助哺乳动物这一载体，冲破了野生动物到人的物种屏障——可能的“疑凶”之一马蹄蝠将病毒传播给中间宿主穿山甲[23]或其他“易感动物”，[24]使新冠病毒完成从动物到人的“穿山甲效应”。

“没有买卖，就没有杀害”是近年家喻户晓的动物保护广告语，警示人们与野生动物的距离正变得越来越不安全，围绕野生动物进行非法交易可能增加野生动物所携带的新型病毒与人类接触甚至传染的渠道。野生动物被作为野味、宠物、传统药物或因其他用途进入人们生活；人们肆无忌惮地砍伐山林，破坏野生动物的栖息地，损坏生物链，也增加了自身暴露并遭传染病侵袭的风险。

19世纪末，人们因追逐皮草服饰而大量捕杀土拨鼠，导致

23　穿山甲是全世界交易量最大的哺乳动物，其身体中分离的毒株与新冠病毒毒株序列相似度高达99%。

24　易感动物指对某种病原体高度易感暂未发病的健康动物。

全球鼠疫的第三次大流行。近年出现的艾滋病、埃博拉病毒、SARS、MERS、禽流感、莱姆病、马尔堡病、猴痘、尼巴病毒、亨德拉等的传播也与野生动物有密切关系。[25] 美国疾控中心发现，艾滋病最初是由非洲人捕食野生猴子而感染，并预测野生鹿群中传播的“僵尸鹿病”未来极可能传染人。2013 年 10 月，国际著名学术期刊《自然》证实中华菊头蝠是 SARS 病毒的源头。[26] 美国哥伦比亚大学公共卫生学院在 2017 年将历时 5 年的研究成果发表在《病毒进化》杂志上，显示蝙蝠是冠状病毒的主要宿主，它携带了 3204 种冠状病毒，大部分尚未被发现。

从至暗走向光明

黑死病肆虐时期，欧洲各地出现了一些奇怪的医师，他们戴着据称能隔离传染病的鸟喙状面具，身穿长袍，使用一种木制拐杖击打患者以赦免上帝对他们的所谓“降罪”。这些医师实际上并没有多少诊断和治疗黑死病的经验，但当时的欧洲医师稀缺，人们只能信服于他们，这群人被称作“鸟嘴医生”。与“鸟嘴医

25 [美] 大卫·逵曼著，蔡承志译：《下一场人类大瘟疫》，漫游者文化出版社 2016 年版。

26 国家自然科学基金委员会网站，http://www.nsfc.gov.cn/。

< 禁食野生动物

生”同时流行的，还有民间出现的多种治疗鼠疫的方法，比如宗教祈祷驱毒、放血疗法、烟草熏屋、用尿洗澡、在身体上揉青蛙等，甚至将猫认为是邪恶化身而大量捕杀，结果造成鼠疫更加泛滥，病症加速传播 。[27]

传染病的蔓延必然会造成人们的心理恐慌。“病急乱投医”，民众往往无法理性地辨别治疗方法的对错。几乎每个传染病流行的时期，都会出现一大批所谓的民间偏方，并且伴随着各种谣言的误导。例如在 SARS 蔓延时，“板蓝根和白醋可以预防”的消息不胫而走，一时间，中国国内许多药店里雪藏许久的板蓝根被抢购一空，对白醋的疯狂抢购则留下了“1000 元一瓶”的经典照片。因 SARS“火”起来的，还有被称为“流感神药”的达菲（奥司他韦）等。即便是在此次新冠肺炎疫情流行时，双黄连口服液、高度白酒、大蒜、槟榔等也成为人们争相购买的“神药”。而这一系列疯狂的跟风和随后的辟谣，最终却让民众更加迷茫惶恐……

科学防治引领公众健康。面对前所未遇的传染病，没有经验可循，只能经过多次的科学尝试，正确的路径才会显现。在现代医学尚未昌盛前，人类总结出应对传染病的策略——预防，而预防的主要手段就是卫生。传统卫生是依靠排除社群的垃圾、污

27　王旭东、孟庆龙：《世界瘟疫史》，中国社会科学出版社 2005 年版。

<「鸟嘴医生」画像>

水、腐烂食物、瘴气等，来抵御环境污染引发的传染疾病。现代卫生则注重通过科学手段预防传染病，提高公众健康水平。1910年，中国北满州防疫处总医官伍连德为防治鼠疫，实施过一系列与现代卫生防疫相通的“隔离法”，还设计出中国的第一个口罩，被称为“伍氏口罩”，有效切断了病毒传播途径，降低了疾病传染率。SARS肆虐时期，中国工程院院士钟南山提出的“三早”和“三合理”[28]原则挽救了众多高危病患。新冠肺炎疫情暴发初期，中国不惜代价在全国实施全覆盖隔离措施，控制了疫情蔓延，为国际抗疫争取了相当长的缓冲期。

当然，仅仅依靠预防难以达到消除传染病的目的，人类不断探索科学治疗传染病的正确路径。例如，中国明代时曾发明“痘衣法”和“痘浆法”[29]治疗天花，成功率不高，后改进为“水苗法”的“人痘”接种法，[30]并于16世纪中叶应用于临床实践，治愈率极高。[31]法国哲学家伏尔泰在《哲学通讯》中称赞“中国人这一伟大创造是全世界的先例和榜样”。1796年，英国

28　三早：早发现、早诊断、早隔离。三合理：合理使用皮质激素、合理使用无创通气、合理防治继发感染。

29　痘衣法：取天花患儿的贴身内衣给未患天花的孩子穿几天。痘浆法：在天花患者疮口处用棉花蘸脓水等“痘浆”塞入被接种者的鼻孔里。

30　“水苗法”接种：将患者的痘痂研磨成粉、加水稀释后蘸入鼻孔。

31　陈忠海：《古代如何治天花？明代中叶临床使用“人痘”接种法》，《北京日报》2020年2月10日。

医生爱德华·詹纳发现患牛痘的挤奶女工不会感染天花，继而研发出牛痘接种预防天花的方法，成功率进一步提升。19 世纪下半叶以来，现代微生物学和科赫法则[32]的应用发展，使更多传染病的病原体和传播途径得以确认。[33]20 世纪中叶后，又出现抗生素、重组疫苗和抗病毒药物等一系列新的治疗技术，进一步提升了医疗科技水平，使传染病对人的威胁显著降低。新冠肺炎疫情暴发后，中、美、英、俄等国迅速投入疫苗研制，并陆续取得进展。

传染病的防治历程证明，科学才是战胜疫情最正确的选择、唯一的途径，也是保障公众健康、维护公共卫生的前提和基础。

铸就百毒不侵的“金钟罩”

2020 年 1 月 30 日下午，世界卫生组织宣布新冠肺炎疫情为国际关注的重大突发性公共卫生事件。[34]这意味着新冠肺炎疫情

---

32 科赫法则：德国细菌学家罗伯特·科赫提出的一套科学验证疾病起因方法。

33 [美]威廉·H. 麦克尼尔著，余新忠、毕会成译：《瘟疫与人》，中国环境科学出版社 2010 年版。

34 《国际卫生条例》（2005）将国际关注的突发公共卫生事件定义为：“通过疾病的国际传播构成对其他国家的公共卫生风险，以及可能需要采取协调一致的国际应对措施的不同寻常事件。”

> 18世纪接种牛痘预防天花的场景

已经在全球范围内大流行，此举再次引发全世界对重大突发传染病的广泛关注。面对疫情，中国、韩国、德国等国的防控措施表现得可圈可点；而意大利、美国、西班牙、巴西等国却严重失控。更值得反思的是，美欧这些拥有着先进科学技术和医疗设备的国家未能有效控制此次大规模的疫情扩散。这看似违背常理的现象，不仅考验了各国应对突发公共卫生事件的应急管理能力，更折射出不同的政治制度、经济技术、社会理念、生活方式等多维因素对传染病防控的潜在影响。

下面以意大利、新加坡、韩国和中国（以上海为缩影）等有代表性的国家或地区在 2020 年 1—3 月间的疫情发展和防控情况为例。

第一，抗疫范例经验分享。中国、韩国、新加坡的疫情发展态势各有不同。中国疫情产生早、控制早；韩国起初并未引起警惕，导致 2 月疫情集中暴发；新加坡初期堪称防控典范，后期却二次暴发；德国病死率约 0.4%，远低于意大利的 9% 和西班牙的 6%。[35] 通过参照对比发现，疫情控制相对较好、病死率较低的国家在重大突发性公共卫生事件中，都有一些可借鉴的应急管理办法。

---

35 《肺炎疫情：揭开德国新冠疫情死亡率奇低之谜》，http://www.bbc.com / zhongwen/world-52054491。

一是迅速的预警反应机制。2020年1月3日接到武汉通报疫情时，新加坡机场就启动旅客体温检测，并启动实施多年的哨点检测，与该国所有医疗机构联动防御。上海确诊第一例武汉输入病例后，第一时间启动一级应急响应，成立疫情防控指挥部，明确各部门职责。

二是控制病源，追踪轨迹。韩国、德国实施大规模反复核酸检测，韩国每天检测超10000人，两天检测量相当于当时美国一个月的检测量[36]；中国、新加坡、韩国高度重视查找传染源，调查摸清确诊者及其密切接触者的生活轨迹。

三是公开信息。中国、韩国、新加坡启动疫情监测系统和通报制度，及时、准确公开信息，并接受社会监督；及时公布严重传染区域和患者活动轨迹，提醒民众注意。

四是实施隔离，切断传播途径。中国设立专门用于排查传染病的发热门诊和集中隔离点，并实施严格居家隔离和监测制度；新加坡对违反隔离令者实施严苛法律制裁；韩国各地方政府对辖区内的娱乐场所下达“禁止举行聚集活动”行政命令，确保疑似病例和高危感染人士隔离观察。但是，欧洲多国效仿英国、瑞典的所谓“群体免疫”法，效果不佳。

---

36 《韩国如何得以实施全球最高效的新冠病毒检测战术》，《华尔街日报》，https://cn.wsj.com/articles/11584664811。

五是积极救治。中国在最短时间内于武汉建成两座防疫医院，对患者集中隔离并免费治疗，及时制定传染病的标准化治疗方案；新加坡全力免费救治患者，加强医护人员的防护措施。

六是保障后勤。中国调动社会力量支援疫区，应对疫情期间民众生产活动和抗疫困难，为隔离人员提供生活物资；韩国储备口罩和足够的D级防护装备、防护服、人工呼吸机、体外膜肺氧合等。

七是医疗资源相对充足。新加坡确保800家公众健康预备诊所，117家发热门诊，做到应收尽收；[37] 德国医疗设施先进，医院约1900所，居欧洲第一，每千人拥有8个床位，意大利仅为每千人3.2个床位。

八是有序复工。上海疫情控制后经反复监测，在保证不会出现疫情反弹前提下，确定复工时间，尽量减弱疫情对社会经济的影响。

值得一提的是，2020年5月6日，新加坡独立民调机构黑箱研究（Blackbox Research）发布的"世界抗疫满意度"调查报告显示，在全球23个国家和地区中，中国排名第一，这很大程度上得益于中国特色社会主义制度的优势。在政府领导下，迅速

---

37 《张文宏复盘新冠肺炎③：全球新冠防控策略比较及后续应对》，澎湃新闻网，https://www.thepaper.cn/newsDetail_forward_6219784。

建立统一调动、上下协同、运行高效的指挥体系，集中动员和整合社会资源，为快速有效控制疫情提供有力保障，避免了一些国家出现的政府指挥低效、地方和部门各自为政的分散、混乱局面。

第二，弥补公共卫生体系的短板。公共卫生是伴随传染病预防而产生的。工业革命后，公众对平等健康权的诉求上升，推开了现代公共卫生之门。1848 年，霍乱第三次流行时，英国颁布了《公共卫生法》，成为人类历史第一部现代公共卫生法案。1923 年，温斯洛教授[38]提出了“公共卫生”的定义，即它是一门通过组织社区资源，为公众提供疾病预防和健康促进的管理学，使用预防医学、健康促进、环境卫生、社会科学等技术和手段。这一定义在 1952 年被世界卫生组织采纳。SARS 疫情后，中国政府也给出“公共卫生”的全新定义，即国家和社会共同努力，旨在预防疾病、延长寿命、促进健康而进行的有组织活动，包括改善环境、培育良好生活方式、提供医疗服务、建立疾病监测与预防体系等。[39]

经历着新冠肺炎疫情的冲击，世界各国开始重新思考公共卫

---

38 查尔斯·爱德华·温斯洛（Charles-Edward A Winslow），美国耶鲁大学公共卫生系创立者。

39 李洁：《从“制度”到“生活”：新中国 70 年来公共卫生政策演变》，《中国公共卫生》2019 年 9 月 12 日。

生的内涵和外延，反思本国以及国际社会在公共卫生治理领域的诸多不足，并着手完善适应各自国情的公共卫生应急管理机制。通过以上多国抗疫的复盘实例可以看出，公共卫生的治理体系实际上是一个由政府引领的庞大的公共服务体系，它不仅包括传染病的防治，还包括食品、药品、公共环境卫生的监管，以及相关法治体系和宣传教育的完善。[40]同时，也是政治、经济、科技、文化等各领域各部门多元参与、利益协调、资源整合的有机整体。[41]从长远来看，完善的公共卫生体系是全人类的“保护网”“防火墙”，需要汲取全世界的智慧共同构建。正如炼就中国武术的护体绝学——“金钟罩”，唯有形神合一、千磨万炼才得“刀枪不入、百毒不侵”。而当前，各国需要努力的方面还有很多，比如：

一是要将公共卫生体系建设纳入国家安全范畴。系统规划公共卫生风险防控和治理体系建设，完善生物安全等非传统安全体系的顶层设计。[42]

二是要完善公共卫生应急管理体系。构建多层次预案体系，

---

40 姜鹏、黄锐、刘丰豪、吴超：《公共卫生管理体系与环境污染防治体系的协同发展》，《现代企业教育》2012年5月8日。

41 孙东方：《推动全球公共卫生安全治理》，中央党校网站，https://www.ccps.gov.cn/dxsy/202004/t20200403_139218.shtml。

42 涂晓艳：《传染病与国家安全》，社会科学文献出版社2016年版。

完善传染病的预警和检测机制，明确各部门、各地的职责，增强医疗服务系统的协同救治能力和疫情控制能力，强化医疗物资保障体系等。

三是要加强配套法制建设。完善关于传染病防治、突发公共卫生事件应急管理、卫生检疫、疫苗管理、药品管理、动物防疫、野生动物保护、医疗人员保障、市场监管、信息公开和舆情等法律法规。[43] 避免随意执法和滥用公权等行为。

四是要加强公共卫生建设。开展社区公共卫生服务活动，加强预防传染病的卫生宣传教育；完善饮用水、生活垃圾处理、污水处理等卫生基础设施建设；加大对全民疫苗接种的投入力度。

五是要深化医药卫生体制改革。健全基层医疗卫生服务体系，推进基本公共卫生服务均等化；推进公立医院改革，促进医疗、医保、医药联动改革，发展“互联网 + 医疗”体制；[44] 创新中西医结合诊疗体系。

六是加大医疗技术和设备投入。加大对基础医学、疫苗临床试验、医疗设备、智能诊断等医学领域的投入力度，完善医疗人才的培养和激励机制。

---

43 《战“疫”说理：不断强化公共卫生及疫情防控法治保障》，《人民论坛》，http://theory.people.com.cn/GB/82288/112848/。

44 李克强：《深化医疗医保医药联动改革》，新华网，http://www.xinhuanet.com/mrdx/2017-03/29/c_136166238.htm。

七是参与全球合作。加强与国际组织和国家之间的合作，积极促进国际医疗和卫生等领域的交流与合作，参与全球医疗应急物资储备、动员、救援等，对世界贫困地区加强医疗援助。

厉兵秣马御强敌

传染病仍是未来人类社会的重大威胁。2015 年埃博拉疫情在非洲蔓延时，微软公司创始人比尔·盖茨曾在 TED 演讲中表示："未来几十年里，如果有什么东西可以杀掉上千万人，那更可能是有高度传染性的病毒，而非战争，因为全世界还没有足够的准备来应对突发传染病。"新冠肺炎疫情的暴发印证了他的这一预测。人类在传染病面前的力量是微小的，面对前所未有的传染病的暴发必然会付出巨大代价。传染病与公共卫生领域仍然存在诸多未知的恐惧，比如病毒的快速繁殖和变异。世界卫生组织关于现代传染病的分析报告认为，如今病毒传播速度很快，新发传染病的出现速度超过以往任何时期，有些疾病还存在二次暴发的先例，且第二波流行更加凶险。[45] 疫苗也不是

45 《中国科学报》专访香港大学李嘉诚医学院生物医学学院教授、美国微生物科学院院士金冬雁，http:// news.sciencenet. cn/htmlnews/2020/4/438004. shtm。

完全有效和安全的，因为疫苗只针对特定传染病，而病毒存在很多种类且极具变异性，疫苗及抗病毒药物的研发时间跟不上病毒变异的时间，这是目前人类医疗科技领域面临的最大难题。城市规模的扩大、人口密度的增加、全球化的地理流动性，以及政治动荡和地缘战争，气候变化和动植物栖息地的改变等种种复杂因素，均加速了传染病的传播；同时，人类与牲畜、宠物和野生动物的密切接触，又会引发新的人畜共患病。此外，各国的现代医学发展水平参差不齐，全球医疗设备的生产速度无法满足全球疾病防治的需求，“隔离”作为主要的防疫措施，凸显着高风险的单一化弱点。

全球公共卫生治理任重道远。冷战后，欧洲安全研究界著名的“哥本哈根学派”提出全球公共卫生的“安全化”问题，认为公共卫生安全是一种“全球公共产品”，[46] 而全球公共卫生的治理就是在为全人类提供这种“公共产品”。但根据当前世界各国的认知理念和医疗卫生的发展情况，公共卫生治理仍然面临很多困难和挑战。比如，世界卫生组织在全球公共卫生治理中的统筹和领导作用未能充分发挥；世界贸易组织、《生物武器公约》以及国际人权机制等也缺少协调配合的主动性；人类仍

46 晋继勇：《全球公共卫生治理中的国际机制分析》，上海人民出版社 2019 年版。

然没构建好联防联控的全球合作机制、完善的公共卫生应急管理机制、全球信息共享机制和疫情监测预警网；各国缺少对医疗卫生和健康领域的投入，缺少应急物资供应储备，不重视多边合作机制[47]……这些不尽如人意的问题或许伴随着很多深层的原因，包括国家的政治体制限制和政治权力干预，争端解决机制的缺失，纯经济利益的驱动，以及发达国家和发展中国家的医疗资源的不平衡等。[48]此外，当今作为超级大国的美国，在应对疫情时的种种表现令人瞠目结舌。美国自身抗疫失败，而且主动在国际上围绕疫情挑起纷争，也成为此次疫情在全球蔓延且愈演愈烈的原因之一。

重大公共卫生突发事件早已不是人类文明史上的罕见事件，此次新冠病毒引发的疫情也不会是最后一次。在全球化遇挫的“后疫情时代”，世界上每一个国家，每一个人都责无旁贷，任重道远。为了下一次灾难来临前，确保人类能够拥有信心，具备一定的拯救生命、维护安全的能力，从这一刻起，我们都应该站在同一条战线上，共同完善公共卫生国际合作机制，共商全球公共卫生的治理方案，敬畏自然，尊重生命，共建“人类卫生健康共同体”！

---

47 晋继勇：《全球卫生治理的背景、特点与挑战》，《当代世界》2020年第4期。

48 唐丽霞：《新冠肺炎疫情将重塑全球卫生治理体系》，光明网，http://theory.gmw.cn/2020-03/23/content_33675308.htm。

在本章结尾时，笔者想到下列诗句：

我不去想，
未来是平坦还是泥泞，
只要热爱生命，
一切，都在意料之中。

——汪国真《热爱生命》

参 考 文 献

1 杨红林:《历史上的大瘟疫》，中国发展出版社 2007 年版。

2 王旭东、孟庆龙:《世界瘟疫史》，中国社会科学出版社 2005 年版。

3 陆忠伟主编:《非传统安全论》，时事出版社 2003 年版。

4 张鸿仁:《关键战疫：台湾传染病的故事》，普及出版社 2018 年版。

5 涂晓艳:《传染病与国家安全》，社会科学文献出版社 2016 年版。

6 晋继勇:《全球公共卫生治理中的国际机制分析》，上海人民出版社 2019 年版。

7 袁鹏:《新冠疫情与百年变局》,《现代国际关系》2020 年第 5 期。

8 李洁:《从“制度”到“生活”：新中国 70 年来公共卫生政策演变》,《中国公共卫生》2019 年 9 月 12 日。

9 晋继勇:《全球卫生治理的背景、特点与挑战》,《当代世界》2020 年第 4 期。

10 [美] 威廉 · H. 麦克尼尔著，余新忠、毕会成译:《瘟疫与人》，中国环境科学出版社 2010 年版。

11 [美] 贾雷德 · 戴蒙德著，谢延光译:《枪炮、病菌与钢铁》，上海译文出版社 2016 年版。

12 [美] 詹姆斯 · 郝圣格主编，赵莉、石超明译:《当代美国公共卫生》，社会科学文献出版社 2015 年版。

13 [美] 大卫 · 逵曼著，蔡承志译:《下一场人类大瘟疫》，漫游者文化出版社 2016 年版。

14 [美] 约翰 · M. 巴里著，钟杨、赵佳媛、刘念译:《大流感：最致命瘟疫的史诗》，上海科技教育出版社 2008 年版。

15 Kelly Lee and Richard Dodgson:"Globalization and Cholera:Implications for Global Governanve" , Global A Review of Multilateralism and International Organizations 6:2(2000).

3

第三章

动物疫情与国家安全

1997年5月9日，家住香港新界东区的3岁小男孩林某突感不适，不仅高热不退，还伴随着咳嗽、咽喉肿痛。几天后，患儿的病情迅速加重，即便是最资深的儿科医生也排查不出病因，短短几日内，患儿病情迅速恶化，出现多种并发症，最终在5月21日离开人世。

这一病例引起香港医学界高度重视。香港卫生署介入调查，将林某生前提取的咽洗液样本送往美国、英国及荷兰的实验室进行分析。3个月后，荷兰与美国先后确认，病毒样本化验出H5N1类型病毒。这一发现无异于投下一枚重磅炸弹，因为H5型病毒属于通常仅在鸟类间传播的禽流感病毒，此前从未出现过人类感染的病例。如果该病毒具备了传染人的能力，那么人传人的可能性也难以排除，这对于人口密集的香港来说将是一场可怕的灾难。香港卫生署迅速组织开展流行性病学调查，追查病毒来源。但与林某有密切接触的家人、朋友经检测均呈阴性，初步证明病毒尚没有人传人的迹象。[1]

就在大家认为这只是偶发病例，准备将档案束之高阁之际，1997 年 11 月 7 日至 12 月 28 日，香港又连续出现 17 例新病例，而且 5 人死亡。疫情愈发严峻，香港特区政府开始全面排查港岛饲养的家禽，在对农贸市场活鸡买卖摊铺进行拉网式检测排查后发现，近 20% 活鸡携带 H5N1 病毒。为制止疫情持续扩散，特区政府迅即颁布一项史无前例的“杀鸡令”，将全港 130 万只活鸡全部扑杀，以彻底斩断病毒传播链条，保护民众安全。当时香港卫生署的掌门人陈冯

1　[英] 凯瑟琳·阿诺德著，田奥译：《1918 年之疫：被流感改变的世界》，上海教育出版社 2020 年版。

富珍也被冠上“杀鸡女皇”的称号。这场决绝的“斩鸡行动”令禽流感病毒在香港地区彻底销声匿迹，随着新年的到来，香港地区再未出现新的家禽或人类感染病毒案例。

在人类饲养的动物中，除家禽外，猪也是病毒偏爱的宿主。如果你去问一位常年养猪的农户，他一定会报出一连串猪经常感染的疾病：猪瘟、渗出性皮炎、猪伪狂犬病、猪圆环病毒病等。好在这些常见病都已经有了对应的疫苗和治疗方法。2018 年 7 月，辽宁省沈阳市沈北新区的一名养猪户张某从本市新进了 45 头猪。然而新猪入栏后，张某家饲养的猪陆续开始厌食，有的还出现呕吐、便血、发热，耳朵和嘴上出现红色甚至紫色斑块，经兽医治疗也未能好转，40 多头猪接连死亡。经验丰富的张某意识到这不是普通的猪瘟，遂将病猪样本送往实验室化验。为确认化验结果，辽宁省畜牧兽医局于8月2日将样本送往中国动物卫生与流行病学中心检验。8月3日，该中心确诊病毒样本为非洲猪瘟病毒，这也是我国本土报告的首起非洲猪瘟疫情。[2]

2 《沈阳发生一例非洲猪瘟疫情 国内此前无病例报告》，中国新闻网，2018年8月3日。

来自大自然的挑战书

上述两个案例的主角——鸡和猪都属于人类饲养数量最多、接触最为密切的动物。在距今一万多年前的我国江西万年县仙人洞遗址，考古人员就发现了鸡骨。中国人在8000—9000年前驯化了被人类住处的残羹剩饭和垃圾吸引而来的野猪，这一点从汉字“家”的“上屋下豕”的结构就可以看出。家养动物为人类提供了稳定的食物供给，对人类生命的繁衍和农耕文化的发展意义重大。然而，大自然与人类的互动并非一帆风顺，对野生动物的驯化、大规模的饲养活动也导致自然界的病毒在聚集的家禽和家畜群落中自由传播，甚至会通过人与动物的亲密接触而传播给人类。

1998年新年过后，香港市民终于恢复了正常生活，禽流感病毒似乎已消声匿迹。然而，在人们看不见的地方，禽流感病毒仍在悄无声息地寻找下一个目标。就在一年后，亚洲、欧洲和非洲多地均暴发了禽流感疫情，而且暴发间隔越来越短。那么，这种肆虐全球的禽流感病毒到底从何而来呢?

我们可以把禽流感理解为禽类中的流行性感冒，通常只传染给鸟类，少数情况下也会传染给猪等哺乳动物。目前所知的最早的禽流感疫情是在 1878 年的意大利，当时还没有足够的技术手段能判定是何种病毒作祟，因此仅称之为“鸡瘟”。禽流感是流感病毒的一种，和其他绝大多数病毒一样，流感病毒也是由两种基本成分组成：核酸物质（RNA 或 DNA）和蛋白质外壳。一般来说，流感病毒分为甲型、乙型和丙型 3 种。其中甲型流感病毒可以感染人类和多种不同动物。1918 年的西班牙大流感（H1N1）、1957 年的亚洲流感（H2N2）、1968 年的香港流感（H3N2）的罪魁祸首都是甲型流感病毒。乙型只能在人类间传播，丙型流感病毒既可以感染人类，还可以感染猪。根据宿主源，甲型流感病毒又可以分为禽流感、猪流感或其他类的动物流感病毒。

甲型流感病毒的命名是由字母“H”和“N”与数字的排列组合构成，看起来令人眼花缭乱，很难记住。那么这些字母和数字分别代表什么意思呢？“H”和“N”代表的是病毒表面的两种蛋白质，一种称为血凝素（hemagglutinin，HA），另一种称为神经氨酸酶（neuraminidase，NA）。根据血凝素和神经氨酸酶的结合情况，甲型流感病毒可以分成不同的亚型。目前，已发现的血凝素亚型有 18 种，神经氨酸酶有 11 种。

生物学中有一个著名的“锁钥理论”，我们可以用此来理解禽流感病毒是如何传播的。血凝素（HA）和神经氨酸酶（NA）可以被看成是两把功能不同的“钥匙”。HA 可以打开目标宿主细胞壁上的“入口门锁”，帮助病毒进入宿主细胞体内进行复制和繁殖。如果病毒发现了下一个更加“诱人”的目标，那么NA就可以打开“出口门锁”，让病毒可以继续感染下一个宿主。

目前，人类已知的在世界范围内流行的禽流感病毒主要有H5、H6、H7、H9等亚型。这些不同亚型的禽流感病毒中，有的是非致病性的，感染的禽类不会出现明显病症，体内会形成抗体。有的是低致病性的，禽类会产生轻微的呼吸道不适，饮食与产蛋量也受到影响，甚至出现死亡。而高致病性禽流感则很容易造成禽类高发病率和高病死率，尤其是H5和H7亚型的某些毒株。

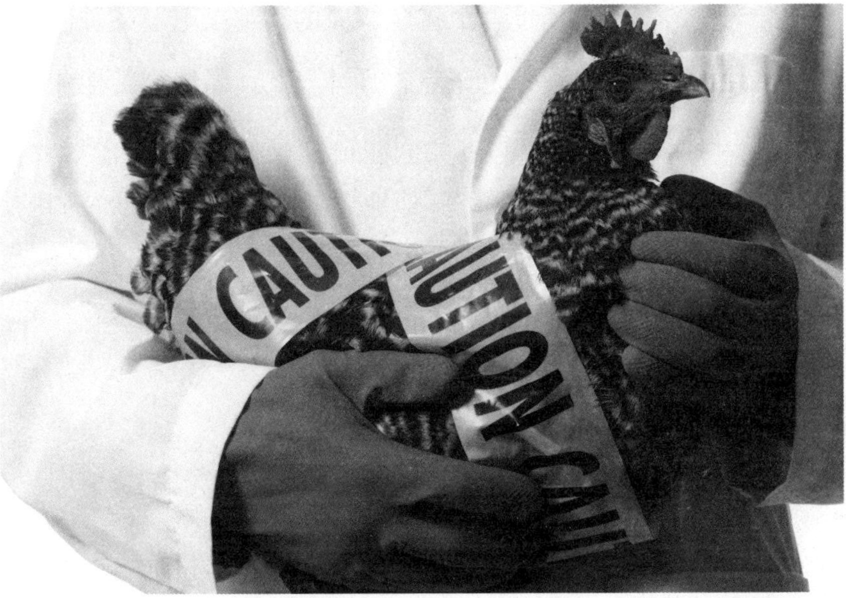

那么，禽流感病毒最初是从哪里来的呢？生物学家们认为，所有人类流感病毒最初的源头无一例外来自鸟类。[1]但是各国科学家对于禽流感病毒的传播机制目前尚无定论，因为从人类确诊病例来看，患者也并非都有患病动物接触史。目前比较流行的一种看法是野生鸟类将病毒传染给了家禽，如一只携带病毒的野鸟闯入农村的鸡舍或者城市郊区的养鸡场，就有可能将病毒传染给家禽。而家禽饲养的密度高、卫生环境较差、与其他动物混养等因素，都为病毒的传播提供了有利条件。

1909 年，29 岁的蒙哥马利被英国殖民政府派到英国在东非的保护领地，即现在的肯尼亚、乌干达和坦桑尼亚三国地区，为当地殖民政府提供兽医学指导。到肯尼亚不久，蒙哥马利就注意到一个奇怪的案例。当地 4 个村庄饲养的猪都染上了某种怪病，浑身发烫，皮肤上出现紫色斑点，耳朵发红，最终痛苦地死去。村里人心惶惶，以为是某种神秘的邪恶力量降临此地，不得不求助于巫师驱赶恶魔。曾在非洲其他地方工作过多年的蒙哥马利有着丰富的兽医经验，经过长期的田野调查，他终于解开了这个谜。现在的我们可以从他 1921 年发表的一篇论文中得到这个谜

1　［美］内森·沃尔夫著，沈捷译：《病毒来袭》，浙江人民出版社 2014 年版。

底。[2]原来，蒙哥马利发现，这些饲养猪的村落与原始森林距离很近，当地一种常见的疣猪常会闯入猪圈，与家猪抢夺食物，并将身上携带的病毒传播给了家猪。而家猪的免疫系统无法抵抗这种陌生病毒，所以相继病亡。在蒙哥马利笔下，这种病毒被描述成是一种“高致病性的病原体”。正因为最早出现病例的地点是在非洲，所以直到今天，我们仍然将这种病毒称为“非洲猪瘟”。

30 多年后，一架自非洲飞往葡萄牙的航班上携带的猪肉制品将非洲猪瘟病毒带到伊比利亚半岛，导致当地疫情大暴发，病猪大量死去。当时谁也没有料到，这仅仅是非洲猪瘟横扫全球的首站。在随后短短十几年间，西班牙、法国、意大利、古巴、马耳他、海地等欧洲和拉美国家也都出现了非洲猪瘟病毒，而且各地都出现了首轮疫情被扑灭后再次暴发的情况。2007 年以来，高加索地区的格鲁吉亚、亚美尼亚、阿塞拜疆和俄罗斯也出现了非洲猪瘟疫情。非洲猪瘟距离我国边境越来越近。

2018 年夏末秋初，我国各地的电视新闻中每日都在更新非洲猪瘟疫情的发展情况。短短数日内，最初在沈阳出现的非洲猪瘟病毒如幽灵般悄然跨过黄河、渡过长江，传播到南方省份。8 月 3 日沈阳首例确诊，8 月底之前，河南、江苏、浙江等地均报

2 R.Eustace Montgomery, “On A Form of Swine Fever Occurring in British East Africa (Kenya Colony)” ,Journal of Comparative Pathology and Therapeutics,Volume 34, 1921, pp. 159-191.

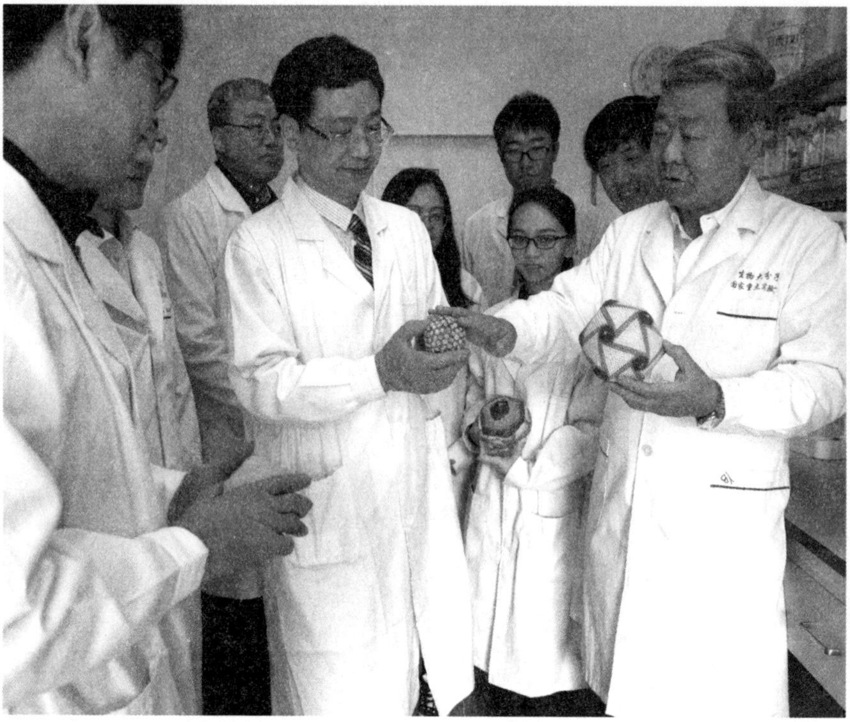

> 2019年，中国科学家解析非洲猪瘟病毒颗粒精细三维结构

告了疫情。各地防疫部门进入“战备状态”，使出浑身解数试图拦截病毒。然而，到 2019 年 4 月，我国 31 个省（区、市）均出现了非洲猪瘟疫情。经过科学家对辽宁的病死猪检验发现，样本病毒与俄罗斯和高加索地区 2007 年暴发的非洲猪瘟疫情同属一个进化分支。

目前，兽医学家已经为我们揭开了蒙在非洲猪瘟病毒表面的神秘面纱。透过显微镜，我们可以看到这个外表呈六边形的病毒真身，从外到内共有 5 层，分别是外膜、衣壳、内膜和内核心壳以及被层层包裹的病毒基因组。

非洲猪瘟病毒最喜欢低温环境。据称，在4摄氏度条件下，病毒可存活1年以上，如果能藏身于冷冻的猪肉里，病毒甚至可以存活数年。假若温度上升到25摄氏度以上，非洲猪瘟病毒的活性就会减弱，100摄氏度就可以完全被杀灭。科学家在腌制的火腿、香肠中发现了非洲猪瘟病毒，存活期可以长达3—6个月。这也就是许多国家海关都严厉禁止出入境旅客携带猪肉制品的原因之一。

非洲猪瘟病毒的宿主主要有家猪、野猪和软蜱，三者之间可以互相感染。感染路径则十分复杂，泔水、病猪的排泄物或分泌物，接触到病毒的交通工具，人类的衣服、鞋子等，都可以引发传染。而且非洲猪瘟和普通猪瘟不同，其毒性强悍，只要感染了病毒，猪的发病率和病死率高达100%。

国外有专家对2008—2012年发生的219起非洲猪瘟疫情暴发原因进行分析后发现，约一半的疫情是饲喂了餐厨剩余物引起的。[3]所谓的餐厨剩余物，就是俗称的泔水。由于现代餐食中含有各种添加剂，还有多种经人传播的传染性细菌、病毒和寄生虫等微生物，生猪一旦长期食用，免疫系统会遭到破坏，很容易感染病毒。此外，经常出入各个养猪场的配种员、兽医、保险理赔

3 《为何非洲猪瘟如此难对付？》，财经网，2019年7月8日。

员等都是“高风险人群”。比如保险理赔员经常接触病死猪，如果没有进行足够的消毒，自身就会成为“行走的病毒散播机”。

病毒“远途旅行”的秘密

禽流感、非洲猪瘟最初都只在一个地点暴发，为何会传播到相隔千里、万里的其他地方呢？

科学家们猜测，有迁徙习惯的候鸟为禽流感病毒的全球“旅行”提供了便利。候鸟可谓是病毒能搭乘的“最理想航班”，跨越大洲和大洋不成问题，有的鸟类最远甚至可飞到6000—8000千米外的地方。借助地球遥感测控等新技术，科学家们曾对2003—2012年间野生鸟类迁徙活动进行了一项有趣的分析，证实了病毒是可以沿着鸟类迁徙路径进行传播和进化的。[4]

不过，目前仍没有足够多的证据将禽流感的扩散全部归因于野鸟的迁徙。2007年6—8月，捷克、德国和法国不同地区出现因感染禽流感病毒而死亡的野生鸟类，经检验发现该病毒很可能与捷克的一家火鸡养殖场出现的H5N1病毒疫情有关。而当时欧洲正值夏季，并不是迁徙季节，因此除了野生鸟类之外，禽流

4　《发现H5N1沿鸟类迁徙路径传播》，中国科学网，2015年1月12日。

感病毒肯定还有其他的散播途径。跨区家禽贸易也是常见的传染途径。比如2006年尼日利亚首次暴发禽流感就被怀疑是进口了来自东亚和中东地区的雏鸡导致的。

跨区贸易也是非洲猪瘟疫情在我国多点暴发的原因之一。据专家统计，我国截至2018年12月中旬前的87起非洲猪瘟疫情中，约45%与跨区生猪运输有关。[5]而这种大规模的跨区调运在一定程度上其实也是政策的产物，只是当时并没有考虑到会有非洲猪瘟这只“黑天鹅”。

早在2016年，为了减缓养猪对南方生态环境的压力，我国开始实施“南猪北养”的政策，将东三省划为潜力增长区，而浙江、福建等南方养猪大省的养殖规模受到约束。自此以后，广式香肠、东坡肘子、红烧肉这些南方菜品的猪肉供应有很大一部分都来自北方调配的生猪。比如，2017年我国生产的6.89亿头生猪中，有1.02亿头经历了跨省调运。[6]当然，为了防疫安全，跨省生猪调配都需要遵守严格的检验手续和流程，未经检验检疫或不合格的生猪是严禁出省的。由于手续过于烦琐，一些养猪户为了降低成本，就利用监管漏洞违规跨省调运。直到2018年非洲猪瘟疫情暴发初期，仍有部分地区农户将尚未出现病症的生猪低

---

5 黄严忠:《为何全球1/4生猪会在一年之内死亡》，纽约时报中文网，2020年1月3日。

6 《督查发现：我国动物疫病防治仍存短板》，新华网，2018年9月21日。

价卖到外省，加速了非洲猪瘟病毒的跨省传播。国外研究也表明，其他国家的非洲猪瘟疫情也有一半系生猪调运引发。

致命接触：跨越物种的传播

面对一场新的疫情，我们最关心的是：禽流感或猪瘟病毒是否会传染人，进而危及民众的生命安全?

前文中染病去世的患儿林某只是禽流感病毒传染人的第一个受害者。1997 年香港禽流感疫情中，有 6 人感染禽流感病毒死亡。随着甲型 H5N1 病毒传播到欧洲、亚洲，它的受害者名单也越来越长。人类是怎样感染上本应只在鸟类间传播的病毒的呢?

禽流感的命名很大程度上是因为最初人们认为病毒只在禽类间传播，对人类并没有什么危害。但是，人类的免疫系统对禽流感病毒并不熟悉，因此一旦感染，很容易引发重症甚至死亡。1997 年我国香港地区的甲型 H5N1 病毒刷新了人们对禽流感传染性和致病性的认知。2003 年以来，甲型 H5N1 病毒疫情在全球 17 个国家多次暴发。截至 2020 年 6 月，已经有超过 860 人感染，450 余人死亡。此外，世卫组织公布的能感染人的禽流感病毒名单还在不断扩大：H9N2、H7N4、H5N6。[7]

人类与家禽的密切接触是感染禽流感病毒的主要原因。科学家们发现，85%的确诊病例都曾不同程度有过活禽接触史。如果暴露在充满病毒的环境中，如鸡舍、屠宰场所或城市中有活禽交易的农贸市场，就会有感染的风险。

根据病毒感染的“锁钥理论”，禽流感病毒在传染给人的过程中，病毒表面的血凝素会发生结构改变，更加符合人体细胞的受体机构，即血凝素更像一把万能钥匙，可以根据受体（动物或人类细胞）的结构逐渐发生变形，适应“锁”的结构，一旦配对，病毒就会“登堂入室”，传染给人体。[8]感染患者往往会出现呼吸窘迫综合征、肺炎、急性肾损伤、心脏损伤等症状，尤其是有心血管病等基础疾病的患者，感染后死亡风险大大升高。目前，禽流感病毒还无法在人与人之间进行传播，但也有专家担忧，病毒具有很强的“学习”和“适应”能力，不排除从人类病毒中获取某些基因，从而获取人传人的能力。如果这种担忧变成现实，恐怕一场禽流感的大流行将无法避免。

至于非洲猪瘟，我们尚可以放松一下紧张的神经。截至目

---

7 世卫组织：《禽流感第 744 期周报》（Avian Influenza Weekly Update Number 744），2020 年 6 月 5 日。

8 《中国科学家“破译”H5N1 病毒感染人的机制》，《解放军报》2013 年 5 月 4 日。

前，非洲猪瘟尚不属于人畜共患病，只能传染猪，不会传染人。这主要是因为非洲猪瘟病毒的袭击目标（又称靶细胞）是猪身体内特有的两种细胞，分别称为“网状内皮细胞”和“单核巨噬细胞”，所以病毒在人类身体内无法存活，对人类免疫系统并没有危害。如果人类误食带有病毒的猪肉制品，最多会出现肠胃不适，一般不会危及生命。

全员警戒：受害者不仅仅是动物

2006 年 2 月，尼日利亚北部卡杜诺州的一个街头集市上，平日里兴高采烈的鸡农们此刻却愁容满面，迫切地与每一个驻足询价的顾客商洽，不惜给出比临摊更低的价格把自己的鸡卖出去。就在事发前几天，远在首都阿布贾的一场新闻发布会上，该国农业部部长已经宣布，卡杜诺州多家养鸡场暴发了本国及非洲首起禽流感疫情。为防止疫情外溢，农业部部长宣布将对相关养鸡场进行大规模的扑杀处理。这也就是卡州鸡农着急“甩货”的原因。

时间快速向后推至 2019 年，在与尼日利亚隔海相望的巴西，豆农迪亚兹心急如焚，因为自年初以来，来自中国的订单突然少了很多，迪亚兹家农场的大豆都积存在仓库里。他万万没想到，订单减少的根本原因是，相隔万里的中国暴发了非洲猪瘟疫情，导致对豆粕的需求急剧下降，作为中国主要进口源的巴西也不可避免地受到冲击。

在经济高度全球化的今天，一国发生动物疫情，不仅会给本国养殖户带来直接损失，相关产业链每一个环节的经营者都无法独善其身。一国的疫情冲击波通常会跨越国界，引发国际产业链的联动效应，造成无法估量的经济损失。

首当其冲的还是养殖户。无论是禽流感还是非洲猪瘟，目前防控病毒传播最快速、最简单的方法就是直接扑杀患病动物。1997 年，香港特区政府为遏制禽流感病毒的扩散，不得不对香港百万余只鸡“痛下杀手”。2006 年，甲型 H5N1 病毒在香港卷土重来，特区政府紧急修法规定，如果在香港鸡场发现有感染病毒的鸡，附近 5000 米范围内的鸡场都要进行扑杀。如果不同鸡场出现感染，香港所有的鸡都会被扑杀。为了应对非洲猪瘟，我国也很快出台政策，要求将发现病猪的猪场内的活猪全部扑杀，向周边延伸 3000 米区域内的活猪经检测感染后也要进行扑杀。在 2018—2019 年中国大陆的首轮非洲猪瘟疫情中，全国至少有 30% 的生猪被强制扑杀。

大规模的扑杀会造成养殖户元气大伤，尤其是目前我国从事家禽、猪养殖约一半都是中小型养殖户，抗风险能力较差，远不及成规模的大型养殖场。若算上产业链上下游的从业人员，数目就更加庞大。例如我国从事养猪产业上下游的从业人员高达 1 个亿，蛋鸡和肉鸡养殖场户多达 4400 多万户。[9] 这些人的收入完全来源于养殖业，疫情的暴发彻底切断了他们的营收渠道，对其未来数年的生活都造成严重影响。

为了提高农户防疫积极性，我国也为配合强制扑杀提供财政补助，如因非洲猪瘟产生的强制扑杀补助标准为 1200 元 / 头，禽流感则是 15 元 / 羽。其中，中央财政和地方财政按比例负担补助金。但这样的补贴标准远低于市场售价。因此，在疫情早期，很多人不会像辽宁的张某一样对疾病来源刨根问底，而是会赶在疫情曝光前丢弃掩埋病死的动物，降价抛售尚未发病的家禽或家畜。这些出于无奈但实质上短视的做法只会导致疫情的扩散和加重，给养殖业带来更加持久的负面效应，最终反噬到养殖户本身。

疫情也会引发产业链上的多米诺骨牌效应。冯某是大连一家国际粮食物流公司的总经理，自 2018 年 8 月起，他一直持续关注着全国非洲猪瘟疫情的最新情况。作为国内主要主营粮食收购、存储、运输和销售的贸易公司负责人，冯某清楚，疫情的变化对公司收益有直接影响。疫情暴发的最初半年时间里，他欣喜

---

9 《发展生猪期货 化解“猪周期”风险》，中证网，2018 年 3 月 5 日；《家禽业遭重大危机 如何遏制危机蔓延？》，《经济日报》2013 年 5 月 10 日。

地看到玉米等粮食的销售业绩似乎没有受到影响，总体令人满意。然而到2019年4月，南方非洲猪瘟疫情的发展超出他的预测，广东、广西的生猪存栏下降幅度超过70%。据他判断，国内的生猪存栏数可能仅剩下一半，非洲猪瘟对公司主营粮食品种之一的玉米市场的影响可能达到4000万吨。[10]

不仅以冯某为代表的国内饲料贸易商，就连大洋彼岸的美国、巴西、阿根廷也时刻关注着非洲猪瘟疫情在中国的发展情况。作为拥有全球最高存栏生猪数和最大的猪肉消费市场，中国对大豆的巨额消耗是巴西大豆出口长盛不衰的主要原因。尤其是2018年上半年中美贸易摩擦升级后，巴西的大豆更是受到中国的欢迎。但是，谁也未能料到非洲猪瘟疫情的暴发。

受非洲猪瘟的影响，2019年中国共出栏生猪5.44亿头，较上年减少1.5亿头，相当于欧盟约1.5亿头的生猪存栏，且几乎是美国生猪存栏的2倍。[11] 根据专家预测，非洲猪瘟疫情结束后，生猪恢复存栏量仍需要9—10个月的时间，在此之前，作为猪饲料的玉米市场恐怕也会持续低迷。而令人不安的是，2020年3月，原以为已经被扑灭的非洲猪瘟疫情又卷土重来，出现在我国湖北省神农架林区。很快，四川、河南、内蒙古、甘肃、重庆、

10　《非洲猪瘟影响了玉米消费4000万吨》，新浪财经，2019年9月21日。

11　《猪企普遍扩产 猪肉价格持续回落》，新浪财经，2020年5月17日。

云南等地也相继报告病例，这无疑是给了刚走出阴霾的饲料产业当头一棒。

同样，禽流感在打击我国畜牧业、家禽业及整个产业链时同样“毫不手软”。2011 年以来，禽流感暴发得愈加频繁，截至 2020 年 6 月，我国共出现至少 170 余次禽流感疫情。[12] 每当疫情暴发时，全民“谈禽色变”“谈猪色变”，产业链染上“重感冒”，上下游产业均出现不同程度的症状。以家禽业为例，在供应端，疫情导致养殖家禽数量减少，养殖户只能空栏观望，静待疫情散去，补栏积极性不高，直接导致鸡苗价格下跌，甚至跌到往常价格的 1/10 都没有人动心。接下来的一段时间，饲料生产和销售商会发现饲料需求明显萎缩。在消费端，居民对鸡肉的消费量直线下滑，餐馆里的鸡肉菜品也被悄悄“雪藏”。主打鸡肉产品的肯德基、麦当劳等快餐连锁店从熙熙攘攘变成门可罗雀，再巧妙的营销手段也难以消除消费者对鸡肉安全的隐忧。

在全球化的今天，各国经济高度融合。一次动物疫情暴发会引发全球性的产业链多米诺骨牌效应，对社会经济造成难以估量的损失。据多方数据统计，2013 年中国暴发的 H7N9 禽流感疫情导致养殖户的直接经济损失超 600 亿元。2014 年，江浙等

12　何忠伟、李子菲、刘芳:《禽流感疫情下我国家禽养殖户防控行为影响因素与对策研究》,《中国畜牧杂志》2020 年第 6 期，第 185—190 页。

地再次暴发禽流感，刚喘口气的家禽业再次蒙受近 200 亿元损失。家禽产品进出口也受到波及，相关贸易额下滑幅度或超过 20%。[13] 2018 年，中国大陆首次出现的非洲猪瘟疫情造成至少约 1 万亿人民币（约合 1410 亿美元）的经济损失。[14] 毫不夸张地说，禽流感和非洲猪瘟对我国国计民生和社会经济的冲击不亚于一场战争。

动物疫情也直接影响着居民的饮食习惯。猪肉和鸡肉是中国大部分地区民众消费最多的肉类，在中华饮食文化中扮演着不可或缺的门面角色。就拿猪肉来说，细数大江南北的家常菜，猪肉可谓是勾人口味的灵魂：东北的锅包肉、老北京的京酱肉丝、江南的梅菜扣肉、糖醋小排，川渝的鱼香肉丝、小炒肉，还有著名的毛氏红烧肉……长长的菜单成为每一个中国老百姓日常的幸福源泉。中国人之所以偏爱猪肉，与其高性价比密不可分。猪的生长周期相对较短，对喂养环境要求低，繁殖速度快，为人口众多的中国社会提供了廉价的蛋白质和热量。中国常年保持全球最大猪肉消费国地位，消费量约占全球猪肉消费的一半。按人均来算，平均每人每年要消费 40 公斤猪肉。中国人对鸡肉的人均消

---

13 何忠伟、李子菲、刘芳：《禽流感疫情下我国家禽养殖户防控行为影响因素与对策研究》，《中国畜牧杂志》2020 年第 6 期，第 185—190 页。

14 《院士李德：推算国内非洲猪瘟的直接损失 1 万亿》，农产品期货网，2019 年 9 月 26 日。

费量约为猪肉的 1/3。20 世纪 80 年代开始，随着肯德基、麦当劳等西方快餐店的引入，炸鸡文化的兴起也刺激了民众对鸡肉的需求。与此同时，越来越多的民众更加注重身体健康，高蛋白、低脂肪、低胆固醇且比同类牛肉价格低廉的鸡肉逐渐成为消费者的新宠。

非洲猪瘟和禽流感的暴发则以不同方式打断了民众的饮食链条。在非洲猪瘟病毒传入以前，我国猪肉供给虽然会受到偶发的普通猪瘟影响，但价格波动幅度较小，不会对民众消费产生较大影响。自 2018 年以来，毒性强、致死率高的非洲猪瘟疫情席卷全国后，中国民众的猪肉消费也经历了“冰火两重天”式的起伏：疫情最初，大多数民众是因畏惧“不敢吃”，只能选择鸡肉、牛羊肉等替代品；随着疫情逐渐得到控制，消费者在鼓起勇气购买猪肉的时候，却发现猪肉价格已经“飞上了天”，猪肉已经成为普通家庭的“奢侈品”。2019 年是非洲猪瘟疫情暴发的次年，中国猪肉产量为 4255 万吨，较上年减少 1149 万吨，随之而来的是猪肉价格的攀升。据我国农业农村部监测数据显示，2020 年 6 月 18 日，全国农产品批发市场猪肉平均价格为 42.72 元 / 公斤，较 2019 年同期 21.36 元 / 公斤的价格整整翻了 1 倍。面对曾经“爱搭不理”的猪肉，有多少人在超市猪肉档口徘徊犹豫，感叹着已经“高攀不起”的肉价——曾经能做一份红烧肉的分量现在只能炒一盘青椒肉丝了。相比之下，禽流感暴发后的一段时间

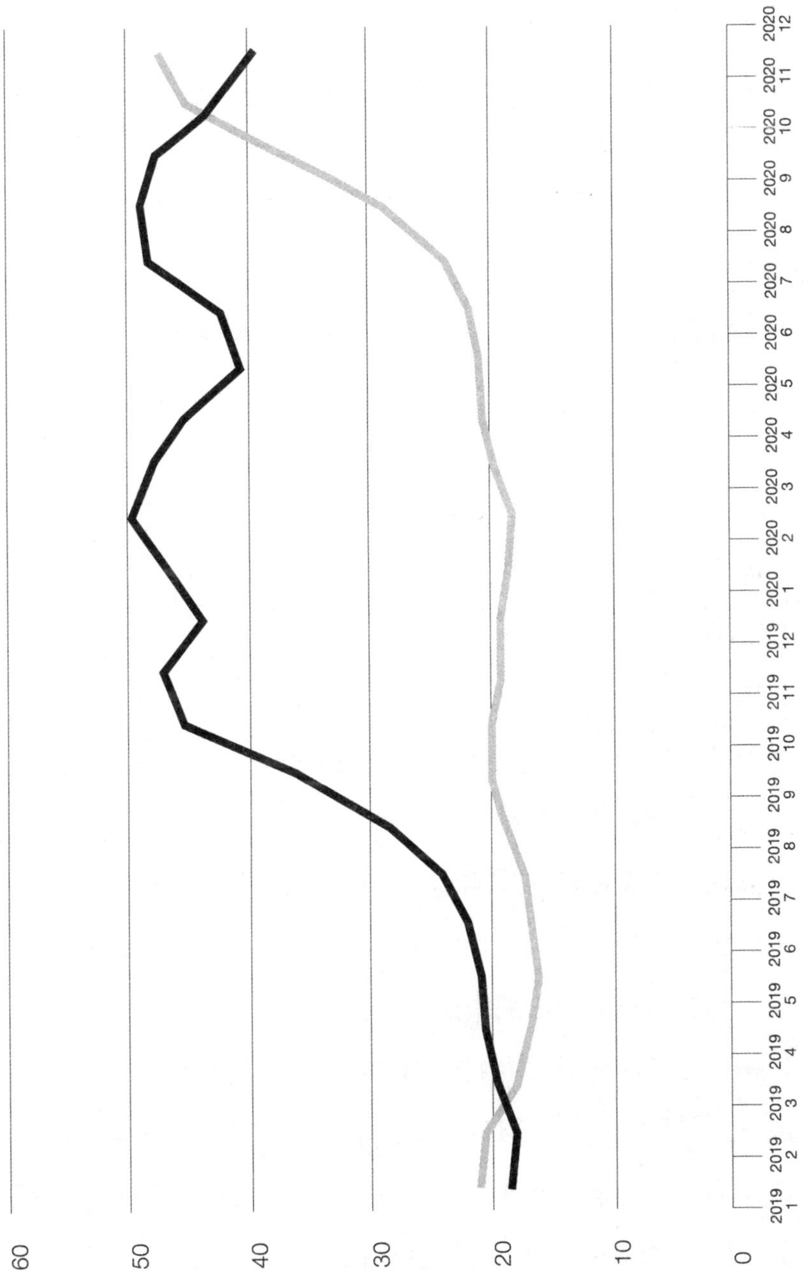

2019—2020年猪肉批发价格波动情况（单位：元／千克）（根据农业农村部信息中心数据编制）

内，鸡肉价格往往呈下降趋势，但很快就会趋于平稳。民众却往往出于安全的考虑，在短期内对鸡肉敬而远之。

维持负担得起的肉类消费对中国人的粮食安全至关重要。猪肉和鸡肉是中国民众饮食结构中不可或缺的两种食物。非洲猪瘟和禽流感的反复暴发对两种肉类的供应产生严重干扰，直接影响我国食品安全，还对普通民众的营养摄取构成严重威胁。那些仍在贫困线上挣扎的低收入人口，尤其是儿童，会面临营养不良的严重后果。

病毒阻击战

禽流感、非洲猪瘟病毒被人类发现已经有 100 多年的历史，人类社会为此付出了沉重的代价，民众的生命安全以及国家的经济安全、粮食安全都经历过或者仍然面临着史无前例的威胁。过去的 100 年，也是各国与动物疫情抗争的血泪史，无数的科学家和普通人都成为病毒阻击战中的一名战士。

始建于 1948 年 6 月的哈尔滨兽医研究所是中华人民共和国最早成立的兽医研究所，目前是中国农业科学院所属的国家级专业研究所之一，有着中国最杰出的一批“动物病毒猎手”。在他们面前，肆无忌惮的动物病毒才算真正遇到了“克星”。

陈化兰博士是哈尔滨兽医研究所禽流感参考实验室的主任，也是我国畜牧兽医界首位女院士。在她的带领下，哈尔滨兽医研究所成功研制了多款针对 H5 亚型禽流感的灭活疫苗，已经在国内外被广泛应用，每年应用量约为 150 亿羽份。[15]2013 年，我国出现 H7N9 禽流感病毒感染人的病例之后，陈化兰率领团队分秒必争，在首例病例公布不到 48 小时，就从疫情暴发的上海周边地区的土壤、水、家禽及农贸市场收集了 1000 多份样本，并分离出相关病毒。经过 4 年的艰辛研发和临床实验，陈化兰团队成功研发出疫苗，并抢在 2017 年冬季新一轮 H7N9 病毒流行季到来之前投入使用，有效阻断了禽流感由禽类向人类的传播。

陈化兰院士在谈到疫情时，总会提到“时刻保持警惕”一语。禽流感病毒在传播过程中随时可能发生变异，存在传染性和致病性升高的可能，这会导致之前接种的疫苗效果变差甚至完全失效。面对千变万化的病毒，陈化兰团队常年处于战备状态，只要禽流感病毒没有完全消失，他们就无法睡一个安稳觉。

在攻克非洲猪瘟病毒疫苗领域，哈尔滨兽医研究所再次临危受命，重拳出击。这次面对的是一个百年级别的世界难题。哈尔滨兽医研究所猪传染病研究室主任仇华吉担起重任，在国际同行

---

15 《陈化兰团队先后研制成功了多款抗击 H5 禽流感病毒的“神器”》，《人民日报》2018 年 10 月 25 日。

的研究基础上，自主研发了非洲猪瘟疫苗。截至2020年6月，该疫苗临床试验进展顺利，接种的仔猪和母猪状态良好，没有出现异常临床表现，这给生猪养殖市场带来了重大利好。

禽流感、非洲猪瘟疫情的暴发考验的是一国动物防疫体系，更检验政府应对突发事件的能力。而且，这种考验频率在加快，正从“年终考”向“季度考”“月考”以及“抽考”转变。作为社会公共卫生服务与安全的提供者和保障者，政府需要通过一次次的“考试”查漏补缺，尽力不给病毒钻空子的机会。客观来说，从近年疫情防控效果来看，我国已积累了一些成功经验，建立起较完善的动物疫情防治体系，应对突发疫情也取得显著成果。但短板依然存在。2018年我国暴发非洲猪瘟疫情初期，仍发生地方防疫部门私下处置疫情的事件，有瞒报、漏报嫌疑，延误了疫情防控时机。

从养殖户角度来看，在养殖场所建立必要的生物安全设施是提高防疫水平的关键。我国农业农村部等相关部门在控制饲养密度、科学喂养饲料、禽舍猪舍远离自然界感染源、注重养殖场所环境卫生、严防人与动物交叉感染等方面都提供了十分专业和详尽的指导意见。作为我国家禽、生猪饲养的主力军，中小型养殖场户应当放眼长远，积极配合政府，建立标准的生物安全条件环境，如此才能迎接下一次疫情的考验。

每位普通人既是消费者，也是动物病毒的潜在感染者，都有责任和义务参与到这场全社会的病毒阻击战中。如在面对可传人的甲型 H5N1 和 H7N9 高致病性禽流感病毒时，每位民众能做的就是放弃食用活鸡的“执念”，改变消费理念，购买更加安全，且营养和口味实际上并不会差太多的冰鲜鸡肉。

可以预计，随着人类与大自然的关系越来越亲密，人类开始踏足地球上越来越多的边缘角落，与各种生物族群的接触也越来越密切。未来，一定会有更多源自动物的病毒以各种方式来到现代社会，与人类共存共生。人类不能因为一种新病毒肆虐给社会经济、生活方式甚至生命带来沉重打击就轻易放弃反抗，成为病毒的“奴隶”。为了捍卫国家安全、民众的生命安全，全社会都应当积极防控，主动出击，最终找到战胜病毒的良方。

参 考 文 献

1　［美］贾雷德·戴蒙德著，谢延光译：《枪炮、病菌与钢铁》，上海译文出版社 2016 年版。

2　［美］内森·沃尔夫著，沈捷译：《病毒来袭》，浙江人民出版社 2014 年版。

3　［英］凯瑟琳·阿诺德著，田奥译：《1918 年之疫：被流感改变的世界》，上海教育出版社 2020 年版。

4　［美］约翰·M. 巴里著，钟扬、赵佳媛、刘念译：《大流感：最致命瘟疫的史诗》，上海世纪出版集团 2013 年版。

4

第四章

白蛾的远征

2007年4月，《中国经济周刊》刊出标题为《“绿色奥运”遭遇“白色恐怖”》的报道，引述国家林业局（现国家林业和草原局）通报北京二环内出现美国白蛾，疾呼“不能让绿色奥运毁在小小的白蛾手里”。为此，林业部门制定了“人盯树”战术，倡导“群防群治，让老百姓成为眼睛”。小小的白蛾何以令林业部门如临大敌，甚至担忧影响奥运盛事？原来，为筹办奥运，北京城市绿化建设日益提速，林业部门所担心的正是白蛾入侵后会因缺乏天敌而暴发成灾，波及此前大批移植的树木。

当时，我国在防治白蛾方面已属投入巨大、成果丰硕。这篇报道指出，到2008年我国防治白蛾的财政总投入将达到5000万元人民币。杨忠岐研究员利用白蛾天敌“周氏啮小蜂”，研发出世界范围内针对白蛾进行生物防治的先进技术，为“绿色奥运”阻击“白色恐怖”发挥了重要作用。然而，令林业部门稍显尴尬的是，原本期待能够予以协助、起到监测作用的老百姓作为非专业人士，不识白蛾、不晓其害，成为“群防群治”策略的软肋。

“白蛾的远征”仅仅是外来生物入侵的一个案例，这类现象在全球范围内不仅造成难以估量的经济和非经济损失，且难以“根治”，通常对传入地的生态产生不可逆的影响。“白色恐怖”威胁“绿色奥运”仅是其中一例。民众作为国家生物安全“群防群治”的哨兵，需谨记前车之鉴，弥补相关知识，心明才能眼亮。

白蛾的远征

美国白蛾原产于北美洲，据称在二战期间随军用物资传播到欧洲和日本，逐步在欧亚地区扩散开来。1979 年，我国在辽宁省丹东市首次发现美国白蛾。这种白蛾适应性强、繁殖量大，危害林木、花卉、农作物等多种寄主植物，传播速度快、途径广，在新传入地区缺乏天敌，极易暴发成灾，造成重大经济损失。白蛾传入中国也许只是历史中某些偶然因素叠加的结果，但其造成的后果却极为严重。直至今日，国家林业和草原局发布 2020 年第 3 号公告显示，我国东北、华北到华东乃至中西部仍有 13 个省（直辖市、自治区）的 600 余个县（市、区）被列为白蛾疫区。

谁在入侵我们的家园

顾名思义，所谓“外来生物入侵”是指外来生物侵入本地生态系统，表现为某种生物进入一个过去不曾分布的地区，并能够

> 2006年10月2日在河北省滦南县拍摄的美国白蛾幼虫

存活、繁殖，进而形成种群并扩散。[1] 进一步思考，地球这颗蓝色星球上的生命从无到有、由简增繁，迁移迁徙应该是自然规律，种群扩散也是生物的一种本能，我们人类也概莫能外。既然如此，又何来“入侵”之说？

关键之处在于，人类出现后，人成为地球生态体系中的万物

1　宋红敏、徐汝梅：《生物入侵》，《生物学通报》2004 年第 4 期，第 1 页。

之首，需要“以人为本”地来衡量、看待其他生物种群。科学界虽然对“生物入侵”的定义纷繁复杂，但关注的重点都是外来物种是否对人类生命健康、经济活动乃至赖以生存的生态环境造成威胁甚至危害。如果某个种群变得太少甚至难以存续，就成为需要人类保护的濒危种群；如果某个种群变得太多、扩张太快，超出经济或环境能够承受的限度，就成为有害种群；而当有害种群属于外来者，就构成生物入侵。客观上，这是种群的时空变化动态及其调控机制的问题，主观上则是人对生态的认识水平、价值观念和行为决策的问题。可见，人的安全是定义生物入侵的价值尺度。

在自然条件下，物种的扩散能力是有限的，扩散过程是相对缓慢的。每个物种都由于地理、气候等因素被限制在一定区域内生存发展，可以被称为“本地物种”。物种扩散的频繁化、复杂化与人类有意或无意的探索实践活动密切相关。历史上，张骞出使西域后引进了葡萄，明朝时玉米、马铃薯等作物从南美洲引进中国，这些“外来物种”对我们非但无害反而有益，到今天也渐渐在世界各地繁衍进化，成为本地生态系统的一员，自然谈不上什么生物入侵了。所以，以何种时间尺度来确定某种生物是本地物种还是外来物种，这在科学界也是一件相当棘手的事情。有的学者主张以 15 世纪大航海时代为节点，有的学者则主张以百年为一节点。[2] 事实上，正是大航海时代开启的世界全球化进程，使得人类彼此间交往的频率与深度以超越此前历史发展的范式和速度增长，客观上为物种扩散的频繁化和复杂化创造了条件，导致生物入侵从一种偶发、少见的现象转为一种常见、多变的现象。

了解生物入侵与人类活动的密切关联后，我们才能更好地认识这种现象背后的复杂性，注意到一些“盲点”。

入侵物种多种多样。一般而言，生物包括动物、植物、微生物等，其中还包括使人罹患某些传染病的病媒生物。通常，各国的卫生检疫部门负责看护国门第一道防线。从定义上看，检疫性有害生物指“对受其威胁的地区具有潜在经济重要性，且尚未在该地区发生，或虽已发生但分布不广且正在被官方控制的有害生物”[3]。这意味着，检疫性有害生物的威胁虽然是潜在的，但其危害评估是需要事先确定的，实施检疫属于“先知先见”。而外来有害生物的危害更可能是事先未知的，往往属于“后知后觉”。换言之，检疫性有害生物通常属于可能造成生物入侵的外来有害物种，但外来有害物种不一定都在检疫性有害生物之列。这提醒我们，对入侵物种的认识需时刻更新。

---

2 王艺:《外来生物入侵防控相关问题研究》,《法治与社会》2010 年第 3 期，第 169 页。

3 见《国际植物保护公约》(IPCC)第二条“术语使用”。

入侵的边界具有流变性。生物以生态系统为空间标准定义是否属于“入侵”，而人类世界则惯常以行政边界划分彼此。中国这样幅员辽阔的国家存在着多种生态系统，而其边界地带，则可能与相邻国家共享一种局部的生态系统。而且，生态系统之间并非处在截然分隔而是连续变化的状态，暗示着生物入侵现象对字面上的“入侵”具有解构性意义。这警示着，在观察人类社会和实践活动时习惯运用的边界与结构思维，可能无时无刻不在影响甚至干扰着我们对生物入侵现象的认识。

与生物入侵相类似，转基因生物的出现是人类活动影响自然生态的又一具体体现。本地生态系统中引入转基因生物的过程，同样可能对人类生命健康、经济活动及生态环境产生类似生物入侵的危害。但是，从原理上看，转基因技术是将某一物种的基因转移到另一物种的有机组织中，从而使培育出的物种具有某些一时难以通过自然演化形成的新特性，它与传统的物种养殖和物种内基因改良技术不同，近乎于人类对已有物种进行的“加工定制”。从这个角度看，转基因物种在被培育出前，并不自然地生存于任何一个生态系统。

转基因生物从实验室“入侵”到自然生态系统的过程与生物入侵存在着显著不同，其危害也有明显区别。从“入侵”危害的性质上看，转基因生物的风险很可能并不分区域。换言之，转基因生物如果存在危害，那么无论它构成“入侵”与否，其危害都是因采用这项技术而给定的。而外来生物在入侵前，在它原来的生态系统中显然是无害的。从“入侵”危害的评估上看，尽管我们承认生物入侵的许多危害是潜在的，但在评估“潜在危害可能”时通常还是以十年、百年等人类历史的时间尺度衡量。而目前科学界对转基因技术风险与危害的认识都仅仅停留在估计层面，至今缺乏确切的数据和实证，许多评估以生物演化乃至地质学的时间尺度为标准，即其危害可能“比潜在更潜在”。转基因技术事实上已导致类似生物入侵现象，但仅以生物入侵的角度视之，恐怕在科学研究和政策规制方面都会出现“盲区”。所以，转基因技术应用作为一类与外来生物入侵具有高度关联性，但又相区别的单独问题，不在本章专做讨论。

总而言之，当我们在谈论生物入侵时，不要忘记问题的尺度是人，人既是引发生物入侵的重要因素，也是“入侵”的标准设定方、危害评估方、后果承担方，其背后指向的还是人与生态关系的调适问题。

国家安全受侵害

习近平总书记深刻指出：进入了新时代，“我国国家安全内涵和外延比历史上任何时候都要丰富，时空领域比历史上任何时候都要宽广，内外因素比历史上任何时候都要复杂”。[4]诚然，对生物入侵的研究主要属于生物科学问题，但关注重点仍在于对卫生、经济和生态的危害；而危害一旦发生，必然要由当事的国家、社会和人群来承担，可能直接影响和危及国家发展、稳定与安全，属非传统安全威胁之列。生物入侵问题关乎国家安全，具有非传统安全威胁的一般特征。

潜在性和突发性：科学研究一般认为，生物入侵通常要经历好几个阶段，每个阶段的成功率大约只有 10%,[5]因此在形成种群优势暴发之前，入侵行为往往处于隐秘的角落。例如，薇甘菊自 20 世纪 80 年代传入我国广东，但直至 21 世纪初才逐步显露其危害。但是，外来生物种群优势一旦确立，超出本地生态调节机制或能力承受之范围，将以某种“危机”的形式爆发。

联动性和传导性：物种之间本就存在复杂的捕食、共生、寄生等关系，生物入侵会造成一系列连锁反应，后果难以预估，引发的局部生态失衡的单一风险很可能向生态景观、人类卫生健康、社会经济发展等方向演变成复合危机，其影响从生态领域向社会、经济乃至政治领域传导。

现实性和普遍性：生物入侵的途径多、范围广，小到个体生

---

4 《习近平：坚持总体国家安全观 走中国特色国家安全道路》，《人民日报》2014 年 4 月 16 日 01 版。

5 M.Williamson, "Biological Invasions", Chapman & Hall, 1996, p.244.

活环境和经济利益，大到整体生态环境、公共健康卫生和社会经济发展，影响存在于方方面面。生物入侵的事实、后果及其影响一旦发生，可能长时间存在，甚至无法根本消除，防控成本极为高昂。

全球性和发展性：世界范围内，生物入侵造成灾害的例子比比皆是。随着全球化的深入发展，尤其是人类交往联系和交通运输的便利，主动或被动地引入外来生物日益增多。无论从沿国家边界共享同一生态系统的角度，还是从全体人类共享整个地球生态的高度，生物入侵问题都关乎人类的生态安全利益和社会经济生态协调发展。

总体国家安全观创造性地提出统筹 11 个方面的国家安全体系，并经由《中华人民共和国国家安全法》对各项国家安全任务予以法制规范性确认。中央全面深化改革委员会第十二次会议明确指出，要从保护人民健康、保障国家安全、维护国家长治久安的高度，把生物安全纳入国家安全体系。2020 年 10 月 17 日第十三届全国人民代表大会常务委员会第二十二次会议通过《中华人民共和国生物安全法》，其第三条指出："生物安全是国家安全的重要组成部分。维护生物安全应当贯彻总体国家安全观，统筹发展和安全，坚持以人为本、风险预防、分类管理、协同配合的原则。"并将防范和应对外来生物入侵纳入法律管理。生物入侵对生态安全、物种安全、资源安全、经济安全、社会安全乃至政治安全等国家安全不同领域都可能构成危害。

第一，危害生态安全、物种安全与资源安全，集中体现在对生态多样性的威胁上。

其一，生物入侵建立种群优势后，极易摧毁本地生态系统，破坏本地自然景观的完整性和自然性，造成食物网络结构崩溃，进而引发本地动植物减少甚至灭绝，危及本地生物的多样性和地域独特性。例如，我国引入的美洲产仙人掌属 4 个种，在华南沿海地区和西南干热河谷地带形成优势种群，使得当地原有的天然植被景观已很难见到；尼罗河河鲈被引入非洲维多利亚湖之后，造成该湖 300 种本地鱼类消失七成。生物多样性减损还将导致生态更加脆弱，本地生态可能更易遭到外来生物的入侵，形成“恶性循环”。

其二，对遗传多样性产生影响。入侵物种对本地物种的遗传影响是间接的，可能改变自然选择的模式，或者影响本地种群间的基因流通，或者是对本地物种形成遗传侵蚀，又或者将本地群种群分割包围，致使本地种群样态破碎化，诱发近亲繁殖和遗传漂变。这些情况都可能微妙地改变本地种群的自然演化进程，甚至加速种群灭绝，不利生态平衡和稳健。

其三，削弱生态生物资源安全。“物竞天择”“一物降一物”，大自然的安排精妙绝伦。人类很晚才出现在地球上，至今对大自然的研究仍停留在浅层次，因此尽可能地保护生态多样性、生物多样性、遗传多样性也是在为人类保存未来。我国幅员辽阔、地大物博，有着丰富的生物资源库，很多珍贵、稀有的生物遗传资源均起源于我国，为国家的可持续发展以及应对生态风险提供了支撑和保障。

杨忠岐巧治美国白蛾

自 1952 年起，受到白蛾灾害影响的苏联等国家就从美国、加拿大等白蛾原产地引进天敌进行防治，但由于这些天敌在当地难以越冬，往往需要第二年重新引进，造成防治成本高昂。有此前车之鉴，中国科学家杨忠岐另辟蹊径，在我国境内系统调查白蛾的天敌昆虫，发现了 20 余种寄生性天敌，又从中筛选、饲养出被他命名为“周氏啮小蜂”等新发现物种，可谓发挥了奇效。[6] 试想，若中国没有丰富的生物资源库，又如何能够借自然之伟力，建此丰功伟业？

第二，危害经济安全。经济安全既指经济发展不受损害的状

---

6 丁灿辉:《生物防治领域的“放蜂人”——记农工党中央委员、国家林业局森林保护学重点实验室主任杨忠岐》,《前进论坛》2007 年第 5 期，第 31—33 页。

态，也指保障经济可持续发展的能力。经济损失是生物入侵造成的最直观、最实际的危害。尽管存在不同的统计和估计方法，我国因生物入侵而遭受的经济损失每年仍以千亿元计。其中有因作（产）物受灾、防治投入、环境修复等造成的直接经济损失；而在生态功能、景观功能、生产生活方式、心理影响、区域声誉等方面的间接经济损失和非经济损失更是难以估量。生物入侵也导致一些地区的生态系统和景观发生不可逆转的改变，冲击了当地独特的生产生活方式以及相关联的生产、旅游、文化等方面的发展，对当地的经济发展、产业布局、路径选择和增长前景产生深远影响。

第三，危害社会安全与政治安全。一是对公共健康卫生的威胁。外来入侵的物种可能是人类的病原或病原的媒介，能引发大规模流行病。例如，原属于南美洲的巴拉那河流域的红火蚁叮咬人类后会释放高浓度酸性毒素，使人恶心、发热、多汗、呼吸衰竭甚至死亡；豚草花粉则是引起人类花粉过敏的主要病原，可能导致花粉症；福寿螺被引入中国后则成为广州管圆线虫的寄主，人畜食用未熟制的福寿螺后容易感染寄生虫，诱发脑炎等疾病。由此引发的大规模公共卫生事件，不仅直接影响人民群众的生命和健康，而且对医疗资源配置乃至社会管理产生巨大压力，还对社会与政治稳定构成威胁。倘若入侵物种被人为“武器化”，后果更不堪设想。

二是对自由贸易的影响。防止外来物种入侵还不时成为国家间设立技术性贸易壁垒的重要理由或借口。反过来，在贸易摩擦当中所涉及的生物入侵风险也需要全面研判。例如，小麦矮腥黑穗病曾经一直是中美小麦贸易中争论的焦点问题，中美双方对从美国进口小麦是否存在带菌风险各执观点。[7]

综上所述，总体国家安全观为我们以国家安全视角看待生物入侵问题提供了依据：这是一种危害到国家安全多个具体领域的非传统安全威胁。

辨证施治

“一把钥匙开一把锁。”只有了解生物入侵的机制，才能针对性预防和矫治。但生物入侵是涉及长时间、远距离的物种迁移，加之复杂的人为因素介入，其链式过程本身就极其复杂，又考虑到入侵后果的严重性和不可控性，直接实验研究存在较大难度，大部分既有研究是从成功入侵案例入手的概括，许多假说性理论尚未得到充分验证。可以说，对生物入侵的理论研究尚且缺乏具

---

7 郭建英:《中国生物入侵的现状与预防（上）》,《农民科技培训》2012 年第 6 期，第 24 页。

有普遍说服力的结论，并制约了针对性防治工作的开展。

不过，与此同时，在案例研究和防治实践中，人们也总结出了若干与生物入侵相关的因素。例如，有的研究总结了一类入侵物种自身具有的某些生物学与生活史的共性特征；有的研究关注到被入侵生态系统本身的稳定性和完整性；[8] 还有的研究讨论了全球变暖和二氧化碳浓度升高对生物入侵的影响 [9] 等。鉴于生物入侵问题与人类活动的密切关系，在具体防治研究和实践中，更加突出关注人的因素。例如，对生物入侵认识的淡漠造成不负责任的行为；立法、执法、监测管理等规制不配套、不到位；基础科学研究不足，缺乏科学的“风险—收益”评估体系和相应的严格决策程序 [10]；经济全球化的影响 [11] 等。

正因如此，从人类行为的角度，一般将生物入侵的途径分为

8　宋红敏、徐汝梅:《生物入侵》,《生物学通报》2004 年第 4 期，第 2—3 页；高贤明、庄平:《外来种引入途径及其入侵特性》,《中国生物多样性保护与研究进展——第五届全国生物多样性保护与持续利用研讨会论文集》, 2002 年，第 252—256 页；杨健:《我国外来生物入侵的现状及管理对策研究》, 长江大学硕士研究生学位论文，2012 年，第 3—4 页。

9　高贤明、庄平:《外来种引入途径及其入侵特性》, 第 251 页；潘绪斌、王聪等:《经济全球化与气候变化对生物入侵的影响浅析》,《中国植保导刊》2018 年第 4 期，第 65—68 页。

10　万方浩、郭建英等:《中国外来入侵生物的危害与管理对策》,《生物多样性》2002 年第 1 期，第 122 页。

11　潘绪斌、王聪等:《经济全球化与气候变化对生物入侵的影响浅析》,《中国植保导刊》2018 年第 4 期，第 65—68 页。

有意引入、无意引入和自然扩散三类。

有意引入：指人类出于某种目的，将外来生物引入本地生态系统。早期引进外来物种，往往是为了利用其经济价值、观赏价值，一般作为农作物、花卉、家畜、宠物等引入；后来又有为应对生物入侵而进行生态防治，通常作为天敌引入。为引种顺利，引入的物种往往具有生长快、抗逆性强、生态适应幅度大等特征，从而极易形成生物入侵。在这方面，澳大利亚的案例最具典型性。19 世纪中期，兔子作为宠物被引入澳大利亚后快速繁衍，形成“兔灾”，引发草地荒化等；当地为控制“兔灾”，引入了兔子的天敌，结果非但没解决问题，反而导致本土其他物种灭绝，酿成更大生态灾难。本质上，这类问题反映了人类对生态系统的复杂性、微妙性和平衡性认识不足，从而导致决策能力欠缺。

无意引入：指外来物种以伴随方式传入。一种情况是在有意引入某种外来物种时，因为生物之间复杂的共生、寄生和伴生关系，其他非目的物种的孢子、种子、卵、幼虫或病原菌等伴随传入，这通常在引进农作物、林产品和进行国际贸易时发生。另一种情况是由于人类活动和交通往来的日益频繁、密切，外来物种可能附着于人的服饰、行李或者交通工具实现远距离迁移；或者是由于船只的压舱水异地排放、海洋垃圾随洋流运动、宗教或节庆活动实施的异地放生等原因形成扩散。无意引入主观上是生物安全意识淡漠问题，客观上通常与所在地对外来生物的检疫和检测不到位有关，本质上反映了人类对生物多样性认识不足导致的行为能力欠缺。

自然扩散：指由于自然环境的变化，或借助水流、风力、物种迁徙等，物种突破自然地理条件限制，向新的地理区域扩散、存活并获得种群暴发的机会。如前所述，由于自然条件的限制，种群的自然扩散往往是有限的、缓慢的；但如今，自然条件与地理地貌的变化有加快的迹象，特别是自然生态的退化和脆弱化及因此引发的物种生活史的改变，与人类活动的关系更加密切。因此，即便是带有偶然性因素的“自然扩散”也深受人的因素影响。

综合来看，生物入侵往往是通过以上一种或多种途径相互作用、叠加影响而达成，其中人的因素不可忽视。人类在调适自身与自然生态关系时表现出的能力不足，成为防治生物入侵的短板。因此，我国著名入侵生物学家万方浩研究员将防治生物入侵的能力建设总结为“预防能力”“研究能力”“监测与监管能力”三大体系建设[12]和“早期预警”“准确监测”和“区域减灾”三道

12 万方浩、郭建英等:《中国外来入侵生物的危害与管理对策》,《生物多样性》2002 年第 10 期，第 122 页。

防线建设。[13] 在具体实践中，针对生物入侵的不同阶段，都已形成若干通用、成熟的应对思路和具体措施。[14]

在传入前和传入早期，强调预防、预警和应急控制。一是预防方面，重在提升有关部门和公众对生物入侵的认知。通行的做法包括：建立尽可能完备、翔实的生物信息库，制定入侵物种清单，依照入侵风险程度进行分类管理；通过立法等方式建立严格的责任体制；开展国际合作等。

二是预警方面，依赖于生物科学和技术进步，发展快速检测的分子识别技术、基于遥感或雷达的野外监测技术，建立和完善分析和预测模型，构建针对入侵物种的监测技术体系。

三是应急控制方面，针对存在入侵风险或已局部发生入侵的物种开展超前研究，超前研发物理诱杀装置、化学诱集剂与装置、生物农药、天敌等产品，制定应急控制技术标准和处理预案，实施紧急控制和扩散阻断。

针对已入侵物种的持续治理，目前已有人工和机械防除、化

---

13 “三道防线”也称“早期预警”“检测识别”“阻截监控”。参见周忠实、王晶：《引领国际生物入侵研究的“中国梦”——记国际知名入侵生物学家万方浩研究员》，《世界农业》2018 年第 2 期，第 209 页；陈婉：《筑牢生物入侵的防控体系，早发现早防治》，《环境经济》2018 年第 Z1 期，第 107 页。

14 郭建英：《中国生物入侵的现状与预防（下）》，《农民科技培训》2012 年第 7 期，第 22—24 页。

学防除、物理防治、生物防治和替代控制等多种单项技术方案，并在此基础上发展出综合治理技术体系。

人工和机械防除：该方案适用于尚未形成大面积扩散、入侵种群相对集中或者环境内存在其他敏感物种的情况。例如，我国曾大规模组织人力打捞水葫芦，采取人工剪除的方式控制美国白蛾，以及在特定的地理环境下可以采取水淹、火烧等方式清除入侵杂草等。大规模利用人力和机械能够在较短时间内迅速清除入侵生物，但对于已经沉入水底、深入土壤、繁殖力强的入侵物种效果较差，可能出现“年年防治年年有”的局面，甚至会因未妥善处理残余种群，形成新传播源，客观上加快了生物入侵。

化学防除：利用化学农药对入侵物种进行触杀、胃毒、驱避、干预激素和生长调节剂等方式进行杀灭。例如，草甘膦和绿草烷是两类国际上应用较多的系统性除草剂，可以控制以地下根和地下茎繁殖的入侵植物。但是，化学农药在灭除入侵物种时可能会对本地生物造成连带伤害，也不适用于湖泊等水环境，还可能使入侵物种产生抗性，而且一般成本较高。因此，采取化学防治时通常应针对应用环境，交替使用。

物理防治：利用特定物种对温度、湿度、光谱、颜色、声音等反应，创造不利于入侵物种但有利于或无碍于本地物种的生态条件，具有经济、简便、安全、不产生抗性等优势。例如，利用生物趋光性进行光电诱杀，创造超出生物耐受的极端环境温度，

园区天成保洁002

< 阳澄湖清理连片的水葫芦

采用电磁辐射损伤生物机体，设置物理障碍阻隔等。

生物防治和替代控制：生态防治通常靠引入进食性或寄生性天敌、致病微生物等，将入侵物种的种群密度控制在危害水平之下，重建入侵物种与本地物种的生态平衡，是一种利用生物多样性保护生物多样性的办法。一旦引入天敌建立种群，实现自我繁殖和扩散，本地生态平衡得以重建，就可以达到长期防控入侵物种的持久效果。引进的天敌通常来自入侵物种的原产地，也可以筛选、饲育新的天敌。但考虑到引入天敌也可能诱发新一轮的生物入侵，需要在对天敌原栖息地生态和本地生态作对比考察的基础上，对天敌捕食或寄生的专一性（即有效性）和安全性做充分研究和评估，并在释放天敌后保持跟踪监测。针对入侵植物，利用植物群落演替的规律，用有经济价值或生态价值的本地植物取而代之，被称为“替代控制”。这种方法兼具生态效益和经济效益，但是涉及多种复杂的生态因素，对环境、技术等条件要求较高，操作难度较大。

利用技术创新对入侵物种进行转化运用、“变废为宝”也是一种解决方案。物种本无益害之分，实质是与人关系的协调与否，取决于人的认识力和能动性。事实上，泛滥成灾的水葫芦在国外已成造纸的重要原料，在我国的江苏常州则被应用于生产沼气而一度成为“抢手货”。因此有专家建议，不妨从每年巨额的消杀防治经费中拨出一部分，投入对入侵物种的再利用工程研究。[15]

应对和治理生物入侵不单是科学技术问题，也是政策规制问题，离不开国际合作。从国际法律规范来看，目前有《生物多样性公约》及衍生的《关于预防引进对生态系统、栖息地或物种构成威胁的外来物种并减轻其影响的指导原则》《卡塔赫纳生物安全议定书》等综合性法律文件，还有针对动植物卫生检疫、外来物种的贸易措施及国际运输规则等特定领域的法律文件，以及贯穿在各类涉及外来物种的法律文件中形成的诸多原则，这为国际合作创设了框架，特别是考虑到发展中国家经济引种、旅游业开发等综合需求，为进一步以合作构建共同安全提供了基础。

从国际科技合作来看，要识别生物入侵现象，既需要跨生态系统的研究背景，更离不开跨国的研究合力。在预防方面，建立健全生物数据库、跨国监测体系、共享快速筛查装置等一系列早期预警机制，都在凸显国际合作的必要性和经济性；在治理方面，各国具有的技术与资源的比较优势将极大丰富针对外来入侵物种的综合治理手段，特别是在生物防治领域，从原产地、入侵地甚至第三地筛选、引入天敌，更是“神来之笔”。

15　陈婉：《筑牢生物入侵的防控体系，早发现早防治》，《环境经济》2018 年第 3 期，第 108 页。

中国在行动

我国面临外来生物入侵的形势严峻，正呈现出种类与数量增多、地域扩散、危害增长的趋势，特别是有意引入造成生物入侵的风险正在逐步积累。

2020 年 6 月 2 日，生态环境部发布的《2019 中国生态环境状况公报》（简称《公报》）指出：全国已发现 660 多种外来入侵物种。其中，71 种对自然生态系统已造成或具有潜在威胁并被列入《中国外来入侵物种名单》。《公报》还指出：对 67 个国家级自然保护区外来入侵物种调查结果表明，215 种外来入侵物种已入侵国家级自然保护区，其中 48 种外来入侵物种被列入《中国外来入侵物种名单》。[16]

系统、全面地调查外来物种是一项复杂、困难的工作。原国家环境保护总局、原环境保护部先后于 2001—2003 年、2008—2010 年两次组织开展大范围的全国外来入侵物种调查，调查对象是原产地在国外，已经在中国国内自然或半自然生态系统建立自然种群，威胁或者破坏当地经济和生态环境的物种、亚种或更低的分类类群。调查显示了我国遭遇外来生物入侵的若干趋势性

16 中华人民共和国生态环境部：《2019 中国生态环境状况公报》，第 39 页。

现象。[17]

从时间上看，外来入侵物种种类呈逐步上升趋势，1950 年后入侵物种占到 42.83%。从空间上看，首次发现入侵物种的地点和发现入侵物种种类数量均从沿海地区和新疆、云南两个边疆省区向内陆递减，但是首次发现地点有逐渐北移的趋势。从入侵途径上看，在第一次调查中，39.6% 属于有意引入，49.3% 属无意引入；而在第二次调查中，有意引入的比例已略高于无意引入的比例。从危害性上看，第二次调查查明：100 种世界恶性外来入侵物种中已有 27 种入侵我国，其中部分物种已造成巨大危害或已充分显示出危险性，但还有一些物种的危害性尚未得到充分认识。

生物入侵与我国自然生态状况密切相关，风险将长期存在。其一，我国幅员辽阔，山脉水系交错密集，海拔落差巨大，纵跨 5 个气候带，分布着数百种生态系统，这种生态多样性和复杂性造成外来物种的入侵地带具有更多可能性。其二，我国自然生态整体上仍比较脆弱。2019 年，全国生态环境状况指数（EI）值为 51.3，生态质量一般，生态质量优和良的县域面积占国土面积的 44.7%，主要分布在青藏高原以东、秦岭—淮河以南、东北

---

17 丁晖、徐海根等：《中国生物入侵的现状与趋势》，《生态与农村环境学报》2011 年第 3 期，第 35—41 页。

的大小兴安岭地区和长白山地区。[18] 这不仅意味着脆弱的生态更易受到生物入侵，而且暗示着我国西部地区虽然目前外来入侵物种的种类不多，但考虑到当地更加脆弱的生态，不可低估外来入侵物种进一步向西部扩散的风险。其三，我国物种资源丰富，但受威胁物种数量多、比重大，保护压力比较大。2019 年，对全国 34450 种已知高等植物的评估结果显示，需要重点关注和保护的高等植物 10102 种，占评估物种总数的 29.3%；对 4357 种已知脊椎动物（除海洋鱼类）的评估结果显示，需要重点关注和保护的脊椎动物 2471 种，占评估物种总数的 56.7%；对 9302 种已知大型真菌的评估结果显示，需要重点关注和保护的大型真菌 6538 种，占评估物种总数的 70.3%。[19] 其四，国内区域间生物入侵风险尚未获得充分关注。目前关注更多的是原产地为国外的国际外来入侵物种，而我国境内生态系统种类繁多，境内区域间、生态系统间的生物入侵同样存在，加之国内人流、物流往来更加频繁、密切，检查检疫措施有限，国内区域间生物入侵形势可能更为普遍和严峻。[20]

除自然生态因素外，随着我国对外开放进一步向纵深发展，

---

18 中华人民共和国生态环境部：《2019 中国生态环境状况公报》，第 38页。

19 中华人民共和国生态环境部：《2019 中国生态环境状况公报》，第 39页。

20 蒋文志、曹文志等：《我国区域间生物入侵的现状及防治》，《生态学杂志》2010 年第 7 期，第 1451—1457 页。

我国出入境人员、交通工具和集装箱数量稳定增长，大宗农产品、工业原料、食品和化妆品等进口量持续增长，跨境贸易和电子商务快速发展，这些因素都使得我国在应对外来生物入侵方面，特别是有害虫类及病媒性生物入侵、流行病传入等方面，面临日益严峻的挑战。[21]

近年来，我国在防治生物入侵、保护生物多样性方面的工作不断取得进展。

最为重要的是《中华人民共和国生物安全法》出台，为应对生物入侵提供了法律依据和保障。《中华人民共和国生物安全法》将“防范外来物种入侵与保护生物多样性”列入适用范围，同时还适用于“防控重大新发突发传染病、动植物疫情”和“应对微生物耐药”等相关问题。此前，我国涉及生物入侵防治、管理和监督的法律包括《中华人民共和国野生动物保护法》《中华人民共和国环境保护法》《中华人民共和国进出境动植物检疫法》《中华人民共和国动物防疫法》《中华人民共和国种子法》和《中华人民共和国畜牧法》等，还有《进出境动植物检疫法实施条例》《森林病虫害防治条例》《植物检疫条例》《濒危野生动植物进出口管理条例》等行政法规以及若干部门规章、规范性文件等。这

21 李新实、张顺合等:《新常态下国门生物安全面临的挑战和对策》,《中国国境卫生检疫杂志》2017 年第 4 期，第 229—233 页。

在客观上造成我国防治生物入侵在制度上重点依托检疫制度，而在名录、准入、检测、防治等方面的制度较为薄弱。对此，《生物安全法》第六十条规定：国务院有关部门根据职责分工“制定外来入侵物种名录和管理办法”，“加强对外来入侵物种的调查、监测、预警、控制、评估、清除以及生态修复等工作”，“任何单位和个人未经批准，不得擅自引进、释放或者丢弃外来物种”，并在第八十一条则明确了相关法律责任。

实际上，生态环境部早在2010年牵头制定了《中国生物多样性保护战略与行动计划》（2011—2030年），先后联合中国科学

> 漫画：新『通道』

院发布 4 批外来入侵物种名单，并开展自然保护区外来入侵物种调查；农业农村部成立外来生物入侵突发事件应急指挥部，制定 40 余种重大入侵物种应急防控预案和处置技术清单；国家林业草原局、海关总署在防治林业有害生物、加强外来有害生物检疫等方面工作也呈现不断强化态势。可以说，生物安全法出台后将使得现有法律法规、体制制度和行政管理进一步发挥整合性效力，在防治生物入侵、维护生物安全工作中所面临的立法位阶不高、法律适用范围不完整、法规不协调、体制不健全、制度不完善、责任不明确、公共参与不足等长期问题有望破解，生物安全领域的国家治理体系和治理能力现代化将迈上新台阶。

与此同时，应对生物入侵带来的非传统安全挑战，中国不能只是“独善其身”。习近平总书记在论述总体国家安全观时深刻指出：“以促进国际安全为依托”[22]，倡导共同、综合、合作、可持续的新安全观，迈向人类命运共同体。[23]外来生物入侵对多个国家安全具体领域构成直接、重大的危害，属于非传统安全威胁，具有联动性和传导性、发展性和全球性的特征。

---

22 《习近平：坚持总体国家安全观 走中国特色国家安全道路》，《人民日报》2014 年 4 月 16 日 01 版。

23 习近平：《迈向命运共同体 开创亚洲新未来——在博鳌亚洲论坛 2015 年年会上的主旨演讲（2015 年 3 月 28 日，海南博鳌）》，《人民日报》2015 年 3 月 29 日 02 版。

无论从人类共享地球整体生态的高度，还是从全球化背景下各经济体、各社会、各生态系统之间紧密联系的角度，在应对生物入侵的进程中，以人类整体乃至人与自然的共同安全作为终极追求的价值导向更加凸显，兼顾生物安全与经济、社会、政治等其他领域综合安全的目标导向更加清晰，合作安全的行为导向更加迫切，实现可持续安全的结果导向更加明确。可以说，人类命运共同体理念及其倡导的新安全观有理由在生物安全领域、特别是应对生物入侵方面得到实践和丰富。

中国是预防和治理外来生物入侵的参与者、贡献者，更是引领者。杨忠岐团队运用本土天敌防治入侵物种的技术创新，丰富了生物防治理论，并先后攻克了一系列重大林业虫害，使得我国森林害虫防治走上世界前列。

21 世纪初，美国东北部受到入侵的白蜡窄吉丁灾害，杨忠岐在我国境内调查、筛选了 5 种寄生蜂天敌，其中有 3 个新种研究成果在美国发表并直接运用于美国本土对白蜡窄吉丁的防治中，成为中美科技合作的佳话。[24]

万方浩针对引进生物防治天敌，提出了风险过滤理论和评估模式，建立了定量评价、风险—收益比较分析与风险控制的决策

---

24 丁灿辉:《生物防治领域的“放蜂人”——记农工党中央委员、国家林业局森林保护学重点实验室主任杨忠岐》,《前进论坛》2007 年第 5 期，第 33 页。

技术，规范了筛选标准与程序，修正了寄主专一性评价方法，不仅丰富了生物防治的理论、方法和技术，并为各国间引进天敌防治入侵物种提供了风险评价方法。他的团队不仅在入侵物种快速分子检测、DNA 条形码识别诊断、远程无人实时监测及一体化分析展示等方面取得技术突破和创新，还发起国际入侵生物学大会，倡议成立"一带一路"国际植物保护联盟，构建生物入侵基础研究的分子平台，提出对 1000 种入侵物种进行全基因组测序的"IAS1000"计划，倡议"生物入侵：中国方案"，引领了国际生物入侵研究和治理行动。[25]

以人类命运共同体理念构建共同安全是应对生物入侵的治本之策和终极追求，中国不仅在理念上倡导，并且在实践中创新，正努力探索一条国家安全与国际安全、人的安全与生态安全、发展与安全辩证合一的实现路径。

---

25 "生物入侵：中国方案"又称"4E 行动"，指"早期预防预警（Early warning & prevention）""早期监测和快速检测（Early monitoring & rapid detection）""早期根除和阻截（Early eradication & blocking）""区域减灾和全程控制（Entire mitigation）"。周忠实、王晶：《引领国际生物入侵研究的"中国梦"——记国际知名入侵生物学家万方浩研究员》，《世界农业》2018 年第 2 期，第 208—209 页。

参 考 文 献

1 中共中央党史和文献研究院编:《习近平关于总体国家安全观论述摘编》,中央文献出版社 2018 年版。

2 陈婉:《筑牢生物入侵的防控体系,早发现早防治》,《环境经济》2018 年第 Z1 期。

3 丁灿辉:《生物防治领域的"放蜂人"——记农工党中央委员、国家林业局森林保护学重点实验室主任杨忠岐》,《前进论坛》2007 年第 5 期。

4 丁晖、徐海根等:《中国生物入侵的现状与趋势》,《生态与农村环境学报》2011 年第 3 期。

5 高贤明、庄平:《外来种引入途径及其入侵特性》,《中国生物多样性保护与研究进展——第五届全国生物多样性保护与持续利用研讨会论文集》2002 年。

6 郭建英:《中国生物入侵的现状与预防(上)》,《农民科技培训》2012 年第 6 期。

7 郭建英:《中国生物入侵的现状与预防(下)》,《农民科技培训》2012 年第 7 期。

8 何蕊、田金强等:《我国生物安全立法现状与展望》,《第二军医大学学报》2019 年第 9 期。

9 蒋文志、曹文志等:《我国区域间生物入侵的现状及防治》,《生态学杂志》2010 年第 7 期。

10 李新实、张顺合等:《新常态下国门生物安全面临的挑战和对策》,《中国国境卫生检疫杂志》2017 年第 4 期。

11 潘绪斌、王聪等:《经济全球化与气候变化对生物入侵的影响浅析》,《中国植保导刊》2018 年第 4 期。

12 宋红敏、徐汝梅:《生物入侵》,《生物学通报》2004 年第 4 期。

13 孙志凡:《我国外来生物入侵的立法概况》,《中国生物防治学报》2018 年第 4 期。

14 王艺:《外来生物入侵防控相关问题研

究》,《法治与社会》2010年第3期。

15 万方浩、郭建英等:《中国外来入侵生物的危害与管理对策》,《生物多样性》2002年第1期。

16 姚成芸、赵华荣等:《我国外来生物入侵现状与生态安全》,《中山大学学报(自然科学版)》2004年增刊。

17 杨健:《我国外来生物入侵的现状及管理对策研究》,长江大学硕士研究生学位论文,2012年。

18 中华人民共和国生态环境部:《2019中国生态环境状况公报》。

19 中国科学院学部:《我国生物入侵现状与对策》,《中国科学院院刊》2009年第4期。

20 周忠实、王晶:《引领国际生物入侵研究的"中国梦"——记国际知名入侵生物学家万方浩研究员》,《世界农业》2018年第2期。

21 M. Williamson,"Biological Invasions", Chapman & Hall,1996.

5

第五章

基因与进化

21 世纪，世界在从信息社会向智能社会演进的同时，也在迈向生命科学和生物技术蓬勃发展的新时代。生物资源成为一国最宝贵的战略资源，在保障粮食安全、生命健康与安全及环境安全等方面起着越来越重要的作用，并发展为各国经济增长的新动力源，成为各国明争暗斗的目标，正在升级为新时期国际关系的一个焦点问题。中国野生海水稻的发现正在改变生态，日本立法保护以“和牛”为代表的基因资源，各国对生物资源的攻防正在加剧。同时，各国借助生物技术提高对其特有人类遗传资源的把握程度，可以保障本国种群健康繁衍，并转换为国家实力，获得国家利益竞争中的非对称优势，保障国家安全。为有效保护和合理利用中国的人类遗传资源，中国打响了基因保卫战。所有事实都标志着生物资源和人类遗传资源安全是国家安全的重要组成部分，维护生物资源和人类遗传资源安全势在必行。

病毒基因测序和中美大豆基因情仇

2020 年 6 月 11 日，北京市报告发现数月来第一例本土新冠肺炎确诊病例。此后一个多星期，北京市报告累计确诊病例 183 例，均同新发地农贸市场有关联。6 月 18 日，中国对外公布了北京新发地新冠肺炎疫情和病毒基因组序列数据。初步研究显示，新发地的病毒株与欧洲的类似，病毒极可能与境外输入的冷链传播有关。为排查受感染人群，北京市接受核酸检测的人群以新发地病例的密切接触者为重点，向外围扩展。病毒是最简单的生命体，每种病毒都有其独特的基因组序列。病毒基因组包括 DNA 组和 RNA 组，这取决于病毒采用哪种核酸作为遗传物质。通过检测患者体内的病毒核酸，就可判断其体内是否存在病毒。一时间，“病毒基因”“变异”成为大家耳熟能详的词汇，“您核酸了吗？”甚至成为人们见面时的问候语。

2020 年 6 月 17 日，天津市突然新增本土新冠肺炎确诊病例 1 例，患者发病前 14 天无外出史，无疑似病例和确诊病例接触史，传染源不明引发天津市民恐慌。随后，天津市疾控中心对其病毒全基因组高通量测序和序列进行分析，确认与北京新发地市

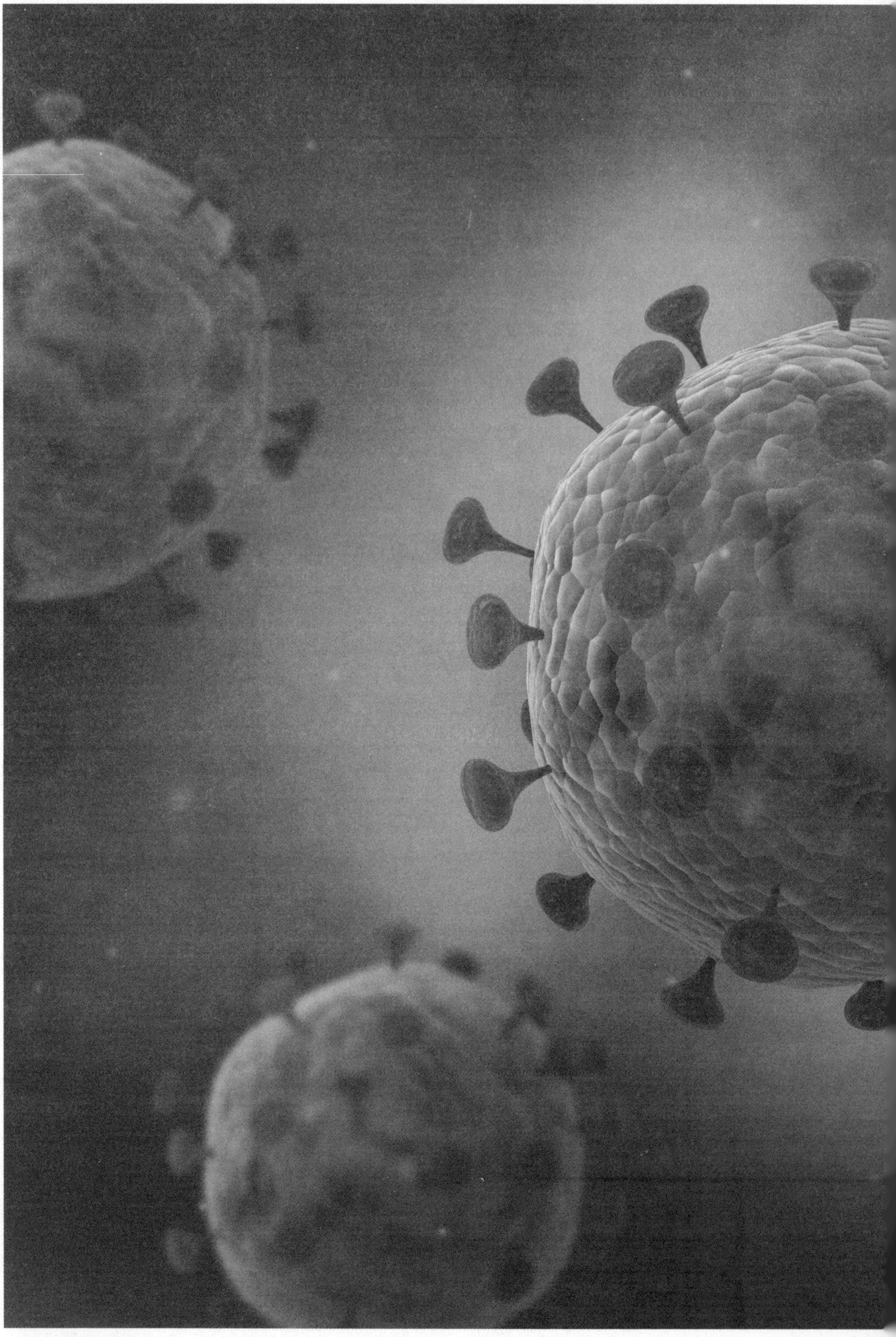

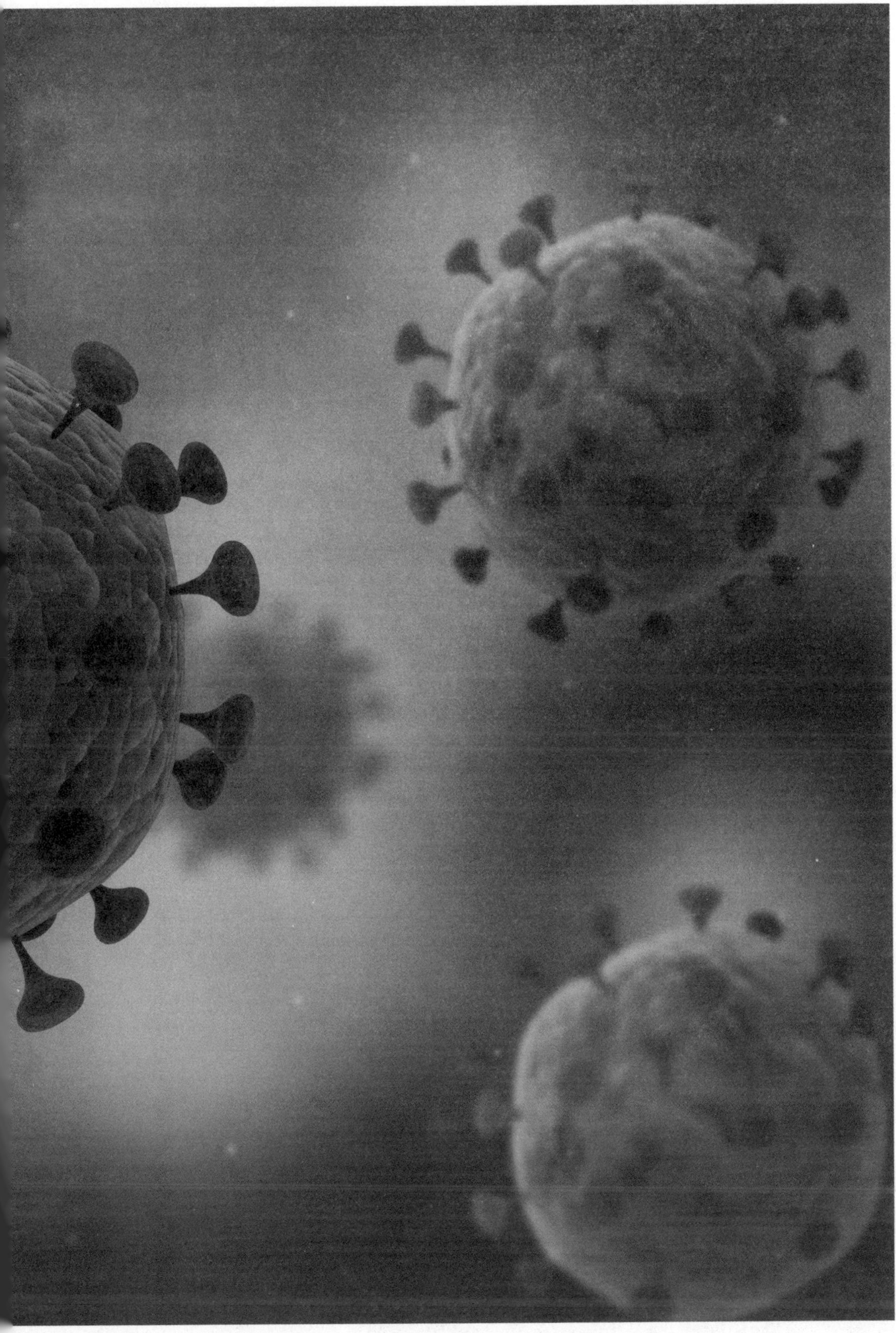

< 新冠肺炎病毒

场相关病例的病毒序列完全相同，属于L基因型欧洲家系分支I。据此，可以推断传播轨迹仍与北京新发地疫情有关，大大纾解了天津市民的恐慌情绪。

新冠肺炎疫情引发了人们对生物安全的关注，而对病毒的溯源和对病毒基因的测序，成为各国防控疫情的必要手段。病毒的全基因组测序以及对应的生物信息学分析方法是研究病毒进化、毒力因子变异、疫病暴发之间的关系、疫病传播途径、不同遗传变异的分布模式、疫病发生地理区域的基础。病毒基因序列可以说明病毒生命力和毒性强度，确认是某种疫病以及帮助研究疫苗，让人们了解病毒传播轨迹并学会如何控制。而病毒变异可能会给疫苗研发带来挑战。与此同时，新冠肺炎疫情向人们缓缓揭开了生物进化的神秘面纱、遗传学及分子遗传学的发展轨迹和发达国家生物技术优势。

1809年，法国学者拉马克提出“用进废退”的“获得性状遗传”进化学说，认为生物的性状会主动适应环境，并按此方向进化，从而开启了遗传学研究。1822年，德国学者奈特开展豌豆红花和百花性状杂交实验。1859年，英国博物学家达尔文出版《物种起源》，提出“物竞天择”的生物进化学说，指出进化是随机突变的产物，但没有解释发生变异的根本原因和生物进化机制。可以说，进化推动新物种的形成，是生物性状可遗传的改变。

1865 年，奥地利生物学家孟德尔发表了论文《植物杂交实验的遗传学定律》。孟德尔遗传思想诞生后，遗传因子的本质是什么，以及遗传因子如何编译、传递等问题就成为一代代生物学家和化学家探索与研究的关键问题。1909 年丹麦遗传学家约翰逊将遗传因子命名为基因（gene），1911 年美国遗传学家摩尔根提出基因学说，1944 年美国细菌学家艾弗里证明遗传物质是脱氧核糖核酸（DNA），1953 年美国和英国分子生物学家沃森和克里克发现了 DNA 双螺旋结构。这种结构很稳定，拉起来有 2 米多长，一个 DNA 分子所包含的遗传信息相当于一个图书馆所有藏书承载的信息。分子遗传学这一新科学领域由此开创。[1] 依托分子生物学、分子遗传学、微生物学等多学科研究的一系列突破，1973 年美国斯坦福大学研究小组成功重组 DNA 分子，标志着基因工程的诞生，其被迅速应用于农业、林业、医药、食品、环保等行业和领域，成为生物技术中发展速度最快、创新成果最多、应用前景最广的一门核心技术，它能够跨越生物种属之间不可逾越的鸿沟，打破常规育种难以突破的物种界限，开辟在短时间改造生物遗传特性的新领域。[2] 20 世纪中叶起，美国利用其生物技术优势改良本国大豆基因，经过半个世纪的发展，成功攻入

1　刘祖洞等:《遗传学》，高等教育出版社 2013 年版，第 1—4 页。

2　袁婺洲编著:《基因工程》，化学工业出版社 2019 年版，第 1 页。

中国大豆市场。

大豆是起源于中国的古老作物，已经有4000多年的栽培历史，一直是中国人重要的粮食作物、植物蛋白和油脂来源。在1995年以前，中国还是大豆净出口国，占世界市场份额的90%以上，是当之无愧的大豆生产大国，年产1000万吨左右。除满足国内消费需求外，中国还向日本、韩国等喜好豆制品的国家出口大豆。

大豆于18世纪传入美国，接近一个世纪都没有大规模推广种植，直到19世纪末才开始作为一种牧草或绿肥作物受到关注。1898年，美国科学家曾来到中国考察和采集野生大豆。1906年，美国农业部再次派人来中国，从中国东北的营口采集了一大批优良的大豆品种运回美国。此后的2年多，美国相继从中国采集并带走了50个大豆品种。1909年，美国农业部土壤局局长专门来中国考察相关的土壤和肥料情况，学习大豆种植经验。20世纪初，美国农业部还派雇员来中国调查如何用大豆做豆腐，进而提升美国大豆加工工艺，大豆利用价值由此暴增，美国越发重视对中国大豆种质资源的收集。1925—1927年，美国学者多赛特在中国东北地区采集了1500多份大豆材料。1929—1931年，多赛特和莫尔斯又从中国东北地区采集了622份大豆材料。他们在撰写的考察报告中详细记录了中国大豆的生产情况、栽培技术以及加工豆油、豆饼的方法和出口情况，还附有100多张照片。

1935年，美国人斯耐尔在中国东北营口和旅顺收集到含油量很高的大豆品种。美国人不仅在中国“搜豆”，还从日本、朝鲜半岛采集了很多品种的大豆材料，并培育出适合美国本土种植的高出油率、高蛋白质、抗旱、抗虫的大豆品种，美国大豆产业逐渐强大起来。

1956年，美国大豆主产区爱荷华、俄亥俄等州遭受大豆孢囊线虫的严重侵害。凡是孢囊线虫所到之处，豆农颗粒无收，短时间内，美国大豆走到灭种的边缘。就在美国科学家近乎绝望之际，一个令人兴奋的信息让他们看到了希望。在同时期，大豆孢囊线虫也在中国一些地区传播，但中国的大豆灾情不及美国的1/10。为此，美国农业部借道中国香港获得大量来自中国的一种叫北京小黑豆的野生大豆。在马里兰州的德特里克堡，美国基因科学家从北京小黑豆的生物样本中找到抗病基因。随后，他们利用DNA转接技术，将北京小黑豆的抗体基因植入美国大豆，弥补了美国大豆的DNA缺陷，中国的大豆基因成功地帮助美国大豆产业渡过了这场危机。2000年，美国孟山都公司又在中国黑龙江省发现一种基因中含油高产性状标记的野生大豆，借助DNA技术，孟山都成功将公司大豆种子的含油量提高了16%。据测算，大豆出油率提高一个百分点，每加工10万吨大豆，效益能增加1500万美元。

世界上90%以上的野生大豆资源分布在中国。但是在美国的有意收集下，到2008年，美国作物基因库中保存的大豆资源已达2万多份，使其成为仅次于中国的世界大豆资源大国。同时，源于中国东北的美国大豆借助中国大豆的基因，化解自身的病虫害危机，提高了大豆出油率。这一波波基因攻势助力美国成为全球第二大大豆生产国，占全球大豆产量的30%，仅次于巴西。与此同时，随着中国经济的发展和国内对肉蛋奶、食用油消费需求的增长，大豆进口量逐年增加，美国大豆趁机进入中国市场，中国进口大豆占美国出口量的60%。

中国的海水稻与日本的和牛

早在1000年前的宋朝，民间就有"种瓜得瓜，种豆得豆""龙生九子，九子不同"的说法。其中"种瓜得瓜"所表述的世代间相似的现象就是遗传。"龙生九子，九子不同"表现出的差异则是变异。遗传维持了生命的延续，没有遗传就没有生命的存在和相对稳定的物种；变异使得生物物种推陈出新，推动物种的进化。遗传与变异相辅相成，共同作用，使得生物生生不息，造就了形形色色的生物资源。[3]生物资源又称生物遗传资源，包括地

3 刘祖洞等：《遗传学》，高等教育出版社2013年版，第5页。

球上所有的植物遗传资源、动物遗传资源和微生物遗传资源，是自然资源的重要组成部分。人类的一切需要，如衣食住行、卫生保健等都离不开生物资源，它们是医疗、食品、生物科技等领域的重要研究基础，所带来的经济价值是无穷无尽的。例如，药物学家们最开始从天然真菌中分离出降血脂药阿托伐他汀，阿司匹林是在野生物种中发现的，降血糖、抗癌、抗疟药物的主要成分也来源于植物和真菌资源。据称，美国食品药品监督管理局批准的药物中，有越来越多的种类来自天然生物活性物质或其衍生物。面对当前不断增多的心血管疾病、癌症等，药物学家们都期待在生物资源中找到新的治疗药物。

生物遗传资源已成为现代农业、生物等产业发展的基础，是各国经济社会可持续发展的战略资源。目前，人类对生物资源的认识和利用还很不充分，作为重要资源加以利用的生物物种不超过 500 种。一些未知的生物物种蕴藏着有待开发的，且能够影响人类进步、社会变革和经济可持续发展的重要潜在价值。

海水稻带来的惊喜：中国是世界上生物资源较为丰富的国家之一，拥有世界上约 10% 的生物资源。长期以来，多样性的生物遗传资源保障了中国的粮食供应和农业安全，支撑着中国的生态安全和生物多样性的可持续发展。中国利用多样性的生物资源，提高了农作物产量，丰富了农作物品种，如依靠杂交水稻大力提高粮食产量，解决了 14 亿人口的粮食问题，从而回答了美国学者莱斯特·布朗1994年提出的“谁来养活中国”的惊世之问。中国的邻国越南由粮食供给不足，一跃成为世界主要的大米出口国，就是得益于中国的杂交水稻品种，越南人称中国水稻的籼优63系列为“神稻”。

2018年元旦，中华人民共和国主席习近平向全世界发表新年贺词，宣布“海水稻进行测产”是中国在2017年取得的重要成就之一，这一消息震惊全球。这一成就源于1986年广东湛江的沿海盐碱地，中国农业科技工作者陈日胜在这片盐碱地上发现了一株高约1.6米、像芦苇的野生海水稻，于是收集了它的522粒种子，开始了长达29年的海水稻育种工作。有些湛江的本地人说，海水稻是祖辈流传下来的“长毛谷”稻种，它的种植已经有400多年的历史，并不是陈日胜的发现。基因技术回答了这个疑问，基因专家检测出“海稻86”有耐盐基因，而“长毛谷”却没有该基因。[4] 到2014年，“海稻86”在湛江的种植面积达2000多亩。2014年4月，农业部受理了“海稻86”品种权的申请。随后，农业部海水稻专家组到湛江考察，认定“海稻86”的海水稻品种是“特异的、宝贵的水稻种质基因资源”。它抗涝、抗盐碱、抗虫害、抗倒伏；能够在海滩和盐碱地种植，并有改造

---

4 钱俊生:《实施科学技术创新驱动发展战略》,《经济研究参考》2016年第25期。

盐碱地的性质；植株高能达到 1.8—2.3 米，为中国高产杂交水稻育种提供了宝贵的基因资源。陈日胜团队应邀尝试在黑龙江等地试种“海稻 86”，稻种能出苗、生长和开花，但由于水土不服，不能结果。随后，该团队用“海稻 86”与地方水稻品种杂交，孕育出新的品种，再试种，结果令人满意。

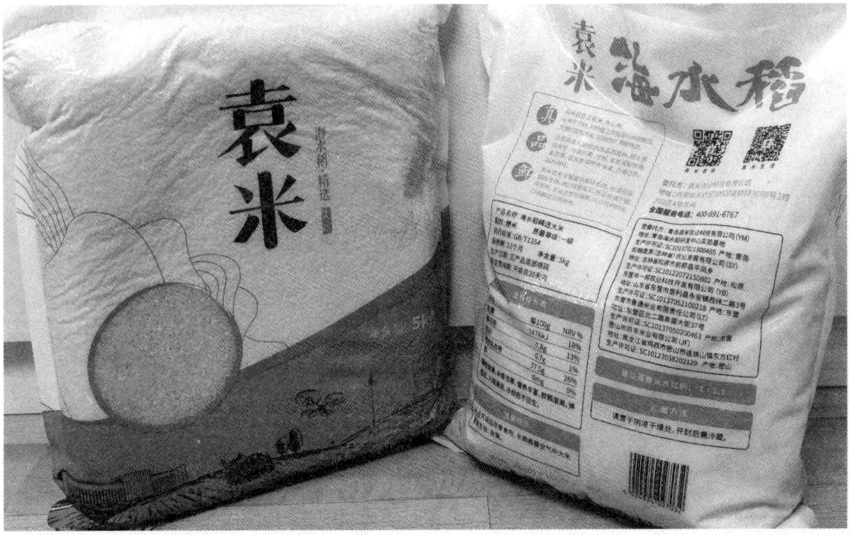

< 海水稻商品

2016 年 10 月，青岛设立了海水稻研发中心，袁隆平院士参与海水稻的培育。2017 年秋，由袁隆平主持的海水稻研究工程最高亩产近 621 公斤。这便是习近平主席所说的“海水稻测产”。2020 年 10 月中国 10 万亩海水稻完成产量测评，平均亩产超千斤。目前，我国盐碱地总面积约 15 亿亩，略低于耕地保护红线

的 18 亿亩。如果 15 亿亩盐碱地都能种上水稻或其他谷物，按亩产 500 斤估算，每年能收获 7500 亿斤粮食，相当于 2020 年中国粮食总产量 13390 亿斤的 56%，将有力地保障中国的粮食安全。

在各国动植物育种实践中，扩大遗传变异范围最有效的方法就是杂交。两个不同品种在许多基因座上都有不同的基因，物种资源通过杂交之后，子二代以后各代就有各种分离和重组可供选择，[5] 经过反复选择，总能育成满意的良种。如当前杂交水稻产量节节提升，每亩最高产量能超过 1000 公斤。但是，一个品种的杂交水稻种植多年后会退化，需要不断进行远缘杂交，即寻找在自然界生长繁衍了千百万年的野生水稻和野生海水稻等遗传资源，这些野生资源与要杂交的品种亲缘关系非常遥远，两者杂交即远缘杂交选育。也就是说，野生物种这类珍贵的生物遗传资源将为人类提供创造新品种的条件，满足人类不断增长的粮食和其他需要。

由此可见，一粒野生种子的战略价值难以估量，种质资源是有效保护与可持续利用生物遗传资源的基础，而收集和保存生物遗传资源是维护生物安全的基础。美国农业部 1996—2007 年对其他国家的 4000 多个物种进行收集，收集的种质样品总数

5　刘祖洞等：《遗传学》，高等教育出版社 2013 年版，第 436 页。

为 22150 份，其中 78% 为野生材料。[6] 据联合国粮食及农业组织（FAO）2010 年报告，全世界有 1750 座种质库，保存着各类农作物种质材料共计 740 多万份，其中种子约占 90%，世界上收集保存农作物种质资源最多的 3 个国家分别是美国（50 万份）、中国（40 万份）、俄罗斯（37 万份）。美国本土的生物资源并不丰富，却保存了世界上最多的生物材料。目前，美国国家种质库材料增长至 60 余万份，其中约 60% 来自国外。中国农业科学院国家农作物种质库现存 50 万份种质，仅有不到 20% 来源于国外。中国每年花费约 1 亿美元用于生物种质资源的国外引种，仍无法或较难收集到具有核心战略价值的种质资源。

长期以来，发达国家是生物遗传资源的主要使用国，其打着遗传资源是“人类共同遗产”的幌子，肆无忌惮地从生物资源丰富的发展中国家攫取、开发、利用遗传资源，获得巨额利润；同时，导致发展中国家生物遗传资源流失严重，国家利益蒙受巨大损失。通过多方博弈，1992 年联合国《生物多样性公约》出台。该公约在序言中重申“各国对其境内的生物资源拥有主权权利”，并在第 15 条“遗传资源的取得”第 1 款中规定：“确认国家对其管辖范围内的自然资源拥有主权权利，因而可否取得遗传资源的

---

6 联合国粮食及农业组织：《世界粮食和农业植物遗传资源状况第二份报告》，2010 年。

决定权属于国家政府，并依照国家法律行使。"《生物多样性公约》将长期以来被宣传为"人类共同遗产"的遗传资源纳入了一国的主权权利范围。因此，国家基于主权，享有开发、利用和控制获取其管辖范围内遗传资源的国家权利。

中国是世界上生物遗传资源特别丰富的国家，有很多珍贵、稀有的生物遗传资源。长期以来，国外研究机构和特殊部门利用经费资助诱使中国国内学者携带生物遗传资源出境，或以科研合作的名义，不断在中国考察、采集与收集生物遗传资源。这是导致中国生物遗传资源流失极其严重的传统方式。近年来，中国生物资源，包括野生动物、野生植物、微生物等遗传材料和生物信息数据被违法分子借助网络平台、跨境非法交易等新型、隐蔽的方式，源源不断地、规模化地转移出境。此外，中国城镇化的快速推进一定程度上破坏了生态环境，过度开发、盲目引种、环境污染等因素也导致生物种类加速减少和消亡，国家的战略生物资源受到严重威胁。作为保障中国人民子孙后代生存的核心资源，以及保持中国经济社会可持续发展的战略资源，生物遗传资源面临的安全形势十分严峻。

基于对境内的生物资源拥有主权权利，20 世纪 90 年代起，中国开始着手研究制定综合性生物安全立法，立法程序历经 20 余年。2020 年，《中华人民共和国生物安全法》立法进入提速阶段。《中华人民共和国生物安全法（草案）》二次审议稿公开向社会各界征求意见，征求意见截止日期为2020年6月13日。10月17日，中国十三届全国人大常委会第二十二次会议表决通过了《中华人民共和国生物安全法》，该法律自2021年4月15日起施行。《中华人民共和国生物安全法》针对重大新发突发传染病、动植物疫情，生物技术研究、开发与应用安全，病原微生物实验室生物安全，人类遗传资源与生物资源安全，生物恐怖袭击与生物武器威胁等生物安全风险，分设专章作出针对性规定。《中华人民共和国生物安全法》健全了各类具体风险防范和应对制度，可以预计，随着该法的施行，中国的生物资源安全将获得有力保障。

日本对和牛的保护：随着现代生物技术的发展，生物遗传资源可以从生物体中分离出来并独立存在，遗传信息提取者可以利用这些信息获得巨额利润。盗窃这些遗传信息的行为则直接危害到优良品种所有者的经济利益，生物遗传信息成为各国立法保护的新领域。2020年4月，日本围绕和牛颁布了保护家畜遗传资源的法案，这是世界上针对遗传信息的最新立法保护。

日本和牛肉是世界公认的顶级牛肉，其肉质柔软细嫩、油脂丰厚。无论是其奢华的味蕾享受，还是高不可攀的价格，都让食客印象深刻，无愧于世界顶级食材之名。日本和牛的肉质上分布着雪花般散落的油花、大理石样的“霜降花纹”，被视为“国宝”。

从17世纪中晚期开始，日本人以明治时代之前存在的日本

原种牛为基础，不断与引进的外国优秀牛种进行杂交改良，最终培育出体格大、产肉量高、饲养周期短且“霜降花纹”明显的优质肉牛。但杂交过度的后果是原产牛的“霜降”基因也被逐渐稀释，日本政府发现这一苗头后立刻采取补救措施。经过对各牛种进行系统整理，日本最终于 20 世纪 50 年代确立“黑毛和牛”“褐毛和牛”“短角和牛”和“无角和牛”4 个品种为和牛。为保证血统纯正，这 4 个品种的和牛严格禁止与外来牛种杂交。2007 年，日本农林水产省进一步发表声明，规定只有在日本本土生长的上述 4 个品种的牛才能叫作和牛。日本境内生长的其他品种的杂交牛通常被称为日本国产牛。和牛的血统及饲养方式与其他国家的品种牛有所区别，因而形成独特的口味与质感，令和牛肉的价格远高于其他品种。20 世纪 70 年代，日本政府允许合法出口和牛，第一批牛肉出口到美国，目前出口量最多的是亚洲。2018 年的出口量是 3560 吨，比 5 年前增加了 3 倍。和牛肉在海外极受欢迎，是日本农产品中出口量较高的品牌产品。

据媒体报道，2018 年，在没有任何许可证书的情况下，日本德岛县一位 70 岁的农户将和牛受精卵和精子装置于试管中向国外出售。针对这起“试图将和牛的受精卵等遗传资源非法向国外销售”的案件，日本大阪法庭依据《家畜传染病预防法》，判决该农户入狱 1 年以及罚款 473 万日元。事后，日本国内畜牧产业界要求采取保护措施的呼声高涨。2019 年 12 月，日本农林水产省为防止和牛受精卵等遗传资源被带到海外，打算将遗传资源作为“知识财产”，以法律手段对非法携带出境的行为实施管制，并考虑对行为恶劣者处以刑罚。为此，日本当局召集法律界人士，探讨订立新法保护和牛品种，对用于交配的和牛精液和受精卵的转卖实施限制。

2020 年 1 月，日本把和牛定为“国宝级资产”加以管理，国会则提交了保护家畜遗传资源的法案，要求惩罚日本国内一些非法繁殖、违法获取遗传资源，并将这一资源运到海外的中介。同时，新法也将赋予养殖户产权，许可他们向非法盗取其和牛精子的人索取赔偿。2020 年 4 月，日本参院全体会议表决通过旨在防止和牛精液、受精卵等遗传资源流向海外的《家畜遗传资源反不正当竞争相关法律》。该法将和牛遗传资源视为通过长期品种改良而形成的知识资产，并予以法律保护。法律规定，装有精液的管状容器须标注和牛名字及采集日期，销售方须登记在册等。一旦发生非法获取、擅自转卖精液等违法行为，都道府县畜产试验场等有权请求停止。违法者个人将被处以 10 年以下有期徒刑或 1000 万日元以下罚金，法人则被处以 3 亿日元以下罚金。日本参院还修订《家畜改良增殖法》，允许追溯历史交易，以强化流通管理。

现代医学的基因较量和保卫战

人类遗传资源是指含有人体基因组、基因等遗传物质的器官、组织、细胞、核酸、核酸制品等资源材料，以及利用人类遗传资源材料产生的数据等信息资料。[7] 人类遗传资源中的遗传材料包含了特定基因的遗传信息。基因还具有特殊性，不同的民族、地域，提取的基因是不同的。遗传信息不仅对破译人类自身演变历史有直接帮助，而且相关科学研究还能够帮助人类更好地消除遗传疾病的困扰，服务于人类的健康，延续人类的寿命。

---

7 2019 年《中华人民共和国人类遗传资源管理条例》第二条。

现代医学正在展开基因较量。人类基因既包含正常信息，也包含某种疾病的异常信息。全世界已经发现 6500 多种人类遗传疾病，每年还以约 100 种的发现速度递增，人类的许多疾病都被证明与带有异常信息的基因相关，其中与肿瘤相关的基因至少有 2000 多个。研究人员对这些异常信息进行研究分析，利用现代技术可以得出相对应的治疗方法。例如，人们可以将基因片段导入细菌体内，产生一些蛋白质和酶，进而治疗疾病；基因片段还可以直接导入人体内治病。带有异常信息的基因在市场经济中具有巨大价值，对于探索治疗高血压、糖尿病、阿尔茨海默病（老年痴呆症）、心脏病、艾滋病、各种肿瘤等都有帮助。这些异常信息基因是各国争夺的重点和保护对象，人类遗传资源已成为国家重要的战略资源、宝贵的社会财富。

遗传学起源和发展于发达国家，其生物技术先进，但遗传资源相对匮乏，而发展中国家则恰恰相反。长期以来，发达国家的研究机构和跨国公司利用经济和技术优势，更利用在相关技术领域知识的不对等性，通过合作考察研究、出资购买甚至偷窃的方式，大肆收集和控制发展中国家的人类遗传资源。发达国家利用先进技术，研发出治疗疾病的新药品，再申请专利保护，并将成果以专利技术和专利产品的形式高价向发展中国家兜售，从而赚取巨额利润。这些对人类遗传资源大规模的商业性开发利用，大力推动依托人类遗传资源发展的生物制药产业成为全球经济发展的一个新的增长点。然而，发达国家和发展中国家在人类遗传资源分布及其技术开发与应用方面存在明显的国际差异，发达国家通过合法或非法途径抢夺发展中国家的人类遗传资源，正在成为新时期南北关系的一个焦点问题、一个新的国际安全问题。

人类遗传资源能解读人类生存密码，基因遗传物质含有人体大量信息，被称为人类的“生命说明书”，是人固有的最大隐私。牙买加运动员短跑快如闪电，肯尼亚运动员称霸全世界的马拉松赛事，这些都与其先天遗传的肌肉力量和耐力基因资源相关。由此可见，人类遗传资源是稀缺资源，其遗传材料及遗传信息并非无穷无尽的，特有基因在数量上具有稀少性，在种类上具有不可替代性。各国日渐意识到要加强对本国人类遗传资源的保护，否则不仅会痛失巨大的市场经济利益，更会在相关核心领域的研究中受制于人，危及种群安全、公共健康安全乃至国家安全。各国保护人类遗传资源的首要目的是防范来自生物领域的安全风险，以保障本国种群健康繁衍。各国借助生物技术提高对其特有人类遗传资源的把控能力，可以将此能力直接转换为国家实力，获得在新一轮国际竞争中的非对称优势，从而保障国家安全。

中国打响人类遗传资源保卫战。中国是世界人口第一大国，有 14 亿人口和 56 个民族，是人类遗传资源最丰富的国家。具体表现为：一是拥有丰富的健康长寿人群遗传资源、疾病核心家系遗传资源、典型疾病遗传资源、健康及亚健康人群遗传资源等。

二是保留了极其丰富的民族遗传资源。中国的一些少数民族世世代代生活在一个地方，人口流动量较小，长期与世隔绝，保持着不和外族人通婚的习惯，保留了很纯净的遗传基因，具有显著的地域性特点。三是特定生理体质人群的遗传资源，如高原地区特殊生态环境人群、海岛的地理隔离人群。这些保留着极为纯净遗传基因资源的人群具有极大的遗传学研究价值，是遗传基因研究的最佳对象。

从 20 世纪 90 年代初开始，陆续有许多所谓“美中合作”的人体实验项目在中国内地展开。据媒体报道，1997 年美国哈佛大学公共卫生学院借合作之名，以研究高血压、心脏病、哮喘病等为借口，根本未履行相应的告知义务，仅付给每人 10 元或 20 元的误工补助外加两包方便面，就对 2 亿中国人进行基因取样，仅安徽一地哮喘病样本就涉及 600 万人。同年，美国《科学》杂志确认，美国某公司获取中国浙江某山村中哮喘病家族的致病基因。这些合作项目暴露出中国在人类遗传资源方面的管理漏洞比比皆是。近年来，境外组织攫取中国人类遗传资源的方式翻新、手段隐秘，导致中国大量人类遗传资源非法外流。如今，随着基因测序技术和信息技术的快速发展，非法采集、收集和攫取的中国人类遗传资源已由传统人体组织、细胞等实体样本转向中国人基因序列等遗传信息；偷运出境的途径也由原先的携带基因样本出境转变为通过互联网将基因数据发往国外。

中国人口基数大、民族多、疾病类型多、家系多，但中国人类遗传资源的研究受制于技术、资金而处于劣势。在信息资源利用渠道方面，中国生命科学研究人员高度依赖国际生物信息数据库等机构提供的服务。与此同时，发达国家却能够免费获取人类遗传资源并进行技术垄断，造成利益分配的严重不均衡。

为有效保护和合理利用中国人类遗传资源，维护公众健康、国家安全和社会公共利益，1998 年 6 月 10 日中国国务院办公厅出台《人类遗传资源管理暂行办法》。近年来，中国政府相关部门不断加大对违法行为的调查、监管和打击的力度。2015 年华大基因和上海华山医院（复旦大学附属华山医院）未经许可，与英国牛津大学开展“中国女性单项抑郁症的大样本病例对照研究”的中国人类遗传资源国际合作研究，华大基因未经许可将部分人类遗传资源信息从网上传递出境。中国科学技术部下设机构中国人类遗传资源管理办公室调查后发现，华山医院等为了收集 1 万余个病例，与国内近 60 家医院合作，几乎一半知情同意书存在造假情况。2015 年 9 月 7 日中国科学技术部做出处罚决定，要求华大基因立即停止该研究工作的执行；销毁该研究工作中所有未出境的遗传资源材料及相关研究数据；停止华山医院和华大基因涉及中国人类遗传资源的国际合作，整改验收合格后方可展开。2017 年 2 月和 7 月，生物学预印本网站 bioRxiv 和 Science Data 分别发表文章，均基于目前规模最大的汉人基因组数据，对中国人群和遗传及进化特征进行了分析。据悉，这组数据正是2015年华大基因和华山医院与外方合作的数据资源。

2016年，中国人类遗传资源管理办公室调查后发现一个“人血变狗血”的典型案例。苏州药明康德新药开发股份有限公司未经许可，将5165份人类遗传资源（人血清）作为犬血浆违规出境，2016年10月21日科学技术部对该公司发出警告，没收并销毁该项目中人类遗传资源材料，暂停受理该公司涉及中国人类遗传资源的国际合作和出境活动的申请，整改验收合格后，再予以恢复。2018年7月科学技术部办公厅下发通知，开展全国人类遗传资源行政许可管理专项检查。2018年10月24日科学技术部官网首度公开上述相关的6条行政处罚决定书，以示震慑。2018年11月1日海关总署和科学技术部联动，启动人类遗传资源材料出口、出境证明联网核查。

2019年5月国务院颁布《中华人民共和国人类遗传资源管理条例》。该条例对外国人和机构涉及中国人类遗传资源予以明确规定：一是外国组织、个人以及设立或实际控制的机构不得在我国境内采集、保藏我国人类遗传资源，不得向境外提供我国人类遗传资源。二是采集我国人类遗传资源，应当事先告知人类遗传资源提供者采集目的、采集用途、对健康可能产生的影响、个人隐私保护措施及其享有的自愿参与和随时无条件退出的权利，并征得人类遗传资源提供者书面同意。在告知人类遗传资源提供者前款规定的信息时，必须全面、完整、真实、准确，不得隐瞒、误导、欺骗。三是利用我国人类遗传资源开展国际合作科学研究，需要将我国人类遗传资源材料运送、邮寄、携带出境的，可以单独提出申请，也可以在开展国际合作科学研究申请中列明出境计划一并提出申请，由国务院科学技术行政部门合并审批。将我国人类遗传资源材料运送、邮寄、携带出境的，必须凭人类遗传资源材料出境证明办理海关手续。四是规定违法行为人承担的法律责任。如外国组织、个人及其设立或者实际控制的机构违反本条例规定，在我国境内采集、保藏我国人类遗传资源，利用我国人类遗传资源开展科学研究，或者向境外提供我国人类遗传资源的，由国务院科学技术行政部门责令停止违法行为，没收违法采集、保藏的人类遗传资源和违法所得，处 100 万元以上 1000 万元以下罚款，违法所得在 100 万元以上的，处违法所得 5 倍以上 10 倍以下罚款。为此，中国政府加大进行全国人类遗传资源专项检查。2019 年底，科学技术部办公厅发布《关于开展全国人类遗传资源行政许可管理专项检查有关工作的通知》，对有关单位在人类遗传资源管理及研究开发等方面的情况进行检查和监督，检查范围包括开展相关活动的行为主体，重点针对曾受科学技术部行政处罚、开展活动较多和申报事项通过率较低的单位。2020 年以来，人类遗传资源办公室一直在密集跟踪调查。9 月 17 日，我国海关缉私部门对金斯瑞生物科技股份有限公司位于南京和镇江的办公地点进行检查。9 月 21 日，该公司董事长章方良涉嫌违反我国进出口相关法律规定被“监视居住”，4 名其他员工被拘留询问。业内分析认为，金斯瑞生物科技股份有限公司可能涉及人类遗传资源违规出境，与政府进行的全国人类遗传资源专项检查有关。

2020 年 10 月 17 日通过的《中华人民共和国生物安全法》重点强调：“采集我国重要遗传家系、特定地区人类遗传资源或采集国务院科学技术主管部门规定的种类、数量的人类遗传资源；保藏我国人类遗传资源；利用我国人类遗传资源开展国际科学研究合作；将我国人类遗传资源材料运送、邮寄、携带出境等，应当经国务院科学技术主管部门批准。”

《中华人民共和国生物安全法》和《中华人民共和国人类遗传资源管理条例》为打击生物安全领域危害国家安全犯罪的案件提供法律依据，为中国生物资源和人类遗传资源安全提供有力保障。

参考文献

1 刘祖洞等:《遗传学》,高等教育出版社2013年版。

2 袁婺洲编著:《基因工程》,化学工业出版社2019年版。

3 赵建成、吴跃峰主编:《生物资源学》,科学出版社2008年版。

4 [英]马克·霍尼斯鲍姆著,谷晓阳、李曈译:《人类大瘟疫:一个世纪以来的全球性流行病》,中信出版社2020年版。

5 [美]罗宾·贝克、伊丽莎白·奥拉姆著,方怡雯译:《基因战争:一切家庭冲突的根源》,广东旅游出版社2015年版。

6 联合国粮食及农业组织:《世界粮食和农业植物遗传资源状况第二份报告》,2010年。

7 中国可持续发展研究会编著:《2049年中国科技与社会愿景——生物技术与未来农业》,中国科学技术出版社2016年版。

8 中国药学会、中国生物工程学会编著:《2049年中国科技与社会愿景——生物医药与人类健康》,中国科学技术出版社2016年版。

9 [英]亚历山大·莫里斯·卡尔-桑德斯著,宁嘉风译:《人口问题——人类进化研究》,商务印书馆2016年版。

10 安娜梅尔多莱西撰文、冯盈哲译:《基因改造:意大利的农业变革》,《环球科学》2020年5月号。

11 陈雨生、吉明、冯昕:《基于扎根理论的海水稻育种推广机制研究》,《中国软科学》2018年第11期。

12 钱俊生:《实施科学技术创新驱动发展战略》,《经济研究参考》2016年第25期。

13 吕涛宇、陈天羽、易谦柳:《北部湾海水稻农业文化遗产研究》,《文化产业》2018年3月第6期。

14 苏丹、何蕊等:《加强我国人类遗传

资源保护和利用》,《中华临床实验室管理电子杂志》2017 年 2 月第 1 期。
15 何荣山、张才琴:《论中国人类遗传资源知情权之法律保护》,《广东社会科学》2018 年第 3 期。
16 刘长秋、马彦:《论人类遗传资源的国际法律地位——兼对中国立法之启示》,《中国科技论坛》2016 年第 9 期。
17 李凤琴:《论我国遗传资源的国家所有权》,《河南财经政法大学学报》2016 年第 6 期。
18 李玮、王跃:《中韩自由贸易协定与世界生物资源战争》,《贵州大学学报(自然科学版)》2015 年第 1 期。
19 王晓雨:《〈生物多样性公约〉中的国家主权原则》,《中国环境管理干部学院学报》2019 年第 1 期。
20 张永幸:《把握报道题材“时效性”——“海水稻”报道是怎样炼成的》,《中国记者》2014 年 12 月。
21 熊燕:《战略生物资源如何保护与利用》,《云南日报》2010 年 9 月 16日。

6

第六章

人与微生物的战斗

生物安全问题不仅包括未知病毒的入侵、生物武器的威胁，还涉及抗微生物药物耐药性这一重要议题。百年来，人类充分运用自己的自信与智慧，试图对抗、制服微生物引起的疾病，结果是过犹不及，遭到反噬。很多人或许仍未意识到，如果我们继续频繁并狂热地使用抗生素，“超级细菌”的肆虐恐怕就是下一次伤亡惨重的全球公共卫生危机。现在，是时候结束这场特殊的“军备竞赛”，怀着谦逊、敬畏之心去凝视这个广阔、深邃的微生物世界了。

地球上最微小、最强大的生物

您看不到它们，但它们在这里。

它们在您身上，在您身体里面，超过一千亿个。

它们在您吃饭、呼吸、亲吻时与您同在。

它们无处不在，在您手上，在您肚子里，它们介入了一切。

它们塑造了您的世界：您闻到什么，尝到什么。无论您生病还是健康。

它们可能拯救我们或摧毁我们。

微生物，我们星球上最微小、最强大的生物。

我们对它们知之甚少，但可以从它们身上学到很多。

关于我们的健康、替代能源，还有更多。

当您近距离观察时，一扇新世界的大门将徐徐打开。

比您想象中更美丽、壮观。[1]

---

1 阿姆斯特丹微生物博物馆网站首页，https://www.micropia.nl/en/visit/what-is-micropia/museum-microbes/。

这是荷兰阿姆斯特丹微生物博物馆网站首页上的一首小诗，诗中所言并不夸张。要想充分理解人类与自然界的相互联系，就必须深入探究微生物这一地球上最微小，同时也是最强大的生命形式。微生物，顾名思义就是一切肉眼看不见或看不清的微小生物的总称，包括细菌、真菌、病毒、原生生物和少数藻类。[2] 细菌是微生物世界中数量和种类最多的族群，大多只能在显微镜下观察到。常见的细菌包括大肠杆菌、乳酸杆菌、金黄色葡萄球菌（简称金葡菌）等。病毒则更微小，在光学显微镜下都难以观察到，必须借助电子显微镜。蘑菇、银耳、灵芝等食药用菌却是例外，它们本质上是真菌，是少数肉眼可见的微生物。可以说，微生物是地球上最为丰富多样的生物资源。

电子显微镜下的微生物

在地球诞生数十亿年来的绝大多数时间里，这些微生物是地球的主宰，分布在地球的各个角落。微生物最主要的特点是体积小、种类多、繁殖迅速、适应环境能力强。它们是生物中一群重要的分解代谢类群，掌握着整个地球上物质的分解和转化，默默

2 沈萍、陈向东:《微生物学（第8版）》，高等教育出版社 2016 年版，第 2 页。

为所有的动植物打造适宜生存和成长的内在与外在环境，是名副其实的地球“大管家”、环境“清道夫”。微生物分解植物和动物的尸体和腐殖质，将这一过程中产生的能量和营养供自己使用，同时将有机物分解成无机物供其他生物利用。因此，微生物的分解作用是地球物种世代相续、不断进化的动力源之一。如果没有微生物，地球上动植物的死尸会堆积起来，生态系统内部物质、能量的交换与循环将无法进行，地球将不再富有生机。

在漫长的人类历史中，人类的祖先并不知道世界上有微生物这种物质存在。那时的人们认为，果汁变成酒、面团发酵等现象都是由一种神奇的力量促发的。直到17世纪70年代，荷兰人列

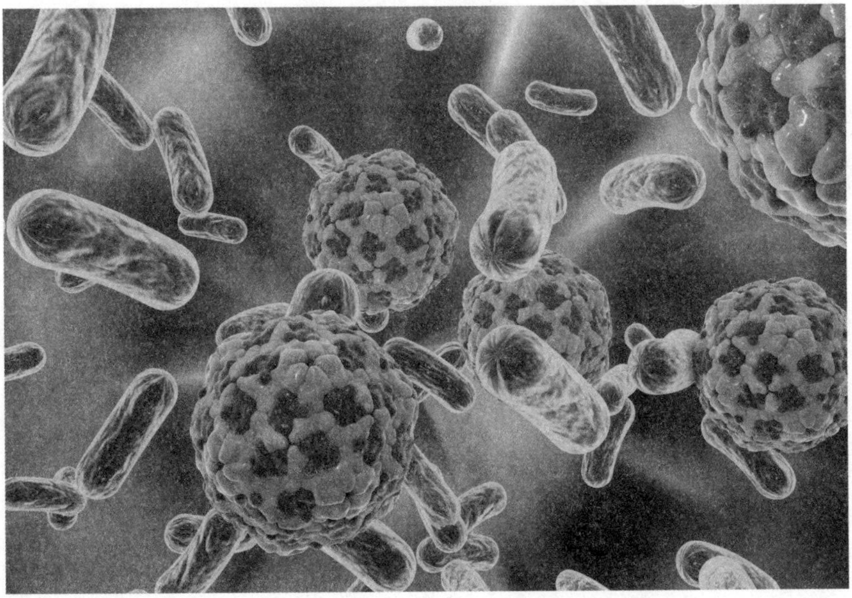

< 电子显微镜下的微生物

文虎克使用自己改进的显微镜意外地观察到细菌，从而成为第一个发现微生物的人。他的发现开辟了一个新时代，为微生物学和现代医学的发展打下了基础。有趣的是，“列文虎克”已经成为一个网络流行词，中国网民常常会说“你就是列文虎克”，用来调侃那些过于讲究细节之人。在列文虎克发现细菌后的近 200 年里，人们对微生物的认识仅仅停留在对其形态进行描述上。直到路易·巴斯德、罗伯特·科赫等科学家逐渐发现微生物与日常生活和传染病的密切关系，现代微生物学的科学原理和基本方法才得以奠定。

人类与微生物的相爱相杀

2003 年，由 6 国科学家共同参与的“人类基因组计划”（HGP）绘制出完整的人类基因组图谱。这个被誉为生命科学“登月计划”的研究项目历时 10 多年、耗资数十亿美元，完成人类染色体中 30 亿个碱基对组成的核苷酸序列的测定，帮助人类揭开了自身的部分奥秘。但此后科学家逐渐认识到，解密人类基因组仍不足以回答人类疾病与健康的关键问题，我们还需要充分认识与自己共生的巨大数量的微生物群落。

人类同其他生命一样，首先要适应微生物环境才能在地球上立足并生存，因此每个人的体内和体表都存在大量微生物。它们的种类多达1万种以上，数量远超人体细胞，主要分布在消化道、口腔、皮肤等处。在基因层面，人类则被甩得更远。人体细胞核内仅有2万多个基因，而人体微生物群总共有数百万甚至上千万个基因，堪称“小生物”构成的“大世界”。[3] 为了探索微生物与人体健康的关系，美国于2007年底推出“人类微生物组计划”（HMP）项目，被称为“人类第2基因组计划”；欧盟也推出相应的“人类肠道宏基因组计划”（MetaHIT）；法国、日本、加拿大等国均单独为微生物组学研究设立了专项。[4]

近年的研究正在逐步揭开人体微生物的神秘面纱。多项研究发现，正常的微生物群对人体是有益的，它们在人体多种生理生化功能中发挥着重要作用，譬如协助人体消化食物、制造维生素和矿物质、通过排挤或杀灭感染菌来避免人体生病，还会影响人体对癌症治疗药物的效果。科普作家艾德·杨在《人体微生物的奥秘》一书中指出：“体内微生物不仅能够帮助塑造我们的身体、更新我们的内脏器官，还可能影响我们的行为和思考模式。一些动物研究已经证实，动物体内的微生物会对其情绪和个性产生影

3 《看不见的“硝烟”，看得见的“笑颜”——人体微生物组学研究综览》，《中国科学报》2013年1月23日第5版。

4 江海燕、钱万强、朱庆平：《关注正在兴起的人类微生物组研究》，《中国科学基金》2013年第3期，第143—144页。

响。”《微生物组学》期刊发表的一项研究估计，在一次持续 10 秒的亲吻中，有多达 8000 万口腔细菌会进行“迁徙”，亲吻次数多的伴侣口腔菌群也相似。[5] 参与“人类微生物组计划”的美国教授罗博·奈特曾这样描述人体与微生物的关系：“与其说你是人类，不如说你是微生物。”

然而，微生物从有益到有害，往往只有一步之遥。微生物对人最大的危害是致病。传说中的各种瘟疫不仅夺去无数人的生命，还多次扰乱历史发展的进程，改变文明前进的方向。20 世纪 50 年代，中国医学史家范行准在《中国预防医学思想史》中写道：“历史告诉我们，传染病足可亡国，罗马亡于疟疾，埃及亡于血吸虫病，中国也有金、明两个朝代亡于鼠疫。”[6] 进入现代后，一些疾病逐渐被人类攻克，却又先后暴发“非典”、埃博拉出血热，以及近期的新冠肺炎等新型传染病。微生物引起的疾病既包括急性下呼吸道感染、结核病、肝炎等常见疾病，也包括艾滋病、狂犬病等令人谈之色变的恶性传染病，它们给人类社会造成极大创伤。

为了与这些疾病作战，人类逐渐学会更深入地认识微生物，

---

5 Kort, R., Caspers, M., van de Graaf, A. et al. "Shaping the oral microbiota through intimate kissing". Microbiome 2, 41 (2014). https://doi.org/10.1186/2049-2618-2-41.

6 范行准：《中国预防医学思想史》，华东医务生活社 1953 年版，第 1—2 页。

并使用更加先进的技术武装自己。19世纪，巴斯德、科赫以及一大群微生物学家有如神助，破解了千万年来各种恐怖瘟疫的病因，确立了微生物致病说。20世纪20年代末，英国细菌学家弗莱明偶然发现青霉菌能够抑制细菌生长，此后的科学家在其基础上用冷冻干燥法提取出青霉素晶体，青霉素由此成为人类最先发明的抗生素。在当时，很多曾经无法治疗的感染性疾病，包括各种淋病、梅毒等都得到有效治疗。青霉素还迅速成为解决伤口感染问题的最佳药物，在第二次世界大战期间保护了千千万万盟军士兵。到1944年，人们又发明了第二种抗生素，即链霉素。链霉素有抗结核杆菌的特效作用，开启了结核病治疗的新纪元。可以说，抗菌药物的发明是人类历史上不可小觑的里程碑事件。自此，瘟疫逐渐从人类疾病谱中排名第一的死亡原因的席位退下，让位于心脑血管疾病和癌症，人类在与瘟疫的对抗中逐渐占了上风。

在过去的半个多世纪，科学家陆续发现了许多种抗生素，其中临床效果已获肯定并大量生产和广泛应用的有数百种。天然的、合成的和半合成的抗生素不断问世与更新换代，医药学就此进入一个崭新的领域。在人类和动物传染病防控，尤其是细菌性感染防控上，抗生素立下了汗马功劳。抗生素对细菌等致病微生物的“靶性”和“杀伤力”，就像钥匙和锁这样的精确匹配，很难找到替代品。抗生素的使用帮助人类基本控制了细菌感染性疾

> 青霉素发现者，英国细菌学家亚历山大·弗莱明

病，并使人类的平均寿命大大延长。但是，抗生素的广泛和不当使用也产生了一些严重的问题，例如损害听力、削弱抵抗力等。更糟糕的是，人类逐渐失去对自然的敬畏之心，醉心于开发一代又一代新型抗生素并不加区别地滥用，逐渐导致微生物产生耐药性，一个个超级耐药菌登台亮相。

“药”高一尺，“菌”高一丈

抗微生物药物耐药性系指细菌、病毒、寄生虫和真菌等微生物对曾经有效治疗感染的抗微生物药物（如抗生素、抗真菌药、抗病毒药、抗疟药等）不再敏感的一种自然现象。[7]1941 年，第一种抗生素青霉素应用于临床后，金葡菌引起的感染性疾病受到较大控制。但随着青霉素的广泛使用，有些金葡菌产生青霉素酶，表现为对青霉素的耐药，1960 年后约 80% 以上的金葡菌对青霉素耐药。为对付这种耐药金葡菌，科学家研制出一种新的能耐青霉素酶的半合成青霉素，即甲氧西林。1959 年甲氧西林应用于临床后，曾有效控制了金葡菌产酶株的感染，但仅仅两年

7 《抗微生物药物耐药性全球监测系统：初期实施手册》，世界卫生组织，https://www.who.int/antimicrobial-resistance/publications/surveillance-system-manual/zh/。

后，英国科学家便发现了耐甲氧西林金葡菌（MRSA），并将其称为“超级细菌”。该细菌对多种抗生素治疗都无效，成为耐药细菌的一个标志，一直头顶“超级杀手”的称号。[8]多年来，毒性很大的万古霉素被当作“救命稻草”，用来对抗耐甲氧西林金葡菌等“超级细菌”导致的感染，但近年来对万古霉素不同程度耐药的菌株亦相继出现。[9]

当前，抗微生物药物耐药性已成为全球公众健康最严重的威胁之一。世界卫生组织指出，碳青霉烯类抗生素是治疗肺炎克雷伯菌引起的致命感染的最后手段，但世界各区域都已报告对此类药物的耐药性；氟喹诺酮类药物是用于治疗大肠杆菌引起的尿道感染的主要药物之一，但大肠杆菌对这种药物的耐药性已非常普遍，在多个国家，这种治疗对半数以上的患者已无效；目前已有澳大利亚、加拿大、英国、日本等至少10个国家证实，用于淋病的最后药物手段（第三代头孢菌素类抗生素）治疗失败；[10]全球每年约1000万名新感染结核病患者中，有60万是耐药结核，即对至少一种常见结核病药物（如利福平、链霉素）产生耐药性，

8　郭利平：《耐甲氧西林金黄色葡萄球菌的研究进展》，《中国感染控制杂志》2012年第1期，第78页。

9　汪复：《如何应对“超级细菌”的挑战》，《中国感染与化疗杂志》2010年第10卷第6期，第401页。

10　《抗微生物药物耐药性》，世界卫生组织网站，2018年2月15日，https://www.who.int/zh/news-room/fact-sheets/detail/antimicrobial-resistance。

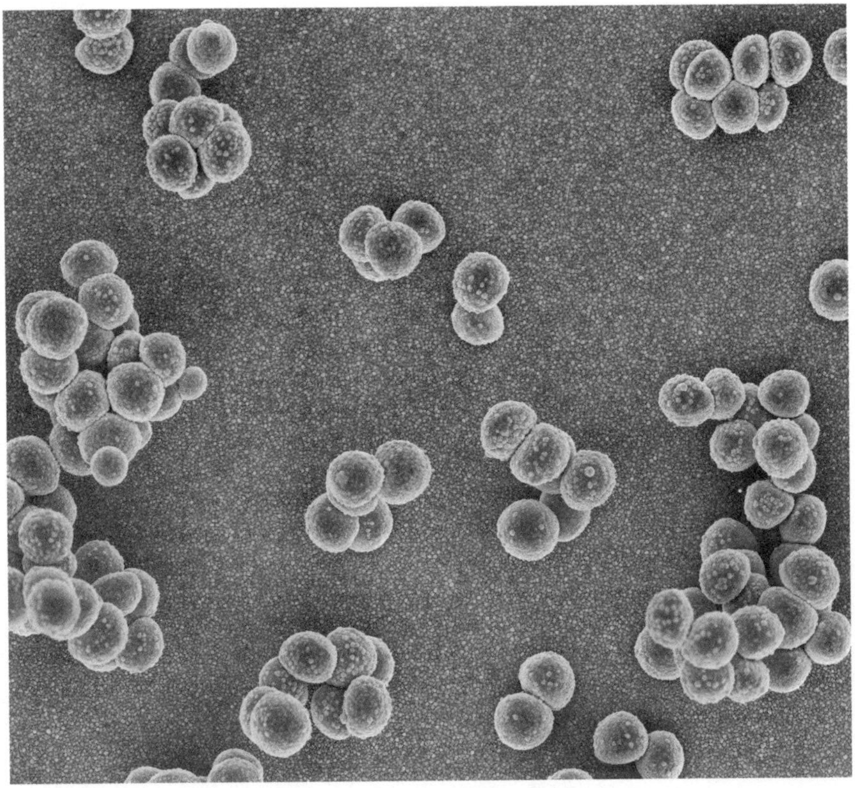

其总体治愈率仅为55%；[11] 2016年，美国政府宣布，在一名女性的尿液中发现一种“超级细菌”，这种细菌对所有已知抗生素耐药，就连被视为抗生素“最后一道防线”的多黏菌素也丧失了效力……

11　Global Tuberculosis Report 2018, Worh Health Organization, p.6, https://apps.who.int/iris/bitstream/handle/10665/274453/9789241565646-eng.pdf?sequence=1&isAllowed=y.

不仅细菌对抗生素产生了耐药机制，病毒、原虫等其他微生物也出现了耐药性。例如，艾滋病病毒已对抗逆转录病毒药物产生耐药性，导致一些患者不得不启动二线和三线治疗，其费用比一线治疗方案分别高3倍和18倍。同时，艾滋病病毒耐药菌株的传播又使人们不得不投入巨大资源，开发新的抗艾滋病药物。[12] 在柬埔寨、泰国、老挝、缅甸等最早使用青蒿素的国家，恶性疟原虫已出现对青蒿素的耐药性，为全球消灭疟疾的前景蒙上阴影。近期研究显示，疟原虫的耐药性正在不断增强，"超级疟疾"很可能进一步扩散传播。[13]

据估计，当前每年有70万人死于抗微生物药物耐药感染。[14] 有专家预测，按照目前态势，新的"超级细菌"还会陆续出现，预计未来10—20年内，现在所有的抗生素对它们都将失去效力，人类将面临被拉回抗生素诞生之前的世界的危险。任何年龄阶段的人都可能成为受害者，届时擦伤等轻微皮肤损伤、分娩或髋关

12 《抗微生物药物耐药性》，世界卫生组织网站，2018年2月15日，https://www.who.int/zh/news-room/fact-sheets/detail/antimicrobial-resistance。

13 《抗疟药物的疗效和耐药性》，世界卫生组织网站，2017年10月24日，https://www.who.int/malaria/areas/treatment/drug_efficacy/zh/。

14 《新报告呼吁立刻采取行动，以避免抗微生物药物耐药危机》，世界卫生组织网站，2019年4月29日，https://www.who.int/zh/news-room/detail/29-04-2019-new-report-calls-for-urgent-action-to-avert-antimicrobial-resistance-crisis。

节手术等普通治疗手段都会让患者暴露在致命的耐药菌感染之下。2019 年，世界卫生组织发布的报告指出，如果不采取行动，到 2030 年，抗微生物药物耐药性问题或使多达 2400 万人陷入极端贫困；到 2050 年，耐药性疾病每年可造成 1000 万人死亡，对经济造成的灾难性破坏将堪比 2008—2009 年全球金融危机。[15] 据英国广播公司预测，在 2050 年之前，死于“超级细菌”感染的人数会超过因癌症死亡的人数。[16] 人类正处于一场“无声海啸”的前夜。

世界卫生组织前总干事陈冯富珍曾描绘出这样一幅令人担忧的图景：“在全球每个地区都存在的抗微生物药物耐药性问题持续恶化，已成为迫在眉睫的全球卫生危机。随着越来越多病原体发展出耐药性，人类正在失去越来越多主要的一线抗微生物药物，越来越多的感染变得更难治疗，有时甚至无法治疗。与此同时，二、三线药物更加昂贵、毒性更大、治疗周期更长，有时极为难以管理……‘超级病菌’正在严重困扰着全世界的医院和重症监护病房。全世界即将进入普通感染将再次能够造成死亡的

---

15 《新报告呼吁立刻采取行动，以避免抗微生物药物耐药危机》，世界卫生组织网站，2019 年 4 月 29 日，https://www.who.int/zh/news-room/detail/29-04-2019-new-report-calls-for-urgent-action-to-avert-antimicrobial-resistance-crisis。

16 《六个阻止抗生素耐药性的好想法》，英国广播公司，2017 年 11 月 3 日，https://www.bbc.com/ukchina/simp/vert-fut-41860172。

‘后抗生素时代’。如果目前的趋势持续下去，先进的干预措施，例如器官移植、关节置换、癌症化疗和早产儿护理等，将会变得难以实施，甚至是过于危险。那将是我们所了解的现代医学的终结。我们必须现在就采取行动，以确保这一全球性危机不会发生。”[17]

人为因素加剧微生物耐药

微生物耐药是其千百年来进化选择的表现，所有微生物都会通过进化来适应生存环境，抗生素的误用和滥用则加剧了这一进程。细菌的耐药机制非常复杂：可产生灭活酶，使药物失去活性；或改变自身细胞壁的结构，使抗菌药物难以进入；或借助“外排泵”将药物排出；或改变抗菌药物发生作用的靶位，使药物失效等。近年的研究发现，同一株细菌可能同时具有多种不同的耐药机制，导致细菌对多种抗菌药耐药（多重耐药菌），甚至成为对临床常用抗菌药全部耐药的泛耐药菌。[18]微生物在与抗生素的对

---

17 《抗微生物药物耐药性——一场迫在眉睫的全球危机》，联合国新闻，2016 年 4 月 19 日，https://news.un.org/zh/audio/2016/04/307932。

18 汪复：《如何应对“超级细菌”的挑战》，《中国感染与化疗杂志》2010 年第 10 卷第 6 期，第 401 页。

抗中简直可以说是绞尽脑汁、各显神通。更可怕的是，耐药性状既能由细菌垂直传递给其后代，还能在同一细菌的不同菌株和不同细菌之间水平扩散，发展成具有多种耐药特征的克隆体。在全球化时代，耐药微生物能够借助频繁、大量的商贸旅行，快速蔓延到世界每一个角落。

在人类临床治疗中，使用抗生素和产生耐药性之间的关系非常复杂，在不该使用时使用、使用剂量不准确、使用频率及疗程不当，这些做法都可能引发微生物耐药现象。[19] 弗莱明在 1945 年的诺贝尔奖获奖感言中便说道，细菌能够形成对青霉素的抗药机制，尤其是当青霉素使用不恰当时。多年来，一些医生为了提高治疗成功率，使用广谱抗生素取代准确诊断，甚至在一次诊疗中开出好几种抗生素，增加了耐药细菌的选择性生长率。美国研究机构疾病动态、经济与政策中心（CCDEP）计算出，2000—2015 年，全球范围抗生素消费量增长了 65%。在新兴经济体，这一数字甚至达到 114%。[20] 这一方面是一种积极的进展，说明

---

19 《钟南山：细菌耐药形势严峻 合理使用抗生素是关键》，新华网，2019 年 5 月 17 日，http://www.xinhuanet.com/health/2019-05/17/c_1124501898.htm。

20 《抗生素非神药，滥用后果很严重》，德国之声，2018 年 4 月 8 日，https://www.dw.com/zh/%E6%8A%97%E7%94%9F%E7%B4%A0%E9%9D%9E%E7%A5%9E%E8%8D%AF-%E6%BB%A5%E7%94%A8%E5%90%8E%E6%9E%9C%E5%BE%88%E4%B8%A5%E9%87%8D/a-43289903。

发展中国家也有能力使用抗生素，从而可以有效抗击某些感染；另一方面也反映出抗生素滥用问题在全球的广泛性。另外，有大量抗生素是在没有医生处方的情况下，患者自作主张从不正规的药房或街头小贩处购买的。假冒和不合格药品导致抗生素浓度不达标，失去控制细菌繁殖的能力，反而促使细菌产生耐药性。即使在发达国家，情况也不容乐观。在欧洲，尽管法国和荷兰这两个国家疾病负担相似，但是法国的抗生素消耗量却是荷兰的3倍。[21]

在中国，公众对滥用和误用抗生素的危害仍知之甚少。在很多人看来，抗生素神通广大、能治百病。但事实上，抗生素是抗菌药，只对细菌起作用，对流感和普通感冒等病毒性感染无效。自20世纪90年代起，中国成为抗生素生产大国，同时随着零售药店的兴起，无数中国人把抗生素当作“神药”。中国住院患者的抗生素使用率一度高达70%，远高于30%的国际水平，成为世界第一抗生素使用国。[22] 近年来情况已大为改观，多数医生已注意不再大面积使用抗生素，住院患者和门诊患者抗菌药物使

---

21 《报告：法国抗生素使用量仍高出欧洲平均水平》，中国新闻网，2019年11月19日，http://www.chinanews.com/gj/2019/11-19/9011255.shtml。

22 《现在就行动，避免“后抗生素时代”来临——专访世界卫生组织驻华代表处卫生系统与卫生安全组负责人马丁·泰勒》，联合国新闻，2015年12月29日，https://news.un.org/zh/audio/2015/12/307392。

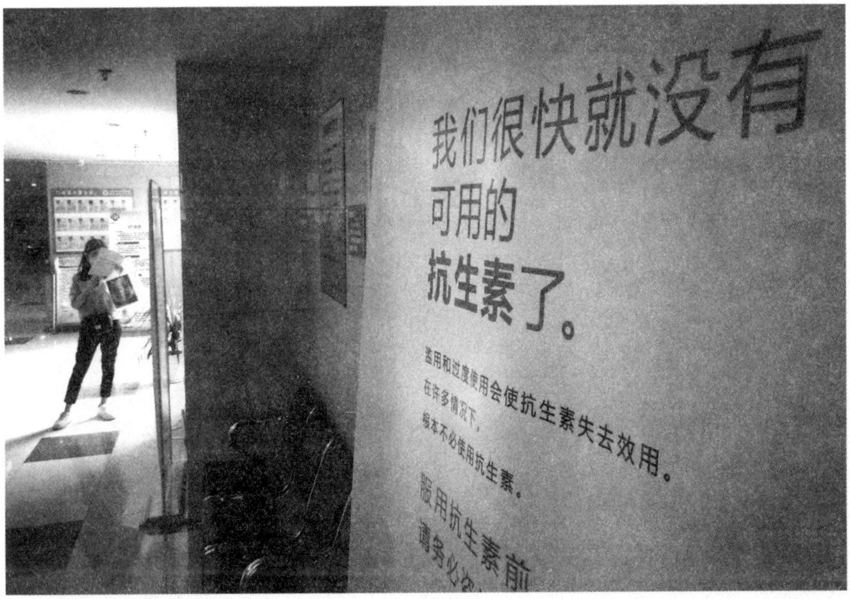

< 江苏省南京市『减少滥用抗生素药品药物』宣传牌

用率实现“双降”。但在一些乡镇、农村的基层医院，面对发热的患者尤其是儿童患者，依然有大夫只是简单听诊后，就如常使用“三素一汤”（抗生素、激素、维生素和葡萄糖注射液）。同时，“感冒就要吃消炎药”“吃药就能更快好”“同时吃好几种药一定有一种药管用”……仍是不少中国人根深蒂固的想法，甚至在医生明确表示不给抗生素的情况下，有些患者仍会强硬要求医生开具。

抗生素的误用和滥用不仅出现在人类疾病治疗过程中，也出现在畜牧业、农业生产以及食品业内。在动物养殖过程中使用抗生素本是正常之举，抗生素能够对畜禽疾病进行有效预防和治疗，从而提高养殖效益。然而，若对动物滥用抗生素，将导致其肉质中含有高剂量的残留物，经过加工、烹饪的过程都难以去除，最终进入人们的辘辘饥肠中。同时，动物粪便若因处理不当而进入大自然水体，或者作为肥料沾染上其他农业产品，那么畜禽代谢物中残余的抗生素也会由此进入人们的食物里。这些被动、间接“口服”的抗生素，是人们体内检出的兽用抗生素的重要来源。即使我们认真学习医学知识、有病不乱用抗生素，也早已在不知不觉中被抗生素入侵。

中国科学院曾发布的一幅抗生素污染地图显示，中国 2013 年使用的 16.2 万吨抗生素中，兽用占 52%、人用 48%，并且有超过 5 万吨抗生素被排放进水土环境中，中国河流抗生素测量浓度最高竟达 7560 纳克 / 升。[23] 2019 年，由多国科学家进行的有史以来最大规模全球性河流水质研究发现，在全球共 711 条河流样本中，有多达 65% 的河流检出含有抗生素，其中 111 条河流的抗生素浓度超过安全水平。孟加拉国的河流污染情况最为严重，河水中含有大量用于治疗细菌和原虫类感染的抗生素——甲硝唑，浓度超过安全标准 300 多倍。被视为欧洲最干净河流

23 Zhang QQ, Ying GG, Pan CG, Liu YS, Zhao JL, Comprehensive evaluation of antibiotics emission and fate in the river basins of China: Source analysis, multimedia modelling, and linkage to bacterial resistance (2015), Environmental Science & Technology 49, 6772-6782.

之一的泰晤士河，也有多条支流被检测出含有至少5种抗生素。[24]2020年一项最新研究显示，我国长三角地区约40%孕妇尿液中检出抗生素，近80%儿童尿液中检出兽用抗生素。[25]鉴于世界人口仍在迅速增长并将在2050年达到近百亿，人类对动物蛋白质的需求将大幅增加，畜牧、水产养殖以及农业部门仍在不断扩大生产，滥用抗生素带来的风险正在持续上升。

此外，在动物饲养中，已经发现使用低于治疗剂量的抗生素有助于促进动物生长。在很多国家，人们每天给动物的饲料中添加大量低于治疗浓度的抗生素，不是出于动物健康的考虑，只是因为抗生素家族中含有某些促生长因子（如糖肽），能够使畜禽在较快时间内长大、长肥。

美国调查记者玛丽安·麦克纳讲述了美国人如何快速培育出巨大的鸡："养鸡场更像是一个密闭的大仓库，生活在没有日照、臭气熏天、狭小活动空间中的肉鸡，在其短暂的一生中将被投喂大量的抗生素。而且，很多时候使用抗生素不是为了给鸡治病，而是为了让它们快速增重，或者仅仅是为了预防疾病。最终，这

---

24 《研究显示河流中抗生素大增，专家：将加剧细菌耐药性》，中国新闻网，2019年5月28日，https://www.chinanews.com/gj/2019/05-28/8848899.shtml。

25 《长江流域抗生素污染调查：长三角近80%儿童尿液中检出兽用抗生素》，新华网，2020年4月26日，http://www.zj.xinhuanet.com/2020-04/26/c_1125907476.htm。

些鸡不超过 50 天就能长成大个头出笼售卖。”她还指出，世界范围内有约一半的抗生素被用在动物身上，在美国这一数字一度高达 80%。[26] 在其他国家的中小型养殖场，这种现象也极为普遍，抗生素被养殖者混在饲料和水中，每天对禽畜进行无差别投喂。

抗生素在养殖业的滥用不仅导致动物将抗生素传播到环境中和人类身上，还导致动物体内产生耐药细菌，进而转嫁给人类。2017 年《柳叶刀》上发表的一篇论文称，研究人员于 2007—2015 年间在浙江和广东的两所医院，从患者肠道中抽取超过 1.7 万个细菌感染样本，发现 1% 的样本对黏菌素（又称多黏菌素 E）[27] 有耐药性。[28] 在该刊发表的另一份研究则针对中国 28 家医院抽验患者的血液感染样本，同样发现有约 1% 含有抗黏菌素基因。多黏菌素毒性较高，被视为众多抗生素药物中“最后的选择”，甚少在人体使用。但过去数十年，多黏菌素主要被用作畜禽生长促进剂，造成其耐药性迅速蔓延并传播给人类，削弱了其作为最

---

26 Maryn McKenna, Big Chicken: The Incredible Story of How Antibiotics Created Modern Agriculture and Changed the Way the World Eats, Washington D.C.: National Geographic Partners, 2017, p. 26.

27 用于临床的多黏菌素主要为多黏菌素 B（polymyxin B,PMB）和多黏菌素 E（colistin,CST, 又称黏菌素）。

28 Y Wang, GB Tian, et al, Prevalence, risk factors, outcomes, and molecular epidemiology of mcr-1-positive Enterobacteriaceae in patients and healthy adults from China: an epidemiological and clinical study, Lancet Infect Dis. 2017 (4), 390-399.

后治疗药物的疗效。

与微生物的变异赛跑

或许有人会提出，既然不断有微生物对已有的抗生素耐药，那人类继续开发出新的抗生素，不就可以对抗它们了吗？这种想法太过自信和乐观。当前不得不直面的现实是，微生物对抗生素产生耐药性的速度远快于抗生素的更新换代，也就是所谓的“道高一尺，魔高一丈”。世界上有效的抗生素已经不多了。

首先，抗生素研发困难重重、停滞不前。自 1928 年发现青霉素到1987年的60年间，人类找到数十个抗生素种类，再发展成从微生物培养液中的提取物，或者用化学合成或半合成的化合物，制成数百种抗生素药物。但其后至今30余年，人类几乎没有研制出任何新品种抗生素。原因主要在于，细菌抗药基因的种类和数量增长速度飞快，而抗生素研发动辄需投入数十亿美元成本，历经10余年研发时间，且失败率极高。即使有幸研究出新药，耐药性也可能很快出现，导致药品使用周期短、利润薄，远不如慢性疾病药物研发经济效益高，追求利润最大化的全球药厂大多对新品种抗生素研发绕道而行。现在，已经没有足够的新品种抗生素或者类似物能够有效对抗大批产生耐药性的细菌。

其次，不断“设计”新的抗生素以应付微生物耐药，这种路径已被证明有一定局限性。每次人们开发并使用一种新的抗生素，就会相应出现一些新的耐药性细菌，这些细菌还可能与其他细菌“交流”其耐药性基因。可以说，任何一种新的抗生素终有一日会被细菌打败，走向和以往抗生素相同的结局。同时，在抗生素作用下，人体中的一些正常菌群可能会丢失，有利于变异有害菌大量繁殖。因此，与微生物的变异“赛跑”，早已不是单纯开发新抗生素的问题，而成为全球公共健康领域面临的重大挑战，也是各国政府广泛关注的普遍性问题。

在科学层面，各国科学家正从不同思路出发，试图研制出对抗“超级细菌”的“新武器”。一些科学家尝试对现有抗生素进行重新改造，以增强药力和药效，或开发“无耐药性”抗生素，或在不同环境样本中寻找新抗生素；另一些人加强对微生物本身的研究，试图找到“超级细菌”的弱点；还有一些人则在寻找新突破口，而长期被忽视的噬菌体疗法就是其中一种。噬菌体是可以杀死细菌的病毒，其名字的表面含义就是“吃细菌者”。实际上，它们并不会吃掉细菌，而是侵入细菌体内并不断复制自身基因，最终吞噬细菌。早在1915年，人们就发现了噬菌体并对其进行研究，但随着抗生素的出现，人们对噬菌体疗法的兴趣渐渐淡漠。伴随着抗生素危机的凸显，噬菌体再次进入科学家的视野。噬菌体最大的优势就是具有专一性，即每种噬菌体对应一种细菌，不对人体细胞及其他微生物产生攻击，全世界的研究团队正在加快研究这些微生物“杀手”。一些新兴生物科技公司和研究人员正在试验各种不同思路的抗生素替代疗法，如用良性、温和的微生物抵抗危险的微生物，或激活量子点这种微小的半导体晶体来杀死细菌。科学家们还将人工智能运用到抗生素研发中，让计算机借助深度学习从成千上万种化合物中筛选并发现新的抗生素。美国麻省理工学院的研究团队已宣布其发现一种全新的抗生素，有望以非常规的机能对抗多种抗药性感染。

在国家层面，加强药物科学管理，减缓微生物耐药，日益成为各国的紧迫任务之一。早在1997年，美国食品药品监督管理局就发布了《抗生素使用指南》，规定了哪些疾病可以使用抗生素、哪些不能用，以及医生如何指导患者用药等。2007 年，该机构又发布了《抗感染药物临床试验指导原则》。英国政府自 2000 年以来一直倡导采取行动解决抗微生物药物耐药性问题，并于 2013 年首次制定“5 年战略计划”。2019 年，英国发布《抗微生物药物耐药性 20 年展望》和新的“5 年国家行动计划”，目标是在 2040 年之前有效控制微生物耐药问题。2017 年，欧盟启动抗微生物药物耐药和医疗相关感染联合行动，法国、西班牙、意大利、荷兰、希腊、瑞典、挪威，以及欧洲疾病预防和控制中心、经济合作与发展组织、世界卫生组织等相关国家和组织均参与其中。

中国政府也高度重视抗微生物药物耐药性问题。2016 年，原国家卫生和计划生育委员会等 14 个部门联合制定并公布《遏制细菌耐药国家行动计划（2016—2020 年）》，成为全球最早发布和实施“抗微生物药物耐药性行动计划”的国家之一，其中提出到 2020 年零售药店凭处方销售抗菌药物的比例基本达到全覆盖、人兽共用抗菌药物或易产生交叉耐药性的抗菌药物作为动物促生长应用逐步退出等目标。[29] 2019 年，国家卫生和健康委员会宣布将建立国家级真菌病监测网，对我国真菌病的病原谱、耐药

---

29 《关于印发遏制细菌耐药国家行动计划（2016—2020 年）的通知》，中国政府网，2016 年 8 月 25 日，http://www.gov.cn/xinwen/2016-08/25/content_5102348.htm。

性等情况进行定期监测，并开展真菌耐药性与耐药机制等研究。

针对养殖业抗生素滥用问题，从 20 世纪 80 年代起，欧美国家开始对动物饲料添加抗生素的使用做出规定。1986 年，瑞典宣布全面禁止抗生素用于饲料添加剂，成为第一个禁用饲用抗生素的国家。从 2006 年起，欧盟成员国全面停止使用所有抗生素生长促进剂，包括离子载体类抗生素。2011 年，欧盟委员会宣布了“反病菌抗药性 5 年行动计划”，目的是确保人与牲畜正确使用抗生素，完善对兽用抗生素的监控。另外，欧洲药品管理局于 2013 年起禁止将黏菌素作为牲畜预防性用药。美国也自 2014 年起，用 3 年时间禁止在牲畜饲料中使用预防性抗生素，最大限度地减少食用牲畜带给消费者的抗生素耐药性问题。中国农业部决定自 2016 年 11 月起，停止将硫酸黏菌素用于动物促生长。2020 年 1 月起，中国开始全面禁止在动物饲料中添加抗生素。

在全球层面，微生物耐药已从技术问题上升到政治层面。2000 年，世界动物卫生组织提出“同一个健康”理念，提出人类健康与动物和环境的健康息息相关，强调在动物和人之间传播的并不只有疾病，还有耐抗菌药物的细菌。世界卫生组织在 2011 年“世界卫生日”上提出“抵御耐药性——今天不采取行动，明天就无药可用”的口号，呼吁制止耐药性的传播，并于 2014 年发布第一份关于全球抗微生物药物耐药性程度的报告，警告世界正在迈向“后抗生素时代”。2015 年，世界卫生大会审议通过了《抗微生物药物耐药性全球行动计划》，并启动全球抗微生物监测系统。[30] 2016 年 G20 杭州峰会上，应对抗生素耐药性问题被写入峰会公报，成为国家层面的战略问题。[31] 同年的第 71 届联合国大会上，微生物耐药问题成为继艾滋病、非传染性疾病和埃博拉之后，联大历史上讨论的第四个卫生议题。近年来，世界卫生组织等国际组织发布抗生素抗药性重点病原清单，列出现今对人类健康最危险的 12 种细菌，以推动医药界及时开发新抗生素，并专门成立信托基金，加大力度支持各国应对微生物耐药的直接威胁。

在多方努力下，全球在抗微生物药物的研发、流通、使用、环境保护、宣传教育和国际合作等方面取得积极成效，抗生素滥用的状况得到一定程度缓解，但抗微生物药物耐药性形势仍不容乐观。近日，世界卫生组织发出警告，新冠肺炎病毒大流行导致抗生素的使用增加，或导致更高的细菌耐药率，从而使未来的疾病负担和死亡人数增加。此外，发展中国家在认识程度、科研能力、监测水平、管理力度等方面仍与发达国家有一定差距。中国

---

30 《抗微生物药物耐药性全球行动计划》，世界卫生组织，https://apps.who.int/iris/bitstream/handle/10665/193736/9789245509769-chi.pdf?sequence=6。

31 《二十国集团领导人杭州峰会公报》，新华网，2016 年 9 月 6 日，http://www.xinhuanet.com//world/2016-09/06/c_1119515149.htm。

作为世界上最大的发展中国家，在遏制微生物耐药工作上仍面临一些困难，包括地域间、城乡间、机构间抗菌药物管理不平衡，制药企业研发抗菌药物动力不足，部分药品质量缺乏保障，公众合理用药意识不强等。[32]

习近平总书记在党的十九大报告中强调，“人民健康是民族昌盛和国家富强的重要标志。要完善国民健康政策，为人民群众提供全方位全周期健康服务。”[33]当前，传统感染性疾病和新发再发传染病依然是影响世界人民健康的重要因素，“超级细菌”的不断出现和演化则是悬在人类头上的“达摩克利斯之剑”，很可能造成比新冠肺炎疫情更甚的全球公共卫生危机。客观和充分认识微生物，加强感染性疾病预防、控制和诊治能力建设，维护和提高抗微生物药物使用的安全性和有效性，遏制抗微生物药物耐药性，是保障人民健康的重要责任，也是拯救人类自己、促进可持续发展的必由之路。

---

32 国家卫生健康委员会编:《中国抗菌药物管理和细菌耐药现状报告（2018）》，中国协和医科大学出版社 2009 年版，第 55—56 页。

33 《习近平：决胜全面建成小康社会 夺取新时代中国特色社会主义伟大胜利——在中国共产党第十九次全国代表大会上的报告》，中国政府网，2017 年 10 月 27 日，http://www.gov.cn/zhuanti/2017-10/27/content_5234876.htm。

参 考 文 献

1 范行准:《中国预防医学思想史》,华东医务生活社 1953 年版。

2 沈萍、陈向东:《微生物学(第 8 版)》,高等教育出版社 2016 年版。

3 汪复:《如何应对"超级细菌"的挑战》,《中国感染与化疗杂志》2010 年第 10 卷第 6 期。

4 《百科知识丛书》编委会:《丰富的微观世界——微生物》,江西高校出版社 2014 年版。

5 《视觉天下·百科知识丛书》编委会:《显微镜下的生命——微生物》,中国画报出版社 2013 年版。

6 《看不见的"硝烟",看得见的"笑颜"——人体微生物组学研究综览》,《中国科学报》2013 年 1 月 23 日,第 5 版。

7 [美]马丁·布莱泽著,傅贺译:《消失的微生物:滥用抗生素引发的健康危机》,湖南科学技术出版社 2016 年版。

8 Ed Yong, I Contain Multitudes: The Microbes Within Us and a Grander View of Life(2016), New York: Ecco/ Harper Collins Publishers.

9 Steffanie Strathdee, The Perfect Predator: A Scientist's Race to Save Her Husband from a Deadly Superbug: A Memoir Hardcover(2019). New York: Hachette Books.

10 Zhang QQ, Ying GG, Pan CG, Liu YS, Zhao JL, Comprehensive evaluation of antibiotics emission and fate in the river basins of China: Source analysis, multimedia modelling, and linkage to bacterial resistance(2015). Environmental Science & Technology 49.

7

第七章

穷人的原子弹

生物武器一度被认为是一种失败的军事发明。列强曾投入大量资源研发生物武器，但并未广泛使用，最后国际社会还通过条约予以禁止。但当前随着合成生物学、基因编辑等新兴生物技术的发展，生物武器有死灰复燃之势。这一势头一旦失控，将对人类安全构成严重威胁，国际社会亟须完善相关军控机制，防止生物武器再次祸害人间。

病菌左右国运

病菌虽小，却关乎民族、国家乃至文明的兴衰。美国生物学家贾雷德·戴蒙德在其名著《枪炮、病菌与钢铁》中设问：在欧洲人开启地理大发现时，美洲、大洋洲有大量土著人口，最后欧洲人为何能取而代之呢？他的答案是：一方面是因为欧洲人在武器、技术和行政组织方面拥有巨大优势；另一方面是因为“欧洲送给其他大陆的不祥礼物——病菌”。在病菌冲击下，美洲的印第安人、澳大利亚的土著居民、太平洋诸岛居民的病死率高达50%—100%。[1] 资料显示，美洲曾生活着2000万印第安人，但在哥伦布发现美洲之后的一两个世纪里，95%的印第安人染病而死，肥沃的土地留给了后来的欧洲殖民者。从文明兴衰的角度来看，欧洲文明借病菌而扩张，其他地区的土著文明却因病菌而衰亡，并由此形成全球人种分布新格局，影响延续至今。

如果说欧洲殖民者带来的病菌在新大陆流行是“无心插柳”，

---

1 ［美］贾雷德·戴蒙德著，谢延光译：《枪炮、病菌与钢铁》，上海译文出版社2006年版，第213—214页。

那么将疫病作为武器攻击对手就是“有意酿祸”。此类记述在历史上屡见不鲜。早在1346年，金帐汗国围攻热那亚人盘踞的卡法城时，曾将染病而亡的尸体投入城内，迫使热那亚人弃城而逃。历史学家这样描绘当时的场景：

> 垂死的鞑靼人被疾病带来的浩瀚灾难惊呆了，意识到自己没有逃跑的希望，对围城失去了兴趣。但他们命令把尸体放在弹弓里，然后扔到城市里，希望那无法忍受的臭味会杀死里面的每一个人。看似死亡之山的东西被扔进城里，基督徒们无法躲藏、逃窜或离开，尽管他们把尽可能多的尸体扔进了海里。不久，腐烂的尸体污染了空气，污染了水源，臭气熏天，几千人中几乎没有一人能够逃离。此外，一个被感染的人可以把毒气传染到其他人身上。没有人知道，也没有人能发现如何加以防御。[2]

1710年，沙俄与瑞典作战期间，曾将染病的尸体投入雷沃尔城。1763年，英国与法国、印第安人作战期间，英军上尉埃

---

2 Horrox R, ed. The Black Death. Manchester: Manchester University Press; 1994. pp. 14–26. https://wwwnc.cdc.gov/eid/article/8/9/01-0536_article.

库尔曾向印第安人赠送带有天花病菌的毯子，造成印第安部落的天花大流行。[3]

现代意义上的生物武器是随着生物科学的发展而出现的。1858 年，法国医生路易斯·巴斯德第一次发现了细菌。1876 年，德国医生罗伯特·科赫通过炭疽杆菌试验证明了细菌理论，并发明了疫苗。在第一次世界大战期间，德国间谍曾经在美索不达米亚散播马鼻疽病菌，使英法联军的 4500 匹骡马染病。[4] 这标志着人类开始有意识、有组织地在战争中使用细菌武器来攻击对手，尽管当时的攻击对象并非敌方的作战人员。

病菌虽多，但能适用于军事行动的有限。为遴选合适的生物战剂，早期研究生物战的科学家设定了一系列选择标准：一是生存能力强，即在炸弹爆炸后仍能保持其传染性；二是传染性强，对手不易防范或治疗；三是制造容易，便于获得。根据上述标准，常用的生物战剂有 40 余种，包括炭疽杆菌、兔热病毒、鼠菌、霍乱弧菌、Q 热立克次体、普鲁菌、天花病毒、肉毒杆菌等。

---

3 Stefan Riedel, "Biological Warfare and Bioterrorism: a Historical Review",BUMC Proceedings, October, 2004, https://www.ncbi.nlm.nih.gov/pmc/articles/PMC1200679/.

4 于巧华、周景明、王晓明:《传播死亡的黑色妖魔》，福建人民出版社 2002 年版，第 132 页。

最初，人们只知有细菌，因此将生物武器统称为“细菌武器”。后来，随着人类对微生物的认识不断深入，病毒、毒素、真菌、衣原体、立克次体等又逐渐被纳入生物武器清单。总体而言，该清单中所列生物战剂类型比较稳定，百年以来变化不大。

终极武器？

对于生物武器，各国军事战略界有两种极端对立的看法。

赞许者认为生物武器是“穷人的原子弹”，有助于打击敌人后方，赢得总体战争。各国军方对现代生物武器产生兴趣始于第一次世界大战前后。这一方面得益于生物科学的发展，另一方面则是受战争形态演变的影响。当时，欧洲列强进入帝国主义阶段，领土争夺更加激烈，战争形态由作战规模有限、伤亡有限的王朝战争朝着强度越来越大、范围越来越广、代价越来越高的总体战演变。第一次世界大战后，德国战略学家鲁登道夫在其名著《总体战》中提出，“及世界大战起（指 1914 年），则其性质与近 150 年来之战争，迥然异辙”，“其所以战者，非徒广大前线上与辽远海洋上之陆海军力，同时对于地方民族之精神力及生活力，亦须加以攻击，以图毁灭与疲弊”。[5] 如何迅速消灭对方人口，摧毁对方作战的经济和社会基础，成为军事战略家优先关注的焦点。为达成目标，他们自然把目光投向化学武器和生物武器。意大利军事学家、“空权论”之父杜黑就认为生物武器是未来制胜的关键。他在其著作《空权论》中提出：“化学已经向我们提供了最有威力的炸药，现在又将给我们提供甚至更有威力的毒气，而细菌学还可能给我们更可怕的武器。要想对未来战争的性质获得一个概念，只要设想如果一个国家的细菌学家能发明在敌国传播疫病的手段同时又能保护本国人民，它将掌握何等巨大的破坏力。空中力量就不仅能对敌国领土任何部分用高爆炸弹实施轰炸，而且能用化学战和细菌战摧毁整个敌国。”[6] 在生物武器的倡导者眼中，生物武器有以下突出优点。一是廉价。实施大规模杀伤时，要达成每平方千米的杀伤范围，使用传统武器需耗费 2000 美元，核武器需 800 美元，神经毒气需 600 美元，而生物武器只需 1 美元。二是方便。生产生物战剂通常不需要专门的工厂，在实验室里就可以大规模制造。化工厂也可以生产生物战剂。三是威力大。少量生物战剂就可以导致大量人员、牲畜中毒

---

5 ［德］埃里希·鲁登道夫著，张君劢译：《总体战》，北京理工大学出版社 2007 年版。

6 ［意大利］朱里奥·杜黑著，曹毅风、华人杰译：《制空权》，解放军出版社 1986 年版，第 7 页。

或死亡。例如，1 克感染 Q 热立克次体的鸡胚组织分散成 1 微米的气溶胶粒子，可以使 100 万以上的人受感染。[7] 据英国测算，200 吨生物炸弹可导致一座 260 平方千米的工业城市中的人死亡率达到 50%。[8] 换言之，其杀伤力不亚于核武器，但门槛要低很多。四是可以保留对方物质财富为我所用。曾参与对华细菌战计划的日本军官说："细菌战术只是使人害病死掉了，工厂、矿山、房屋、设备等都可以原封不动地保存下来。"[9] 五是难溯源。生物战与传染性疾病导致的疫情症状相同，极难找到确凿证据证明其属于生物攻击还是自然暴发。

反对者认为生物武器是一种"失败的军事发明"。在核、生、化三种大规模杀伤性武器中，生物武器一直处于边缘地位，很少在战场上广泛使用，这主要是因为生物武器有一系列天生缺陷。一是准头差。生物武器一经施放，其传染范围难以控制，既会杀伤对手，也可能杀伤自己。例如，日军 1941 年在中国东南沿海实施生物战，散播细菌污染水源，空投细菌和沾染鼠疫的跳

---

7 于巧华、周景明、王晓明:《传播死亡的黑色妖魔》，福建人民出版社 2002 年版，第 4 页。

8 ［美］珍妮・吉耶曼著，周子平译:《生物武器：从国家赞助的研制计划到当代生物恐怖活动》，生活・读书・新知三联书店 2009 年版，第 92 页。

9 韩蔚:《日军杀人罪行的见闻录》,《吉林文史资料》编辑部编:《吉林文史资料》，第 14 辑，中国人民政治协商会议吉林省委员会文史资料研究委员会，1987 年，第 4 页。

蚤，却造成 1000 多名日军士兵丧生。[10] 二是受环境因素影响大。温度、湿度、日照都能影响生物战剂的生存能力。其作战效果难以精确测量和预测，这对于要求尽量减少不确定性，以便于配置资源，按计划行动的军队来说是一大挑战。三是有违人道，名誉扫地。尽管生物武器的倡导者强词辩称生物武器可以避免血腥厮杀，可以保留基础设施，比炸弹更人道，但多数人对于生物武器仍有一种本能的反感。纵观历史，研发和使用生物武器的国家在推行相关计划时，往往偷偷摸摸、鬼鬼祟祟、躲躲藏藏的，生怕暴露在阳光下，担心相关计划一旦泄露，容易招致广泛的国际舆论批评，并引发对手的强烈报复。

支持和反对两种观点一直在博弈，生物武器的发展历程也因此跌宕起伏，一度从国家努力开发的大规模杀伤性武器变为被国际社会所禁止和唾弃的东西。

隐秘的军备竞赛

生物武器军备竞赛不像核军备竞赛那样高调和引人注目，但

---

10 ［美］珍妮·吉耶曼著，周子平译:《生物武器：从国家赞助的研制计划到当代生物恐怖活动》，生活·读书·新知三联书店 2009 年版，第 76 页。

同样惊心动魄。这一进程始自第一、第二次世界大战期间，于冷战结束初期终止。相关情况曾掩映在层层迷雾之中，但随着绝密档案不断解封，今天我们终于能看清其曾经的大体轮廓。

第一轮世界生物武器军备竞赛从 20 世纪 20 年代延续到第二次世界大战期间，主角是法、英、美、加、日、苏。法国、英国、美国发展生物武器的最初动因都是基于对德国的担心，其中的始作俑者是法国。第一次世界大战之后，法国一直密切关注德国重整军备的举动。1919 年，法国得到情报，称德国在研制生物武器。为应对可能来自德国的生物战威胁，法国作战部自 1921 年开始研制生物武器，包括试制携带生物战剂的炮弹，并进行动物实验。德国纳粹上台后，还有传闻称德国曾秘密在巴黎地铁进行空气传播生物媒介试验。第二次世界大战爆发，德国入侵并击败法国之后，法国的相关研发计划随之终止。同样基于对德国使用生物武器的担心，英国 1940 年 8 月在波顿当设立机构，开始研制生物武器。英国实施了所谓的“阿拉丁行动”，在 500 万个亚麻子饼中注入炭疽孢子。必要的时候，英国将把它们空投到德国北部，杀死大批牛群，从而减少德国食品和皮革供应。此外，英国还进行了生物武器的实战试验。

1942 年，英国在苏格兰沿海的格林亚德岛进行生物武器试验，相关人员购买了 155 只绵羊用于试验。从 1942 年 7 月到 1943 年 8 月，英国在该地进行了多次生物武器试验。例如，其中一项试验是将装有炭疽悬浮液的装置放在铁架上，遥控引爆。7天之后，距离爆炸中心80—90米范围内拴系的羊几乎全部死亡。后来，试验小组人员从4600米的高空投下特种炸弹，距爆炸点100—300米的羊不久后都因炭疽杆菌感染而死亡。但是后来岛上的试验发生了意外，在1943年春天的一场暴雨过后，埋在岛上海岸处的死羊被暴雨和海水冲到大陆上，导致50多头牲畜死亡。为了避免再次发生事故，英国停止了在格林亚德岛的试验。[11]

1941年，美国也开始重视生物武器的威胁。次年，美国总统罗斯福批准研发生物武器，具体计划由隶属于陆军和海军的作战研究部化学作战部特别计划处负责实施。特别计划处的基地位于德特里克堡，对军内外均严格保密。美国与英国、加拿大合作，遴选生物战剂，并进行实地试验。在当时发展生物武器的列强中，美国的技术最为成熟，据称1944年曾生产5000枚炭疽炸弹。苏联在20世纪20—30年代就曾经试图发展生物武器，主要倡导者是图哈切夫斯基元帅。但因为纳粹德国的反间计得逞，图哈切夫斯基在国内政治“大清洗”中被处死，苏联生物武器发展计划随之陷入停滞。但诡异的是，一直让反法西斯同盟国惴惴不安的纳粹德国其实并未发展生物武器，据称是因为希特勒本人对

11 ［美］珍妮·吉耶曼著，周子平译：《生物武器：从国家赞助的研制计划到当代生物恐怖活动》，生活·读书·新知三联书店2009年版，第41—42页。

生物武器深恶痛绝。反观纳粹德国的盟友日本，却在研发和使用生物武器方面丧尽天良，毫无道德底线。日本于 1932 年 8 月在陆军军医学校内设立了以石井四郎为首的所谓防疫研究所，此后日军在我国黑龙江五常县组建关东军防疫研究室（“东乡部队”），着手研究生物战。其后，该防疫研究室发展成关东军第 731 防疫给水部队。此外，日军还在我国（北京、南京、广州）和新加坡设立多支细菌战部队。日本生物武器化水平并不高，但它是当时唯一一个在实战中使用生物武器的国家。日本战败后，美军为获取日本生物战部队的人体试验数据，竟然赦免了石井四郎等从事生物战的日本战犯。

日本对华生物战

第二次世界大战期间，日军对中国进行的生物战遍及 20 个省区。日军曾先后在 1939 年诺门坎事件、1940 年宁波作战、1941 年常德作战、1942 年浙赣作战中使用细菌武器，并于 1943 年 9 月在鲁西南散播霍乱菌。日本生物战导致中国各地疫病大流行，20 余万中国军民因此惨死。日军曾进行活体实验，被 731

部队用于活体实验和杀害的人员多达3000人。[12]

第二轮国际生物军备竞赛发生于冷战期间，主角是美国和苏联。冷战期间，主要大国对生物武器的定位发生重大变化。如果说之前的生物武器主要是攻击敌后和威慑对方生物战攻击的工具，那么冷战期间它则成为与核武器相提并论的战略武器。1951年，美国参谋长联席会议把生物武器列入第一类战略武器。在作战想定中，美国将苏联作为主要假想敌，设想在对苏联进行原子弹轰炸之后，再使用生物武器攻击对方的平民。美国还设想将生物武器用于秘密军事行动，由特工或游击队在正式军事行动之前施放，以削弱对手。为改进生物武器作战性能，美军曾实施“圣乔计划”，模拟攻击城市目标。美国还实施“白衣计划”，开展生物武器的人体试验。在使用政策上，美国在1956年放弃不首先使用生物武器的政策。[13] 在使用战略上，美国提出“大面积概念”战略，用飞机或军舰散播一条数百乃至上千公里的病菌线，影响面积广大的区域。在实战中，美国在朝鲜战争中曾发动生物战，

12 周洪钧、管建强、王勇等：《对日民间索赔的法律与实务》，时事出版社2005年版，第48—50页。

13 ［美］珍妮·吉耶曼著，周子平译：《生物武器：从国家赞助的研制计划到当代生物恐怖活动》，生活·读书·新知三联书店2009年版，第103页。

< 黑龙江省哈尔滨市侵华日军七三一部队遗址

空投细菌以及被感染的跳蚤、苍蝇、蚊子和蚱蜢等。[14]美军还曾在越战中使用植物抑制剂，以破坏植被，消除越共游击队的丛林掩护。美军的恶行在国际上引发强烈谴责。同时，美国的化学武器试验发生泄漏，造成犹他州数千只羊伤亡。由于国内外舆论压力不断增加，兼之美国已经拥有强大的核力量，美国于 1969 年 11 月最终决定放弃生物武器，并于 1972 年签署了《禁止生物武器公约》。

与美国相反，在美国于 20 世纪五六十年代大力发展生物武器的时候，苏联对此却投入有限。而在美国公开停止生物武器研发之后，苏联却开始大干快上，于 1972 年秘密实施“生物配制计划”，用基因工程等现代生物技术发展生物武器。苏联在莫斯科郊外建立生物武器基地奥伯兰斯克，培养鼠疫、兔热病等生物战剂，并试图通过基因编辑制造新的或更强的细菌和病毒。苏联还在哈萨克斯坦、斯维尔德洛夫斯克州设立生物战剂工厂，在沃兹罗日杰尼耶岛等地设立试验场。直到苏联解体之后，俄罗斯总统叶利钦才下令停止进攻性生物武器计划。[15] 1979—1984 年间，

14　于巧华、周景明、王晓明:《传播死亡的黑色妖魔》，福建人民出版社 2002 年版，第 145—146 页。

15　Raymond A. Zilinskas, The Soviet Biological Weapons Program and Its Legacy in Today's Russia, National Defense University Press,Washington, D.C., July 2016, p.2.

有传言称越军使用飞机或火炮对老挝苗族人发动“黄雨”袭击，散播可以致人中毒的镰刀菌毒素。美国指责苏联、越南发动了生物袭击，但苏联予以否认。

除美国、苏联外，英国、法国、加拿大在冷战期间也曾研制进攻性生物武器。其中，英国、加拿大与美国合作紧密，三国共商使用战略，协同进行实地试验。但随着英国、法国核力量渐趋成熟，它们对不确定性较大的生物武器兴趣减小，最终放弃了生物武器计划。[16]

生物恐怖主义的阴影

冷战结束之后，大国军备竞赛降温，而地区扩散和恐怖主义风险上升，在生物武器领域也是如此。由于生物武器门槛较低威力巨大，一些中小国家对此颇为青睐，如以色列、南非、伊拉克、利比亚都曾有自己的生物武器计划。其中掀起惊天波涛，导致政权颠覆、地区动荡的是伊拉克生物武器问题。伊拉克早在

16 刘华秋主编:《军备控制与裁军手册》，国防工业出版社 2000 年版，第 363 页。[美] 珍妮·吉耶曼著，周子平译:《生物武器：从国家赞助的研制计划到当代生物恐怖活动》，生活·读书·新知三联书店 2009 年版，第 85—97 页。

1974年就谋求研发生物武器，1988年建立阿尔哈卡姆工厂，批量生产炭疽病菌、兔热病菌。伊拉克在1991年海湾战争中战败后，因为担心国际核查，销毁了其拥有的生化武器及相关设施。联合国监测、核查和视察委员会对伊拉克进行调查后，没有发现其继续研制生物武器的证据。但美国坚称伊拉克拥有生物武器。为给攻打伊拉克找到借口，美国国务卿鲍威尔于2003年2月前往联合国，滔滔不绝地讲了90分钟，介绍有关伊拉克生物武器计划的情报资料。他还举起一小管呈白色粉末状的所谓炭疽激化物，渲染其危害之烈。以此为借口，美、英军队于2003年3月发动伊拉克战争，推翻萨达姆政权，并触发中东大乱局。但在攻占伊拉克后，美国“上穷碧落下黄泉”，却未能发现任何生物武器及其制造设施。美国所谓的“伊拉克拥有生物武器”的证据遂沦为国际笑料。俄罗斯总统普京曾嘲笑鲍威尔所拿试管里装的“可能是洗衣粉”。2020年6月，美国总统特朗普发推称：“难道不是鲍威尔说的伊拉克有大规模杀伤性武器吗？结果伊拉克没有，但我们却卷入了战争！”

与地区生物武器扩散相比，生物恐怖主义的威胁更为真切。各类恐怖组织动机不同，或宣扬“世界末日”将临，要毁灭旧秩序，建立新秩序；或仇视西方国家，誓言要发动“圣战”，消灭异教徒，建设纯正的“哈里发”国家。而这些恐怖组织的共同点是对生物武器都颇感兴趣。迄今为止，比较典型的生物恐袭案例共发生了三起。

最早一起生物恐怖袭击案发生在 20 世纪 80 年代的美国。1984 年，美国俄勒冈州一个印度邪教组织“拉杰尼谢”为赢得地方选举，达到控制县政府的目的，试图将选民困在远离选举地点的小城。该教派把沙门氏菌溶液混在当地 10 家饭店和 1 家超市的食物当中，致使 751 人得了肠胃疾病。

第二起是日本“奥姆真理教”的生物恐袭图谋。该教曾培养肉毒杆菌、炭疽病菌、霍乱弧菌和黄热病毒等，其教主麻原彰晃曾前往扎伊尔，意图获取埃博拉病毒样本。1991—1993 年，该教至少 7 次投放肉毒杆菌或炭疽病菌，但其生物战剂效果极差，未能造成人员感染。[17]

第三起是“9 · 11” 事件后美国的一系列炭疽邮件恐袭案。2001 年 9 月 18 日起，美国发生延续数周的生物恐怖袭击。有人把含有炭疽杆菌的信件寄给数个新闻媒体办公室以及 2 名民主党参议员，导致 5 人死亡，17 人被感染。2008 年，美国联邦调查局（FBI）最终将调查目标锁定为一名科学家布鲁斯 · 埃文斯。

---

17 [美] 雷蒙斯 · 齐林斯卡斯：《重新思考生物恐怖主义》，中国现代国际关系研究所反恐怖研究中心：《恐怖主义与反恐怖斗争理论探索》，时事出版社 2002 年版，第 139 页。Kyle B. Olson, “ Aum Shinrikyo: Once and Future Threat,” Emerging and Reemerging Infectious Diseases 5:4 (1999):154, Institute of Medicine, Microbial Threats to Health, 130.

> 日本东京地铁沙林毒气案现场

此人曾在德特里克堡生物防御实验室工作。在他得知自己将被捕后，于 2008 年 7 月服毒自杀。炭疽恐怖事件改变了世人对生物恐怖主义的看法。生物战专家往往认为，仅靠使用信封携带炭疽杆菌很难立即使人受到感染，或使环境受到污染。但是，这一系列炭疽病菌攻击却表明邮件炭疽可能会以气溶胶形式对人造成较大威胁。以炭疽案为代表的生物恐怖活动侦测难度较大，罪犯便于藏匿，这给预防和侦破带来了很大的困难。

此外，极端组织“伊斯兰国”也曾谋求获取生物武器。2014 年 1 月，叙利亚反政府武装在叙利亚伊德利卜省与“伊斯兰国”作战时，缴获一台笔记本电脑，内有文档涉及如何研发生物武器以及使用生物武器发动恐怖袭击。

尽管实际发生的生物恐怖袭击数量不多，但其潜在威胁巨大。2001 年，美国国际战略研究中心与约翰斯·霍普金斯大学曾共同组织名为“黑暗冬天”的生物恐袭推演。场景设定俄克拉荷马州出现天花病毒攻击，并逐步蔓延到美国全境。该推演发现美国的相关应急预案存在巨大漏洞，储备的疫苗仅够保护 5% 的美国人，数周之内就可能造成上百万人丧生。从 2020 年初暴发的新冠肺炎疫情在美国的蔓延情况来看，该推演所做预测并非虚言恫吓。

矛与盾

有矛就有盾，有攻就有防。生物防御主要有三种手段：一是预防。通过提升监测能力、改善公共卫生、研制和接种疫苗，“敌人”将无处下手。二是威慑。即以核武器或生物武器慑止对手的生物袭击。三是防护和救治。一旦遭受生物袭击，能够有效防护，并动员医疗资源，救死扶伤，控制传染范围，降低生命和财产损失。其中，威慑手段容易引发争议，以核武器威慑生物攻击扩大了核武器使用的范围，而以生物武器威慑生物攻击则违反《禁止生物武器公约》，并不可行。因此，主要大国的生物防御往往比较注重预防和救治两个方面。

生物防御能力最强的是美国。生物安全在美国的国家安全中具有特殊地位。在对全球战略态势进行评估时，美国往往将生物安全单列出来。例如，奥巴马政府2010年的《核态势评估报告》之中，降低核武器在国家安全战略中的地位，缩小核武器使用范围，尽量使用常规力量报复生化袭击，但宣称随着生物技术发展，美国可能调整这一政策。该报告称："鉴于生物武器的灾难性后果和生物技术的快速发展，美国保留根据生物武器威胁的演变和扩散情况，以及美国应对这一威胁的能力，对这一保证作出任何调整的权利。"可以说，美国的核武器使用政策专门为生物武器技术的变化留了一扇后门。2017年美国《国家安全战略》高度重视生物安全问题，将抵御大规模杀伤性武器和对抗生物武器与流行病作为国家安全第一支柱的前两项内容。

为加强生物防御，美国总统克林顿1996年发布了总统指令NSTC-7，以应对传染性传染病的威胁。小布什政府发布《21世纪的生物防御》，制定"生物观察（bio watch）计划"，监测对美国主要城市的生物武器袭击；扩大国家药物战略储备库；启动生物盾牌项目，加快开发和获取针对生物武器的新型医疗手段。2009年奥巴马政府发布《国家对付生物威胁的战略》，重点推动全球卫生安全合作，共同防治传染病。

2018年9月18日，美国政府正式推出《国家生物防御战略》，设定五大目标：强化风险意识，以便在生物防御单位中宣传决策；确保生物防御单位能力，以防范生物事件；确保生物防御单位为减少生物事件做好准备；迅速响应，以限制生物事件的影响；促进恢复，以消除生物事故发生后对社会、经济和环境的不利影响。

美国还借助其先进的生物技术、雄厚的资金实力、广泛的盟友体系，在全球进行广泛的生物安全布局，设置海外生物安全实验室，监测全球流行病疫情，推动独联体国家销毁苏联遗留的生化武器。这为其开展海外行动提供了有力保障，为其确保本土生物安全提供了有效预警，为其拓展外交影响提供了重要抓手。

除美国外，英国也高度重视防范生物安全威胁，并为此加强部门协调。2018 年 7 月，英国政府发布《英国生物安全战略》，提出维护生物安全的基本原则：一是采取“全谱风险”应对方法；二是通过海外行动从源头上遏制生物威胁。[18] 此外，法国、俄罗斯、德国、澳大利亚、加拿大、意大利、荷兰、挪威、瑞典等国也有自己的防御性生物研发计划。

值得警惕的是，生物武器的攻防难以严格区分。为了生物防御而进行的研究往往也需要培育可用于进攻的病原体。所谓的生物防御计划可能造成生物战剂扩散。

---

18 刘术、李瑞、舒东：《2018 年度国际生物安全与生物军控形势》，李驰江主编：《2019 年国际军备控制与裁军》，世界知识出版社 2019 年版，第 153 页。

2015 年 5 月，美军承认，曾“无意间”将活的炭疽样品发送到韩国一个军事基地，用于“朱庇特”生物防御计划。

生物技术发展还增加了生产新型生物武器的风险。例如，20 世纪 70 年代中期兴起的基因编辑技术可以制造毒性更强的生物战剂。基因技术还使得针对特定人群制造“基因武器”成为一种可能。

各国高度重视生物技术发展的军事意义。2009 年，美国国防高级研究计划局在战略研究规划中提出“生物革命”理念，大力发展国防生物科技。2014 年 4 月，该局成立生物技术办公室，整合生物学、工程学和计算机科学等学科，挖掘生物科技的巨大潜力并将其应用到国家安全领域。英国致力于打造欧洲生物科技和产业中心，并将生物技术领域最新的研究成果应用到军事领域。当前，随着大国博弈日趋激烈，生物军备竞赛是否会假借生物防御之名卷土重来，值得警惕。

缚住幽灵

生物科技进步释放出巨大能量，使人类开始在某种程度上扮演造物主的角色。为规范生物科技的开发和使用，使之有利于人类福祉，避免可能的灾难，人类需要承担起能力增长而带来的巨大责任，为自然立法，为自己立法，完善国际生物军备控制机制。

早在 19 世纪末，国际上已经开始讨论禁止使用有毒武器。1899 年海牙国际和平会议通过《禁止使用以散布窒息性或有毒气体为唯一目的的投射物宣言》，同意避免使用旨在散布令人窒息的或有毒气体的炸弹。1907 年签署的《海牙公约》重申该禁令。1925 年《日内瓦议定书》禁止使用细菌作战，但并未禁止发展、生产和储存生物武器。1971 年 12 月 16 日，第 26 届联合国大会通过《禁止生物武器公约》，禁止发展、生产及储存生物武器。为防止生物武器及相关技术扩散，部分国家 1985 年成立“澳大利亚集团”，制定生物出口管制清单，并就生物出口管制进行磋商和协调。[19] 但生物军备控制仍面临严峻挑战。

一是缺乏核查措施。从 20 世纪 90 年代以来，《禁止生物武器公约》成员国开始制定加强公约的核查议定书。但美国拒绝谈判核查议定书，致使相关进程长期迟滞，缺乏进展。而历史上的违约行为削弱了《禁止生物武器公约》的公信力。例如，美国在加入条约后，仍保留了炭疽、兔热病、布鲁氏菌病、委内瑞拉马脑炎等生物战剂。2001 年美国的炭疽邮件恐袭案最终调查结果指向美军生物实验室的科学家，意外曝光了美国的生物战剂研制

---

19 斯德哥尔摩国际和平研究所著，中国军控与裁军协会译：《SIPRI 年鉴：2003 年军备 · 裁军和国际安全》，世界知识出版社 2004 年版，第 973 页。

计划。2019年8月，美国疾病控制与预防中心（CDC）以存在安全风险为由，临时关闭德特里克堡生物实验室，具体真相则扑朔迷离。苏联在加入条约后，仍大肆发展生物武器，并曝出斯维尔德洛夫斯克炭疽热事件。这些都严重削弱了国际社会对《禁止生物武器公约》的信心。

斯维尔德洛夫斯克炭疽热事件

1979年4月和5月，苏联城市斯维尔德洛夫斯克——现俄罗斯叶卡捷琳堡暴发了人体肺部炭疽病。苏联声称，这次事故是由于人们进食受到感染的黑市肉类造成的肠炭疽。但西方认为这可能是由苏联国防部微生物与病毒研究所的炭疽杆菌泄漏造成的肺部炭疽。1992年5月，已经担任俄联邦总统的叶利钦公开宣布："克格勃承认，我们发展军事是斯维尔德洛夫斯克疾病大暴发的原因。"该事故至少造成68人死亡，15个农场牲畜感染炭疽病。

二是两用性强，管控难度大。研制生物武器所需微生物病原体可以微量转运，然后大量繁殖，加之加工机器都是普通设备，所以出口管制难度高于核或化学出口管制。

三是频受政治干扰。在生物军控问题上，西方国家与俄罗斯和伊朗、印度尼西亚等不结盟国家存在尖锐矛盾。俄罗斯指责美军在其周边设置生物安全实验室，开展生物武器试验。美国则指责俄罗斯生物安全计划不透明。印度尼西亚曾指控设在雅加达的美海军第二医学研究所生物安全实验室研发生物武器，并在2010年将其驱离。各国之间政治互信的缺失加大了生物军控合作难度。

鉴于合成病毒、“基因武器”等新型生物武器给人类带来的新威胁，2018年5月联合国秘书长古特雷斯提出把生物军控作为未来军控的重要内容，呼吁加强核查，加强生物技术两用性研究，为下一代营造安全的成长环境。新冠肺炎疫情再次给人类敲响警钟，与时俱进强化对生物武器的管控刻不容缓。

参 考 文 献

1 [美]贾雷德·戴蒙德著，谢延光译：《枪炮、病菌与钢铁》，上海译文出版社 2006 年版。

2 于巧华、周景明、王晓明：《传播死亡的黑色妖魔》，福建人民出版社 2002 年版。

3 [德]埃里克·鲁登道夫著，张君劢译：《总体战》，北京理工大学出版社 2007 年版。

4 [意大利]朱里奥·杜黑著，曹毅风、华人杰译：《制空权》，解放军出版社 1986 年版。

5 [美]珍妮·吉耶曼著，周子平译：《生物武器：从国家赞助的研制计划到当代生物恐怖活动》，生活·读书·新知三联书店 2009 年版。

6 韩蔚：《日军杀人罪行的见闻录》，《吉林文史资料》编辑部编：《吉林文史资料》，第 14 辑，中国人民政治协商会议吉林省委员会文史资料研究委员会，1987 年。

7 周洪钧、管建强、王勇等：《对日民间索赔的法律与实务》，时事出版社 2005 年版。

8 刘华秋主编：《军备控制与裁军手册》，国防工业出版社 2000 年版。

9 [美]雷蒙斯·齐林斯卡斯：《重新思考生物恐怖主义》，中国现代国际关系研究所反恐怖研究中心：《恐怖主义与反恐怖斗争理论探索》，时事出版社 2002 年版。

10 刘术、李瑞、舒东：《2018 年度国际生物安全与生物军控形势》，李驰江主编：《2019 年国际军备控制与裁军》，世界知识出版社 2019 年版。

11 斯德哥尔摩国际和平研究所著，中国军控与裁军协会译：《SIPRI 年鉴：2003 年军备·裁军和国际安全》，世界知识出版社 2004 年版。

12 Horrox R, ed. The Black Death.Manchester: Manchester University Press; 1994.

13 Stefan Riedel, Biological Warfare and Bioterrorism: A Historical Review, BUMC Proceedings, October, 2004.

14 Raymond A. Zilinskas, The Soviet Biological Weapons Program and Its Legacy in Today's Russia, National Defense University Press,Washington, D.C., July 2016.

8

第八章

实验室的魔鬼

看过电影《传染病》的观众，一定会对剧中的生物实验室印象深刻。新型冠状肺炎疫情暴发以来，关于病毒源自实验室“泄漏”的谣言和各种“阴谋论”甚嚣尘上。而遍布海外的美国生物实验室为何饱受争议？用来“囚禁”各种细菌、病毒的实验室是如何发展起来的？神秘的“P4 实验室”为何被称为病毒研究领域的“航空母舰”？一旦生物实验室发生泄漏将会引发什么灾难？主要国家是如何确保生物实验室的安全性和透明度的？

遍布全球的美国“毒库”

20 世纪 40 年代，美国等开始大力研发生物武器，实施“气溶胶感染计划”，并大量使用烈性传染病的病原体，引发系列生物实验室感染事故。苏联生物武器研究基地也曾发生过炭疽杆菌泄漏事故，导致上千人伤亡。为确保生物实验室安全，减少实验室事故的发生，美国、英国、加拿大及苏联等自 20 世纪 60 年代开始高度重视生物实验室的安全问题，并相应建造了不同等级的生物安全实验室。2001 年的“炭疽”事件及 2003 年 SARS 疫情暴发以后，各国也加快了生物安全实验室的建设速度。

目前，美国已经在全球建立了规模庞大、种类繁多的生物实验室网络。据美国疾控中心、国土安全部、国防部等网站资料显示，仅美国疾控中心就有 1700 多名科学家在 200 多个尖端生物实验室工作，美国国土安全部科学技术局下设 4 个与生物相关的实验室，美国国防部下属涉及生物技术研究与开发的实验室更是不胜枚举。根据世界卫生组织 2004 年公布的《实验室生物手册》（第 3 版）对感染性微生物的相对危害程度及生物安全实验室等级的定义，生物安全实验室划分、用途及对安全设施的要求大致如下表。[1]

微生物危险等级	生物实验室等级	实验室用途	安全设施要求
1级（无或极低的个体和群体危险）	BSL-1 生物安全实验室（P1 实验室）	基础教学、研究。实验人员可处理较多种类的普通病原体，例如犬传染性肝炎，以及对非传染性的病菌与组织进行培养。	不需要特别保护措施。
2级（个体危险中等，群体危险低）	BSL-2 生物安全实验室（P2 实验室）	初级卫生服务；诊断、研究。实验人员能操作致病微生物，如肝炎病毒、沙门菌、腮腺炎病毒、麻疹病毒、抗药性金黄色葡萄球菌等。	开放实验台、生物安全柜。实验室感染概率高，后果一般不严重。
3级（个体危险高，群体危险低）	BSL-3 生物安全实验室（P3 实验室）	临床、诊断、教学、科研、或生产药物设施，可专门处理本地或外来的病原体，且这些病原体主要通过呼吸渠道给人类造成严重甚至是致命性危害。但是在此类病毒面前，人类已经找到治愈手段。如炭疽杆菌、结核杆菌、利什曼原虫、西尼罗河病毒、委内瑞拉马脑炎病毒等。	需配置生物安全柜和其他所有实验室工作所需要的基本设备。操作人员必须经过专业、具体的培训，且必须接受专业人员的监督。

1 章欣：《生物安全 4 级实验室建设关键问题及发展策略研究》，中国人民解放军军事医学科学院 2016 年版。

续表

微生物危险等级	生物实验室等级	实验室用途	安全设施要求
4级（个体和群体危险均高）	BSL-4 生物安全实验室（P4 实验室）	专门处理烈性传染病和未知高危病原体的研究，该类病原体可能造成经由气溶胶传播，而且人类至今仍未找到任何已知的疫苗或治疗方法，如阿根廷出血热与刚果出血热、埃博拉病毒、马尔堡病毒、拉萨热、天花病毒等。	在安全等级方面有着极高极特殊的要求和标准。比如，在此类实验室中进行操作，必须强制性地穿着独立供氧的正压防护衣。实验室出入口配置多个淋浴设备、真空室与紫外线室，及其他旨在摧毁所有的生物危害痕迹的安全防范措施。

< 生物安全标志

美国科学家联合会2020年2月发布的统计数据显示，美国迄今有13家正在运行、扩建或规划中的P4实验室，还有多达1495个P3实验室。此外，美国近20年来打着生物防御的名义，在全球各地“广撒网”，不断完善海外生物安全体系。据独立新闻调查机构Armswatch在2019年6月披露的数据显示，美国军方在全球多地设立了生物实验室，秘密研制生物武器。中东、东南亚、非洲地区，甚至格鲁吉亚、乌克兰等国家，都有美国伸出的“触角”。俄罗斯官方也认为，美国的秘密生物实验室遍布苏联加盟共和国及周边的27个国家，数目庞大。据证实，美国仅在乌克兰就有15家生物实验室，在格鲁吉亚设有3家实验室和11家小型研究所的研究网络。在新冠肺炎病毒肆虐的形势下，美遍布全球的生物安全实验室引发了巨大争议，其安全性和透明度遭到世界多国的强烈质疑。

2020年3月，来自伊朗的上百名专门研究肺病、传染病、过敏症和哮喘等疾病的医生联名，向巴基斯坦、阿富汗、格鲁吉亚、伊拉克、吉尔吉斯斯坦、哈萨克斯坦6国的元首致信提出，希望他们能够采取措施关闭甚至摧毁所在国的美军生物实验室。

2020年3月，据韩国《统一新闻》报道称，驻韩美军在韩国首尔龙山、釜山、群山和平泽4个美军基地设立了秘密生化武器实验室，从事炭疽杆菌、肉毒梭菌、葡萄球菌和蓖麻毒素研究等高危生物实验。仅在2009—2014年，这些实验室已经进行了

美国国防部“生物协同计划”活动范围

欧洲	亚洲	非洲
乌克兰	格鲁吉亚 亚美尼亚 阿塞拜疆 哈萨克斯坦 约旦 伊拉克 阿富汗 老挝 越南 泰国 柬埔寨 马来西亚 菲律宾	塞内加尔 坦桑尼亚 几内亚 南非 利比里亚 科特迪瓦 喀麦隆 乌干达 肯尼亚

多达 15 次的炭疽杆菌实验，并且一直向驻韩美军提供活性炭疽杆菌标本。为了美化和掩盖美军在韩国进行生化试验的真实目的，美国自 2013 年在韩国启动“驻韩美军联合门户集成威胁识别（JUPITR）”项目。美国宣称其实验室活动是为了地区安全而引进，其防御检测系统也非常安全，但显然并未减少韩国民众的担忧和质疑。韩国疾病管理部门还曾披露消息称，韩国海关人员 2019 年 1 月曾发现美军没有经过韩国任何法律的许可和申报程序，就将多种武器级别的病毒细菌样本送进釜山、群山、乌山等

驻韩美军基地。[2]

2020 年 6 月 9 日，韩国市民团体“韩美不平等驻军地位协定修改国民联带”等在韩国国会大楼前召开记者会，敦促韩国政府“立即关闭威胁国民安全的美军炭疽杆菌等细菌实验室”，并表示韩国民众对驻韩美军在基地内设立细菌实验室感到十分担忧。韩国民众指责驻韩美军公开为细菌实验室以及细菌实验项目招聘工作人员的做法严重违反了《禁止生物武器公约》，严重威胁韩国国家安全及市民健康。[3]

2020 年 6 月 23 日，一个名叫“有意识的乌克兰”的社会组织向乌克兰基辅地区行政法院起诉乌克兰卫生部、外交部和以美国驻乌克兰大使馆为代表的美国国防部，要求行政法院判处美国在乌克兰设立的 15 个生物实验室为非法运营，并要求政府向社会公开这些实验室的具体信息和现状。乌克兰议会党派领导人维克多·梅德维丘克、议员列纳特·库吉明在该党网站上联名致信乌克兰总统、卫生部部长、国家安全局局长等高级官员，请求确认美国在乌克兰设立生物实验室并受美国防部控制监督的事实，

---

2 《驻韩美军建立多个生物实验室 韩国多个市民团体要求关闭实验室》，央视新闻网，2020 年 6 月 9 日，http://m.news.cctv.com/2020/06/09/ARTI3JSGKOo5crPDKYpgjEuZ200609.shtml。

3 《驻韩美军建立多个生物实验室 韩国多个市民团体要求关闭实验室》，央视新闻网，2020 年 6 月 9 日，http://m.news.cctv.com/2020/06/09/ARTI3JSGKOo5crPDKYpgjEuZ200609.shtml。

还要求说明建立实验室的理由。他们怀疑乌克兰国内曾经暴发的各种疾病很可能与美军实验室有关。[4]

在众多美军海外实验室中，位于格鲁吉亚首都第比利斯的卢加尔中心（Lugar Center）近年来更是引起了国际社会的广泛关注。资料显示，该实验室建于 2007 年，2011 年开始投入使用，目前处于独立运营状态。2015 年，俄罗斯外交部质疑美国陆军利用格鲁吉亚卢加尔中心从事极具危险性的传染病研究。俄媒披露格鲁吉亚国家安全部门的文件指出，卢加尔中心曾“把志愿者当作实验室豚鼠”，用来测试致命毒素。据统计，2015—2016 年间，共有 73 名参加测试的志愿者死亡。2018 年，俄罗斯国防部官员怀疑，美国“似乎在格鲁吉亚秘密运行生物武器实验室”，违反了国际公约，严重威胁俄罗斯及周边国家的安全和民众健康。俄罗斯辐射、化学和生物防护部队司令伊戈尔·基里洛夫当时指出，俄罗斯南部一些高传染性疾病的传播可能与卢加尔中心有关。[5] 俄罗斯外交部 2020 年 5 月再次强调，虽然俄方提出了质询，但美国一直没有提交卢加尔中心军民两用活动情况信息。

---

4 《美在乌建 15 个生物实验室 乌法院或启动行政诉讼程序》，法制网，2020 年 7 月 13 日，http://www.legaldaily.com.cn/international/content/2020-07/13/content_8244838.html。

5 《美国全球生物实验室在干啥》，新华网，2020 年 7 月 2 日，http://www.xinhuanet.com//globe/2020-07/02/c_139158068.htm。

美国海外生物实验室遭多国强烈质疑，与美国一直以来阻止重启《禁止生物武器公约》核查议定书谈判的行为有关，与其频繁发生的实验室事故也脱不了干系。据美国媒体《今日美国报》披露，美国本土的生物实验室自 2003 年以来发生了数百起生物事故，并潜在地造成接触者感染致命病毒后向社区扩散的风险。

2013 年 3 月，美国得克萨斯大学医学院发表声明，证实其下属的加尔维斯顿国家实验室丢失 1 瓶可能导致出血热的瓜那瑞托病毒。

2014 年 3 月，美国疾控中心的实验人员在培养一种低致病性流感病毒时，意外混入了 H5N1 型高致病性流感病毒。

2014 年 6 月，美国亚特兰大市疾控中心的一家生物实验室因为操作程序失误，没有适当将活炭疽杆菌样本进行消灭，就将样本提供给安全防护级别更低的其他实验室使用，致使近百名工作人员接触到活性炭疽杆菌。

2014 年 7 月，美国国立卫生研究院在马里兰州贝塞斯达市一个实验室内发现了 6 个存有天花病毒的玻璃瓶。随后在美国联邦调查局和当地警方帮助下，美国疾控中心工作人员将天花病毒样本运往亚特兰大市疾控中心的一家 P4 实验室。经过检测，其中两瓶样本被检测到仍有活性。[6]

在近年美国生物实验室发生的事故“黑暗史”中，位于马里兰州德特里克堡的美国陆军传染病医学研究所，一直处于舆论漩涡的中心。资料显示，美国陆军传染病医学研究所于1943年建立，最开始的用途是专门在第二次世界大战中开发和储存美国中央情报局执行任务所需要的毒药。目前，该研究所是美军最重要的生物防御技术研究机构之一，储存有埃博拉病毒等致命的“特定生物制剂与毒素”。2019年6月，美国疾控中心在对美国陆军传染病医学研究所进行检查时发现，该研究所在安全方面存在诸多“标准操作程序偏差”，威胁着实验室工作人员的生命健康。2019年7月，疾控中心正式向该研究所发出“停产令”，要求其暂停所有“特定生物制剂与毒素”研究，并按要求进行整顿。2019年11月，经过4个月的沟通和整改，疾控中心经“现场检查”后，允许该研究所恢复相关研究，但规定实验人员在特定实验室进行操作，必须经过严格的培训，且必须经过军方高层及疾控中心的批准。

在疫情持续蔓延、质疑声音不断的情况下，美军实验室突然关停和重新开放更加难以服众。2020年3月10日，美国网民在

---

6 《美实验室安全事故频出敲响警钟》，科学网，2014年7月28日，http://news.sciencenet.cn/htmlnews/2014/7/299797.shtm。

白宫请愿网站“我们人民（WE the PEOPLE）”发起请愿贴，要求美国政府公布 2019 年 7 月关闭德特里克堡生物实验室的真正原因，以澄清该实验室是否是新型冠状病毒的研究单位，以及是否存在病毒泄漏问题。

血的教训

在电影《生化危机》中，一家研究生化武器的公司发生了病毒泄露，导致所有感染病毒的人都变成了僵尸。而电影《惊变 28 天》里则讲述了动物保护组织的成员不慎释放了实验室中一批携带病毒的大猩猩。随后一种传染速度极快，且可以令传染者处于永久杀人状态的病毒迅速扩散，导致繁华的伦敦市于短短 28 天内变成一座死城……这些虚构的、可怕的好莱坞大片情节也许离人类很遥远，但 20 世纪以来生物实验室发生的多起“病毒泄露”事故却严重威胁着人类的生命健康。

德国马尔堡病毒实验室感染事件

1967 年 8 月，德国马尔堡小镇的一个实验室里有职员忽然出现高热、腹泻、呕吐、大出血、休克和循环系统衰竭等症状。随后，法兰克福和贝尔格莱德（当时的南斯拉夫首都）的实验室亦出现类似患者。病毒学家随后快速展开调查，但直到事发 3 个月后，才找到罪魁祸首。科学家发现，该疾病是由一种危险的新病毒引发，外形如蛇形棒状，由猴类传染给人类。恰巧的是，这 3 个发生事故的生物实验室都曾使用过来自乌干达的猴子，进行脊髓灰质炎疫苗的研究开发。世界卫生组织数据显示，1967 年的首次马尔堡病毒疫情共造成 32 人感染，其中 7 人死亡。

据世界卫生组织介绍，在 1967 年德国马尔堡和法兰克福以及南斯拉夫首都贝尔格莱德因输入受感染乌干达绿猴而暴发的疫情中，首次确认了马尔堡病毒病（以往称为马尔堡出血热）。该病毒属于人类已知的、最具传染性和危险性的病原体之一。由马

< 蝙蝠是多种致命病毒的传播凶手之一

尔堡病毒引发的疾病虽极为罕见，但暴发潜力剧烈，且病死率非常高。马尔堡病毒引致的疾病伴有严重头痛和严重不适，多数患者在5—7天内出现严重出血。致命病例通常出现某种形式的出血，经常是多个部位出血。在1967年最初暴发的与实验室有关的疫情中，病死率为25%；而1999—2000年在刚果民主共和国和2005年在安哥拉暴发的疫情中，病死率高达80%以上。马尔堡病毒传播渠道主要是与受感染人的血液、体液和组织直接接触，或处理生病或死亡的受感染的野生动物（如猴子和果蝠等）也可传播马尔堡病毒。一般以支持性治疗为主要治疗手段。[7]

H2N2流感病毒样本丢失风波[8]

2005年3月26日，加拿大国家微生物实验室意外发现，收到的一些微生物样品实质为致命病毒，且该病毒是早在1968年就已经退出“历史舞台”的H2N2流感病毒。4月8日，该实验室向世界卫生组织和美国疾控中心就此发出通报。后经证实，美国病理学家协会委托的公司由于操作失误，将该毒株样品发送到18个国家和地区的3747个实验室，险些酿成严重的生物事故。

---

7 《马尔堡病毒》，世界卫生组织网站，https://www.who.int/csr/disease/marburg/zh/。

8 《全球紧急销毁致命病毒样本 世卫称扩散几率不大》，新浪网，2005年4月15日，https://news.sina.com.cn/w/2005-04-15/02045652812s.shtml。

4 月 13 日，世界卫生组织向世界各地相关的实验室发出立即销毁 H2N2 流感病毒样品的警报。为防治流感病毒的大规模暴发，有关国家的实验室接到世界卫生组织通报后，迅速销毁了收到的 H2N2 流感病毒样本。

据欧洲媒体披露，该样品同时寄发给了全世界数千个研究单位，但是仅有加拿大国家微生物实验室发现了问题。原因在于大多数单位在收到样本后没有立即进行病毒的分离和识别工作。在所有收到流感病毒样品的实验室中，约 90% 的实验室位于北美洲，其中大多数在美国。这次 H2N2 流感病毒事件风波发生后，世界卫生组织官员通过媒体再次提醒：各国有关部门要加强对生物安全实验室的管理，并特别强调高危病毒毒株应当由国家实验室集中保管；科研人员的操作必须严格遵守生物安全规定和实验室专门的规则和程序；未经过培训的人员不得接触毒株和样本等。

全球多地实验室发生 SARS 感染事件

2003—2004 年，世界多地曾相继发生实验室感染 SARS 病毒事件。

一是新加坡环境卫生研究院实验室。2003 年 9 月，新加坡一名 27 岁的研究人员因发热到新加坡中心医院就诊，后被确诊为 SARS 感染。该研究人员曾在新加坡环境卫生研究院实验室从事相关研究。经过调查发现，本次事故原因在于：第一，新加坡环境卫生研究院实验室只具有 P2 实验室的生物安全设备，不具备 P3 实验室安全标准的病毒样本储存系统、消毒措施、进出实验室的保安系统等。但该研究院却设立了用来进行更具危险性病毒研究的实验室。第二，该实验室人员在同一时间处理多种不同的活性病毒研究，极大地增加了生物安全方面的复杂程度和泄漏风险。因实验过程处理不当，最终导致西尼罗病毒样本与 SARS 病毒在实验室里交叉感染。第三，科研职员疏忽、安全意识不到位。为了安全起见和避免类似事件重演，新加坡当局决定销毁所有在实验室的 SARS 病毒样本。新加坡环境卫生研究院也停止从事任何需要 P3 实验室生物安全措施的研究，包括有关 SARS 病毒的研究。[9]

二是台湾军方实验室。2003 年 12 月，台湾地区预防医学研究所一名实验人员在处理实验室运输舱外泄废弃物的过程中，因操作疏忽，感染上 SARS 病毒。该实验室位于台北县三峡，设立在岩穴中，是台湾地区唯一的 P4 生物安全实验室，被誉为台湾地区生化资源的重镇，拥有台湾地区最顶尖的实验设备。泄露事故发生后，台湾当局关闭了岛内 P3 级以上的实验室，并进行了

---

9 《新加坡环境卫生研究院将停止非典病毒研究》，新浪网，2003 年 9 月 24 日，http://news.sina.com.cn/w/2003-09-24/0955810732s.shtml。

两次彻底的环境消毒，要求对所有设备进行详细检验，所有实验室人员均需重新参加防护训练，且经过考试认证。经过调查和事故原因分析表明，该研究人员在实验室内进行操作时，未能严格遵守相关规章制度，导致SARS病毒泄漏，发病后没有主动通报，并且还前往新加坡开会，其一连串的错误最终酿成严重后果。此外，根据世界卫生组织的调查，台湾地区P4生物实验室的专业人手不足，科研职员经常单独工作。此外，实验室职员虽接受了安全培训，但缺乏足够的监管以确保实验人员真正遵守规章。[10]

黑龙江某大学高校师生感染布鲁氏菌病事件

2010年12月19日，黑龙江某农业大学动物医学学院28人相继确诊感染了布鲁氏菌病，其中包括27名学生、1名教师。布鲁氏菌病是一种人畜共患疾病，在传染病防治法中被列为乙类传染病。该病的潜伏期短则一周，长则可达一年，多为两周左右。临床症状主要表现为发热、多汗、关节痛、乏力，体征可出现睾丸肿大、肝脾肿大。经过调查分析发现，此次事故的主要原因在于相关教师在实验教学中违反了相关规定：第一，购买实验山羊

10　《实验室SARS病毒泄漏事故回顾》，科学网，2014年7月25日，http://news.sciencenet.cn/htmlnews/2014/7/299630.shtml。

时，未要求养殖场出具检疫合格证明；第二，实验前未对实验山羊进行现场检疫；第三，在指导学生实验过程中，未能严格要求学生遵守操作规程及有效防护。[11] 事故发生后，该校立即对已发生疫情的2个实验室进行全面消毒，并查封停止使用。此后，学校按照实验课的开课日期对所有以山羊为实验动物，以及在被污染实验室做过实验的181名学生进行了全面排查，未发现感染该病。这一严重事件为全国高校的实验室生物安全敲响了警钟。

为何生物实验室事故频发

从以上各国发生的生物实验室事故中可以看出，既便有先进的设备、高标准的流程，生物安全实验室事故还时有发生，其中的原因值得反思。

一是实验室本身的原因。实验室集中了大量的仪器设备、危险病原体等，各个环节稍有不慎就有可能造成泄漏。首先实验室设备如果维修保养不到位，或损坏后未能及时更换，则容易导致交叉感染。以设备故障为例，如灭菌器循环没有顺利完成或不足

---

11 《东北农大多学生感染布病 高校实验室安全谁监管？》，中华人民共和国中央人民政府网，2010年9月6日，http://www.gov.cn/jrzg/2011/09/06/content_1940936.htm9。

以完全净化潜在的生物药剂，那么活菌株可能发生转移。如果没有安装规定的合适的灭菌器，也可能发生交叉污染。其次是密封泄漏的问题，P4 生物实验室设备需要将一个集成的生物密封与灭菌器结合在一起，如果密封性不够，不足以应对正在处理的物料或有泄漏，则可能在安全区域之间发生交叉污染。最后是物料转移的问题。合理设计的直通型灭菌器门有互锁装置，可以保证正常的物料流动，一次只允许打开一扇门并只在完成灭菌循环后才打开。如果出现故障或者两扇门同时打开，则两个封闭区域之间可能发生直接交叉污染的风险。[12]

二是实验人员方面的原因。如果实验室对实验研究人员或学生的安全培训指导不到位，对设备设施物品等缺少日常点检，对人员防护用品的佩戴以及实验室安全条件缺少定期安全检查，人员安全素质、安全意识、应急处置能力普遍偏低等，都可能导致生物实验室事故的发生。2013 年《科学》杂志网站发布的一项调查显示，86% 的科学家认为自己所在的实验室是安全的，然而一半人都经历过不同形式的实验室伤害。大约 2400 名科学家参加了这项调查，他们大多来自美国和英国，还有部分受访者来自欧洲、中国和日本。调查结果还显示，30% 的受访者曾经目睹

12 《生物安全设施交叉污染的三大原因》，https://www.getinge.com/cn/Insights-and-Results/life-science/top-3-causes-of-cross-contamination-in-biosafety-facilities/。

至少一次“重大”实验室伤害，超过 1/4 的年轻研究人员曾经受伤，并且未向上级报告。此外，只有 60% 的受访者表示曾经接受过相关安全培训，了解自己的研究可能存在的风险或接触到有毒有害试剂。[13]

高等级病原微生物实验室在应对新发或突发传染病、应急处置突发公共卫生事件、研发创新药物、防范生物战争和生物恐怖袭击中扮演着十分重要的角色。随着新兴技术与生物学的融合发展，传统安全与非传统安全叠加共振，各种“生物事件”在全球范围内频频发生，全球生物安全面临着日益严峻和复杂的态势。为提高生物安全能力，占领新兴生物技术发展的制高点，世界各国已经将高等级生物安全实验室的建设作为提升国家战略能力的重要手段，同时加大了对高危烈性病原体的研究。根据俄罗斯国防部网站显示，美国陆军出资在世界上多个国家设立了 200 多个生物实验室，并委托这些实验室进行高危病毒及其传播介质的研究。针对近年出现的生物安全实验室事故，美国疾控中心还提出了一系列的整改措施，包括禁止生物样本离开生物安全防护级别较高的实验室；任命专员并成立高级别工作组，负责改进实验室安全规定、规范及程序；改进细菌或病毒灭活的相关程序；计划

13 Safety survey reveals lab risks, Jan 2,2013. https://www.nature.com/news/safety-survey-reveals-lab-risks-1.12121.

成立一个外部咨询小组；利用事故管理系统，提高事故反应速度；惩处故意违反安全规定或者迟报、瞒报、漏报的人员等。[14]

防患于未然

近年来，随着各种传染性疾病在全球范围内的暴发、蔓延、扩散，生物安全实验室在应急处置、强化国家生物安全水平及提升生物科技竞争力方面的作用和地位日益突出。为了减少实验室生物风险和实验室生物危害，世界卫生组织和各国政府在不断探索完善实验室管理的制度和机制。

1983 年，世界卫生组织发布了《实验室生物安全手册》(第 1 版)，鼓励各国针对生物实验室制定具体操作流程，并提供专家指导。随着生物安全实验室的发展，世界卫生组织于 1993 年和 2003 年分别发布了《实验室生物安全手册》第 2 版和第 3 版。最新版本的手册中详细列举了病原微生物及实验室的分级标准、实验操作流程、安全设施要求等，具体阐述了生物意外事故的预防、生物安全的组织和培训，并增加了重组 DNA 等新兴生物技

14　《美政府生物实验室连曝安全事故》，新华网，2014 年 7 月 12 日，http://www.xinhuanet.com/world/2014-07/12/c_1111582866.htm。

术的利用和感染性物质的运输等，为世界各国加强生物实验室的管理提供有了有益的参考。2006 年，世界卫生组织发布《生物风险管理：实验室生物安保指南》，重点针对实验室可能面临的生物恐怖威胁提出解决方案。而美国疾控中心和国立卫生研究院联合发布的《微生物和生物医学实验室生物安全》是国际公认的比较详细的实验室生物安全操作指南。加拿大公共卫生局出版了《加拿大生物安全标准和指南》《实验室生物安全指南》等，为政府、企业、高校、医院及其他公共卫生和微生物实验室提供管理指导。欧洲多国也制定了相应的标准，对生物因子的危害程度进行划分，促进生物安全实验室的管理。综合来看，各国在加强生物安全试验管理方面有着明显的共性。

一是建设生物安全国家实验室。面对严峻和复杂的生物安全态势，美国先后推出生物盾牌、生物监测和生物传感三大计划，并且以高等级生物安全 4 级实验室为核心，筹建国土安全、人口健康、动物卫生等领域的国家生物实验室，分别是隶属于国土安全部的国家生物防御分析和应对中心、国家生物和农业防御设施，隶属于卫生与公众服务部的波士顿大学国家新发传染病实验室和加尔维斯顿国家生物安全实验室。法国、英国、加拿大、澳大利亚等国家也纷纷跟进。如法国里昂的让・梅里厄实验室、加拿大人类及动物健康科学中心、澳大利亚动物健康实验室等都是世界著名的生物安全国家实验室。[15]

二是将国家生物安全实验室管理纳入国家战略规划，并以高等级生物安全实验室为主，建立实验室网络体系。例如，美国已建立多个高等级生物安全实验室体系，不同实验室隶属于不同部门，均明确划定了职能分工。美国应急医学检验室网络由美国疾控中心负责指导运作，而美国国家生物安全实验室体系和地区生物安全实验室体系由美国国立卫生研究院提供经费支持。美国应急医学检验室网络分成三级结构，第一级是三个高等级生物安全实验室，负责核实和确认重大传染病病原体，对全国检验实验室网络的专业技术人员开展培训；第二级和第三级分别由 150 个和 25000 个检验实验室组成，负责快速诊断并向上级实验室提交数据。美国国家生物安全实验室体系由两家 4 级实验室组成，负责开展病原体基础研究，为国家快速动员和应对突发公共卫生事件提供资源和信息支持。[16]

三是实行分类管理。目前，美国国家实验室分成三种管理方式。第一种是政府拥有、政府直接管理运行的实验室，主要用于

15　马丽丽、陈晓晖、吴跃伟、陈逗逗、刘欢：《依托大科学设施的生物安全国家实验室建设经验与启示》，《科技进步与对策》，2019 年 1 月第 36 卷第 2 期，第 20—27 页。

16　杨旭、梁慧刚、沈毅、徐萍、袁志明：《关于加强我国高等级生物安全实验室体系规划的思考》，中国科学院院刊，2016，31(10)：1248—1254。

探索性和保密性工作，研究领域相对较窄。第二种是由政府拥有资产，政府委托承包商管理的国家实验室。承包商一般来自大学、学术界和企业界。第三种是政府提供资助，与大学或企业界共同建设的国家实验室，属于承包商拥有并直接管理。[17] 西方发达国家的国家实验室运行经费主要来自政府的拨款资助，其实验室内部大多实行董事会领导下的主任负责制，部分国家实验室还另外设立咨询委员会，提供科学决策建议。

四是建立完善严格的培训体系。西方发达国家的生物安全国家实验室都已制定标准化的 P4 实验室安全管理条例、规范化的安全操作指南及严格的人员安全培训体系。[18] 例如，美国在培训前评估、理论培训、实践培训、培训后评估与资格认证及继续教育培训等环节上已经形成了一套完整的流程，在培训中特别强调提高实验室工作人员的生物安全意识，要求聘请专业的生物安全培训师、保证培训设备的完善等。美国在生物安全实验室人员培训方面，还引入了监督与再培训机制，以此保证和巩固培训实效，尽可能减少实验室意外事故的发生。

17　马丽丽、陈晓晖、吴跃伟、陈逗逗、刘欢:《依托大科学设施的生物安全国家实验室建设经验与启示》,《科技进步与对策》2019 年 1 月第 36 卷第 2 期，第 20—27 页。

18　魏强、武桂珍:《美国与欧洲实验室生物安全专业能力要求的对比分析》,《军事医学》2013 年第 37 卷第 1 期，第 43—46 页。

我国高度重视生物安全实验室的建设和管理，并不断完善相关规章制度。如2004年11月12日首次公布《病原微生物实验室生物安全管理条例》，2016年2月6日进行第一次修订，2018年3月19日进行第二次修订，当前正进行第三次修订。2004年，我国发布了《国家高级别生物安全实验室建设规划》，为我国的烈性与重大传染病防控、生物防范和产业发展、保障我国生物安全提供重要支撑。

2016年11月30日，国家发展改革委、科技部联合编制《高级别生物安全实验室体系建设规划（2016—2025年）》，提出要充分把握新形势下经济社会发展的新要求，加快建设合理布局、功能完善、统筹管理、高效运行的国家高级别生物安全实验室网络体系。该文件将健全实验室管理体系，加强对实验室生物安全防护的质量控制和全过程监管，完善实验室生物安全、菌（毒）种保藏、储存运输相关规范和操作流程，落实安保设置措施，制定实验室生物安全事故应对和处置预案列为了重点任务之一，为我国生物安全实验室的管理提供重要的指导。

2020 年 10 月 17 日，第十三届全国人民代表大会常务委员会第二十二次会议通过《中华人民共和国生物安全法》，进一步筑牢了我国生物安全实验室管理的法律屏障。其中，第四十二条至第五十二条严格规定了病原微生物实验室生物管理原则，明确提出设立病原微生物实验室需要批准或者备案，在分级管理制度下，限制各级实验室的相应活动。

在总体国家安全观的指导下，我国生物安全实验室的建设和发展将向更加法治化、规范化、科学化道路发展！

9

第九章

人与生物多样性

生物多样性[1]既是人类赖以生存的物质基础，也是国家生态安全的绿色基石，更是生态文明建设的根本所在。但由于人类活动对地球和生物圈的影响不断加剧，气候变化、栖息地破坏、外来物种入侵、过度采伐以及环境污染等因素严重影响着地球生物物种的生存，生物多样性正在加速丧失，生物多样性逐步逼近临界，导致生态系统进入危机状态，如不采取有效防范措施，将酿成不可逆的全球生态灾难。

1 《生物多样性公约》界定：生物多样性（Biodiversity）指各种生物之间的变异性或多样性，包括陆地、海洋及其他水生生态系统，以及生态系统中各组成部分间复杂的生态过程。https://www.un.org/zh/documents/treaty/files/cbd.shtml,1992.

文明发展的基础

在我国江西万年县仙人洞吊桶环遗址的一次发掘中，考古人员发现了世界上最早的水稻植硅石，这一重大考古发现将世界稻作起源由7000年前推到了12000—14000年前，[1]揭开了人类稻作文化历史的崭新一页。考古证据表明，[2]长江流域在新石器时代广泛存在以水稻为主要植物资源的采集或栽培活动，最早发源于长江中游地区的稻作逐步向周边地区传播发展，稻作农业有力地推动了长江流域农耕文明的繁荣。

长江之所以成为世界著名的农耕文明起源中心之一，与该流域丰富的生物多样性高度相关。长江流域拥有青藏高原高寒江源湿地、川西高山峡谷地区、两湖平原湿地区域以及长江河口湿地等众多具有国际影响力的生物多样性热点区。[3]生物多样性热点区又孕育了长江流域森林、草地、灌丛、湿地、荒漠以及农田、

1 首都博物馆：《长江文明》，北京燕山出版社2008年版。

2 首都博物馆：《长江文明》，北京燕山出版社2008年版。

3 赵耀、陈家宽：《长江流域农作物起源及其与生物多样性特征的关联》，《生物多样性》2018年第4期，第333—345页。

城市等多种生态系统类型。生态系统类型的多样化与生物物种的多样化相辅相成。长江流域拥有高等植物 14000 余种，高等动物 1300 余种，流域物种占我国现有物种总数的 70% 左右。[4] 产于中国的 124 种农作物中，由长江流域农耕文明选育与利用的作物占 46.8%。[5] 因此，长江流域的农耕文明建立在流域丰富的生物多样性资源基础之上。

丰富的生物多样性也是孕育悠久中华文明的基石。由于中国地域辽阔，气候与地形特征复杂，造就了极为丰富的生物多样性资源。中国是全球 12 个生物多样性最丰富国家之一，[6] 也是北半球高纬度生物多样性最丰富的国家，水杉、银杏、银杉被称为“活化石”，大熊猫、白鲟豚等都是中国特有的生物物种。这些独有的生物物种资源，源于中国丰富的陆生生态系统和海洋与淡水生态系统，[7] 多样的生态系统与丰富的生物多样性资源共生共存，为长江文明、黄河文明的发源奠定了坚实的基础。

---

4 WWF: Atlas of Biodiversity and Conservation in the Yangtze River Basin. Science Press, Beijing. (2011).

5 赵耀、陈家宽:《长江流域农作物起源及其与生物多样性特征的关联》,《生物多样性》2018 年第 4 期，第 333—345 页。

6 中国环境科学研究院生物多样性研究中心:《生物多样性知识 200 问》, 2015 年 5 月。

7 中国环境科学研究院生物多样性研究中心:《生物多样性知识 200 问》, 2015 年 5 月。

再从世界文明发展的历程看，生物多样性是人类文明赖以生存和发展的基础，人类的健康、食物、燃料和生产生活资料等都来源于大自然的馈赠。没有极为丰富、健康的生物多样性和生态系统服务，自然环境和粮食安全就可能受到严重影响。[8] 大自然生物多样性作用还包括碳封存、生化药品、遗传资源、工业产品、生产性渔业、授粉服务等。[9] 根据联合国粮食和农业组织（FAO）对生物多样性可持续利用的研究，[10] 世界经济发展大约有40% 来自生物资源的直接或者间接利用。没有生物多样性的资源保障，人类社会生活生存保障就无从谈起。

生物多样性为人类生活提供了基本的生存环境，在地球演化的历史长河中，大量动植物消亡后深埋地下，形成的煤炭、石油、天然气为工业革命发展提供了能源基础，人类利用生物多样性资源将农耕文明发展推进到工业文明时代。

---

8 《全球生物多样性展望》(第四版)，https://www.cbd.int/gbo/gbo4/publication/gbo4-zh-hr.pdf。

9 《政府间生物多样性和生态系统服务科学政策平台 (IPBES) 报告》。

10 《可持续利用生物多样性》，https://www.cbd.int/sustainable/?sec=more。

生物多样性的丧失步伐

每年农历三月二十三日是“妈祖鱼”（中华白海豚）的保护日。中华白海豚（学名：Sousa chinensis）（见下图），又称“印度太平洋驼背豚”，通常生活在西太平洋和东印度洋沿岸浅水区，是中国国家一级重点保护野生动物。

工业文明发展带来的环境破坏导致生物栖息地不断萎缩，大量海洋垃圾、过度捕捞使海洋渔业资源减少，生态系统功能退

> 中华白海豚

化。世界自然保护联盟（IUCN）已将中华白海豚从近危物种升级为易危物种，该物种正面临种群数量减少的严峻挑战。[11]

与中华白海豚一样濒临灭绝的生物物种不胜枚举。由于人类活动的强烈干扰，近代物种丧失速度比自然形成速度快100倍，[12]在《世界自然保护联盟的濒危物种红色名录》（简称IUCN Red List）中已有超过13285个濒危物种[13]。当前，全球每年平均约有50个物种走向下一个濒危等级。[14]世界自然保护联盟警告，当前地球物种灭绝的速度已经相当于史前恐龙大灭绝的时期，甚至有多项研究认为[15]，全球“第六次物种大灭绝”已经到来[16]。生物多样性的大规模退化和物种的灭绝是灾难性的，其影响将从根本上重置地球生物群系的未来进化和生态系统稳定。

11　WWF:《由近危变易危，中华白海豚需要更多爱》,http://www.wwfchina.org/wikidetail.php?id=20。

12　IUCN: Over half of Europe's endemic trees face extinction, 27 Sep, 2019.

13　Maxwell, S.L., Fuller, R. A., Brooks, T. M. & Watson, J. E. M. Biodiversity: The ravages of guns, nets and bulldozers. Nature 536: 143–145 (2016).

14　Hoffmann M, et al. The impact of conservation on the status of the world's vertebrates. Science, 2012, 330: 1503–1509.

15　Barnosky A D, et al. Has the earth's sixth mass extinction already arrived? Nature, 2011, 471: 51–57.

16　David B. Wake, Vance T. Vredenburg. Are we in the midst of the sixth mass extinction? A view from the world of amphibians. PNAS, August 12, 2008 105 (Supplement1) 11466–11473. https://doi.org/10.1073/pnas.0801921105.

生物多样性丧失正威胁着我国的生态安全。根据《中国生物多样性保护战略与行动计划（2010—2030年）》（NBSAP）[17]显示，我国生态安全正面临生物多样性丧失的影响。首先，生物多样性丧失导致生态系统功能不断退化。我国草原退化程度加剧，沙漠化蔓延面积进一步扩大；水体微生物种群的减少威胁内陆淡水生态系统安全；海洋生物种群的减少导致海岸带物种及其栖息地不断丧失，海洋渔业资源减少。其次，生态系统功能退化危及物种生存。[18]我国野生高等植物濒危比例达15%—20%，裸子植物、兰科植物等比例高达40%以上；野生动物濒危程度不断加剧，有233种脊椎动物面临灭绝，约44%野生动物呈数量下降趋势。再次，物种的灭绝危及遗传资源流失。一些农作物野生近缘种的生存环境受到破坏，栖息地丧失，野生稻原有分布点中的60%—70%已经消失或萎缩，部分珍贵和特有的农作物、林木、花卉，畜、禽、鱼等种质资源流失。[19]

生物多样性的丧失不仅是一个生态安全问题，更是关系到一

---

17 中华人民共和国生态环境部:《中国生物多样性保护战略与行动计划（2011—2030年）》，2010年9月17日，http://www.mee.gov.cn/gkml/hbb/bwj/201009/t20100921_194841.htm。

18 《全国生态保护“十二五”规划》，http://www.mee.gov.cn/gkml/hbb/bwj/201301/w020130130527978232875.pdf。

19 《全国生态保护“十二五”规划纲要》，http://www.mee.gov.cn/gkml/hbb/bwj/201611/w020161102409694045765.pdf。

个国家经济、社会、发展、安全等多种因素的国家安全问题。生物多样性的破坏直接影响到土地和农业生产，对粮食安全的冲击将是系统性的。

粮食安全的根基

农业生物多样性是地球的重要资源，为农业生产提供了重要的生态系统服务。如农作物品种、土壤的多样性可帮助植物生长，传粉媒介的多样性可帮助植物繁殖并创造人类生活所需的水果和蔬菜，昆虫的多样性确保了害虫天敌保护农业生产。生物多样性又利于粮食生产，对维系全球农业生态稳定发挥着关键作用。[20] 但随着全球生物多样性的加速丧失，农业安全的根基正在动摇。

食物链断裂威胁全球粮食安全。食物链中至关重要的植物、动物和微生物一旦绝种将无法恢复。研究显示[21]，地球上每灭绝一个物种将会引起 20 多个物种消亡。例如，作为农作物传粉者

---

20 裴盛基：《民族植物学与生物多样性的可持续利用》，《植物分类与资源学报》2013 年第 4 期。

21 中国环境科学研究院生物多样性研究中心：《生物多样性知识 200 问》，2015 年 5 月。

的昆虫消亡造成全球每年2350亿—5770亿美元的农作物面临风险[22]。食物链的多样性丧失使农业生态系统难以复原。

生物多样性丧失会给我国农业安全带来严峻挑战。农田生态系统遭受污染破坏，威胁着我国粮食主产区淮河、长江流域的粮食质量和产量。[23]我国大量使用的杀虫剂对环境和生态系统也造成了影响，减少了生物多样性，特别是减少了杂草和昆虫这些鸟类食物链的重要环节。大量使用的农药在杀灭害虫的同时也消灭了有益昆虫和植物。例如，中国传统种植的大豆品种约有15000种，目前已有90%弃种。[24]生物多样性的下降会影响到与粮食有关的生物体及与育种有关的亲缘植物，并直接影响我国的粮食安全。

加速的“双螺旋”

造成生物多样性加速丧失的原因除环境因素外，另一个驱动

22 Kate Brauman.Selected findings from the IPBES Global Assessment on Biodiversity and Ecosystem Services House Committee on Space, Science and Technology Nature in Crisis: Biodiversity Loss and its Causes, June 4, 2019.

23 田波:《保护生物多样性促进粮食安全》,《农业环境与发展》2008年第2期。

24 黄伟伟:《保护种质资源关乎中国粮食安全》,《食品安全导刊》2015年第8期。

变量就是全球气候变化带来的连锁效应。不断加剧的气候变化正成为生物多样性损失的“强催化剂”；而生物多样性丧失又改变了自然适应气候变化的能力，反过来加速全球气候变化的步伐。二者如同“DNA 双螺旋”正加速改变人类自然演化的进程。

早在新石器时代，黄河流域的生态要素比长江流域更有利于文明的发展。[25] 但随着气候变化与人类活动的加剧，黄河流域生态环境急速恶化，而长江流域生态要素配置变得更为合理。加上历史等因素，中华文明的核心区在近一千年来逐渐转到长江流域，促使南方的农耕文明进一步走向成熟。[26] 从历史地理的视角来看，气候变化通过影响流域生态环境进而导致文明重心的迁移，其中微观机制就是气候变化对生物多样性的破坏。[27]

如今，气候变化正在成为全球生物多样性锐减的重要因素。[28] 气候变化会对生物遗传变异、物种丰富性和种群及生态系

---

25 赵耀、陈家宽：《长江流域农作物起源及其与生物多样性特征的关联》，《生物多样性》2018 年第 4 期，第 333—345 页。

26 刘旭：《中国作物栽培历史的阶段划分和传统农业形成与发展》，《中国农史》2012 年第 2 期，第 3—16 页。

27 Hooper, D., Adair, E., Cardinale, B. et al. A global synthesis reveals biodiversity loss as a major driver of ecosystem change. Nature 486, 105–108 (2012). https://doi.org/10.1038/nature11118.

28 Thomas, C., Cameron, A., Green, R. et al. Extinction risk from climate change. Nature 427, 145–148 (2004). https://doi.org/10.1038/nature02121.

统产生不利影响。有研究显示[29]，在陆地和淡水系统中，物种分布、物候、种群动态、物种组合、生态系统的结构和功能等变化都在加速，有 47% 的陆地哺乳动物受到威胁，23% 的鸟类已改变物种分布，就连苔原和针叶林生态系统及格陵兰岛等很少受人类直接影响的地区，也正日益受到气候变化的影响。

除陆地以外，生物多样性损失在海洋中非常明显，其中维系海洋生物多样性稳定的珊瑚受气候变化影响最为显著[30]。珊瑚是所有海洋群落中最古老、最多产、生物多样性最强的生物，全球有 5 亿人依赖珊瑚礁作为蛋白质获取和收入的主要来源。由于人类排放的温室气体的热量有 93%“储存”在海洋中，温升导致珊瑚失去共生藻类而“饿死”，藻类死亡后露出白色石灰石骨骼被称为“珊瑚白化”。过去 30 年，全球范围内有 50% 的珊瑚死亡，预计到 2040—2050 年，大多数珊瑚礁将消失，构成其丰富生物多样性的绝大多数物种也将随之消失。[31] 珊瑚礁的破坏威胁

29 Robert Watson, An Overview of the IPBES Global Assessment on Biodiversity and Ecosystem Services: Highlighted Findings. https://science.house.gov/imo/media/doc/Watson%20Testimony.pdf.

30 Robert Watson, An Overview of the IPBES Global Assessment on Biodiversity and Ecosystem Services: Highlighted Findings. https://science.house.gov/imo/media/doc/Watson%20Testimony.pdf.

31 James W. Porte. Congressional Testimony on the IPBES Assessment of Global Biodiversity Loss. https://science.house.gov/imo/media/doc/Porter%20Testimony1.pdf, 4 June,2019.

到海洋生命的基本延续能力，海洋珊瑚岛礁的消亡还引发海上主权争议岛礁的纠纷。

气候变化正使得东太平洋厄尔尼诺现象变率增强，这将引起长江径流量的变化和海洋环境的改变，[32] 导致浙江近海鲐鲹类产卵场的时空错位，并对鲐鲹类幼鱼的生长发育造成影响。全球暖化对水域生态系统结构和功能的长期影响将成为世界渔业下滑的主要因素之一。[33] 海洋渔业资源分布的变迁将引发新的海洋资源争夺，加剧海洋地缘政治博弈。

由于气候变化日益严峻，对生物多样性和生态系统功能产生的影响将随着全球变暖程度而加剧。多项研究估计，[34] 地球气候升温 2℃时面临灭绝风险的物种比例为 5%；如果人类遵循目前的惯常轨迹，气候变化将使得全球 1/6 的物种（16%）受到灭绝风险。[35]

---

32 洪华生、何发祥、杨圣云：《厄尔尼诺现象和浙江近海鲐鲹鱼渔获量变化关系——长江口 ENSO 渔场学问题之二》，《海洋与湖沼通报》1997 年第 4 期，第 8—16 页。

33 黄长江、董巧香、林俊达：《全球变化对海洋渔业的影响及对策》，《台湾海峡》1999 年第 4 期，第 481—494 页。

34 Robert Watson, An Overview of the IPBES Global Assessment on Biodiversity and Ecosystem Services: Highlighted Findings. https://science.house.gov/imo/media/doc/Watson%20Testimony.pdf.

35 Mark C. Urban. Accelerating extinction risk from climate change, Science 01 May 2015:Vol. 348, Issue 6234, pp. 571-573, DOI: 10.1126/science.aaa4984.

< 全球变暖导致的『珊瑚白化』现象

气候变化和生物多样性丧失犹如“邪恶双胞胎”，正在加速破坏着人类现有的生态与文明之基，引发各国在全球治理层面激烈博弈。生物多样性与气候变化的关系逐渐成为《生物多样性公约》下的焦点议题，如欧盟为代表的发达国家集团希望将气候变化问题扩大化，并全面渗透到《生物多样性公约》下的各议题中[36]。随着气候变化对生物多样性威胁的加剧，各国围绕生物战略资源、生物多样性保护、生物多样性适应、生物技术与安全、生物多样性治理框架等领域，将展开更激烈的国际政治博弈。

治理困境与“海洋圈地运动”

20 世纪 80 年代后期，国际社会越来越认识到，全球的物种和生态系统正面临着前所未有的威胁，物种灭绝也以惊人的速度发生。于是到 1988 年 11 月，联合国环境规划署组织专家成立了一个生物多样性特设专家工作组，[37] 开始探讨签署生物多样性方面国际公约的必要性和可行性。1992 年 6 月 5 日，在联合国环境

---

36 吴军、张称意、徐海根：《〈生物多样性公约〉下的气候变化问题：谈判与焦点》，《生物多样性》2011 年第 4 期，第 400—403 页。

37 中国环境科学研究院生物多样性中心：《生物多样性知识 200 问》，2015 年 5 月。

与发展大会上,《生物多样性公约》[38] 开放签署。1993 年 12 月 29 日,《生物多样性公约》正式生效;1994 年,缔约方在巴哈马召开了《生物多样性公约》第一次缔约方大会。

《生物多样性公约》(以下简称《公约》)的签署开启了人类在生物多样性利用和保护方面的积极进程。但此进程远远落后于生物多样性丧失的步伐,生物多样性在全球范围内的衰减趋势没有得到有效遏制。国际社会虽然在《公约》框架下达成了众多决议,但由于全球在应对生物多样性方面调动资源严重不足,治理计划难以落实。[39]

发达国家的资金承诺未落实。《公约》要求发达国家缔约方提供新的、额外的资金给发展中国家,以使其能支付因执行《公约》义务而承担的全部额外费用。[40] 但如同气候变化资金难以兑现一样,发达国家提供给发展中国家的相关资金与实际需求差距巨大。《公约》下应对气候变化和生物多样性保护的资金主要来自全球环境基金会,资金落实面临很大困难,使全球生物多样性保护难以有效开展。

---

38 《生物多样性公约》确立了三大目标:保护生物多样性、对生物多样性组分的可持续利用、遗传资源的获取及其惠益公正公平分享(ABS)。

39 生物多样性公约秘书处:《全球生物多样性展望》(2010 年)第 3 版,蒙特利尔:2010: 83—87。

40 王晓雨:《〈生物多样性公约〉中的国家主权原则》,《中国环境管理干部学院学报》2019 年 2 月 Vol.29 No.1。

技术转让的壁垒高筑。《公约》规定发达国家缔约方应承诺向其他缔约方提供有关生物多样性保护和持续利用的技术。[41] 这一制度的初衷是促使发展中国家与发达国家共享技术进步的成果，通过技术合作增强应对生物多样性损失的情况。但在实际操作中，发达国家通常以知识产权保护为由，强力阻碍其先进技术向发展中国家分享，这一技术壁垒正在阻碍全球通过科技创新应对生物多样性丧失的步伐。

在生物多样性治理进程遭遇重重困境的同时，国家管辖范围外海洋生物多样性保护成为大国博弈的新焦点。美国、日本等海洋强国主张在《联合国海洋法公约》现有制度框架下，即坚持“公海自由、先来先得”的原则来处理国家管辖范围外海洋生物多样性问题[42]。欧盟国家利用其绿色技术优势，加快推动对国家管辖范围以外海洋生物多样性问题设定边界的步伐，力争主导国家管辖以外海域利益分配格局和话语主导权。

从目前来看，以生态系统方法为基础的国家管辖外海域的养护与管理制度的建立是大势所趋。这一制度一旦建立，就如同国际海洋法中 200 海里以外大陆架制度一样，沿海国家又会展开新

---

41 王晓雨:《〈生物多样性公约〉中的国家主权原则》,《中国环境管理干部学院学报》2019 年 2 月 Vol.29 No.1。

42 郑苗壮、刘岩、徐靖:《〈生物多样性公约〉与国家管辖范围以外海洋生物多样性问题研究》,《中国海洋大学学报》2015 年第 2 期。

一轮的“海洋圈地运动”。[43]这将对目前国际海底区域管理制度、海洋自由航行制度、海洋遗传资源开发利用以及海洋生态环境保护制度都产生巨大的影响，进而将影响全球海洋利益格局。海洋生物多样性治理将成为21世纪国际海洋新秩序的新议题。

全球生物多样性面临着巨大危机，但目前围绕生物多样性的国际治理止步不前，治理框架尚未健全，面对2020年后的生物多样性治理挑战，全球需要携手努力合作推动新的生物多样性治理秩序构建。

迈向“昆明目标”

2010年，在日本爱知县名古屋举行了《生物多样性公约》第十次缔约方大会，会议在对2010年战略目标评估的基础上讨论通过了《2011—2020年生物多样性战略计划》，并提出了过去十年间的全球生物多样性目标，即“爱知目标”。

由于全球生物多样性治理进程面临的重重困境，《2011—2020年生物多样性战略计划》与“可持续发展目标”脱节，承

43 郑苗壮、刘岩、徐靖:《〈生物多样性公约〉与国家管辖范围以外海洋生物多样性问题研究》,《中国海洋大学学报》2015年第2期。

> 《生物多样性公约》第15次缔约方大会（COP15）会标

载着全球生物多样性关键十年行动的重要规划——“爱知目标”未达目标[44]。当人类历史时钟进入到2021年，维护世界生命安全和文明发展的生物多样性治理步伐将来到中国昆明。

《生物多样性公约》第十五次缔约方大会（COP15）拟定于2021年在中国昆明举办。COP15将在评估《2011—2020年生物多样性战略计划》执行情况基础上，审议通过“2020年后全球生物多样性框架”（以下简称“2020后框架”）。“2020后框架”将接替《2011—2020年生物多样性战略计划》及其“爱知目标”，成为指导2020年之后全球生物多样性保护的最新纲领性文件，标志着“2020年后全球生物多样性框架”的“昆明目标”将对全球生态安全具有里程碑意义。

当前，世界正处在百年大变局深刻重塑的关键期，突如其来的新冠肺炎疫情大流行加速了这一演变进程。而全球治理正面临治理赤字高企，治理能力乏力，治理理念亟待更新，治理体系破碎的重重困境。对于“2020年后全球生物多样性框架”的制定而言，各国需要拨开迷雾，用新的治理理念作为指引，摒弃单边主义和民粹主义的“藩篱”，走向合作共赢的多边主义合作道路。

中华人民共和国主席习近平提出了生态文明思想以应对生态

---

44 刘文静等:《“2020年后全球生物多样性框架”的谈判进展以及对我国的建议》,《生物多样性》2018年第12期，第1358–1364页。

环境危机，倡导坚持创新、协调、绿色、开放、共享的新发展理念，坚持尊重自然、顺应自然、保护自然，坚持人与自然和谐共生，坚持“绿水青山就是金山银山”，大力推进生态文明建设。这一理念在中华大地上的实践已见诸多成效，[45]中国各类自然保护地总数量已达 1.18 万个，面积超过 1.7 亿公顷，约占国土面积的 18%，提前实现了“爱知目标”的要求。中国划定的生态保护红线面积约占陆地国土面积的 25%，超过 90% 的陆地自然生态系统类型、89% 的国家重点保护野生动植物种类得到保护，固碳量约占全国总固碳量的 45%。生态文明理念的实践证明是科学有效的，这也为全球生态文明建设提供了重要的理论参考。

全球生物多样性治理框架的设计与制定是全球生态文明建设的重要组成部分。新冠肺炎疫情大流行再一次揭示人类与地球是休戚与共的命运共同体，面对日益严峻的全球性自然大危机，更需要世界各国求同存异、开放包容、合作应对，同筑生态文明之基，同走绿色发展之路，携手共建地球生命共同体。

45 中国生物多样性保护国家委员会：《生态环境部部长受邀为“5・22 国际生物多样性日”发表视频讲话》，http://cncbc.mep.gov.cn/zxzx/202005/t20200522_780360.html。

10

第十章
现代生物技术的福与祸

第十章

生物技术伴随着新科技革命正在飞速发展，以基因编辑、合成生物学、遗传工程、脑机接口等为代表的现代生物技术正在重塑生物和生命的诞生方式，也在改变着生物自然进化的模式，甚至在改变生命智能的形成方式，这些颠覆性技术变革给生物安全带来了全新挑战，也在极大地冲击着人类的基本伦理规范，现代生物技术将人类带到了关键的十字路口。

现代生物技术的福与祸

CRISPR的野蛮生长

2018 年 11 月 26 日，中国南方科技大学学者贺建奎宣布利用 CRISPR–Cas9 基因编辑技术完成的世界首例基因编辑婴儿（分别名为“露露”和“娜娜”）于 11 月在深圳诞生。贺建奎等人通过微针将 Cas9 蛋白和特定的引导序列注射到受精卵内以修改 CCR5 基因，该基因是 HIV 病毒入侵机体细胞的主要辅助受体之一，据称这样经基因编辑后的婴儿能够天然免疫艾滋病。这起“基因编辑婴儿”事件激起了基因编辑伦理争议的轩然大波。由于贺建奎的举措突破了法律底线，2019 年 12 月 30 日，深圳市南山区人民法院对贺建奎“基因编辑婴儿”案一审公开宣判，贺建奎、张仁礼、覃金洲 3 名被告人因“共同非法实施以生殖为目的的人类胚胎基因编辑和生殖医疗活动”构成非法行医罪，分别被依法追究刑事责任。

该事件中采用的 CRISPR–Cas9 基因编辑技术就是基因编辑技术通常技术，科学家可借助该技术修改几乎所有其他生物的遗传信息 DNA。例如，CRISPR 利用细菌的自然防御机制在特定位置切断 DNA 。当细菌受到病毒攻击时，它们会在自己的 DNA 中记录下病毒DNA的一部分，并在其末端加上一种称为“有规律的集群间隔回文重复序列”（CRISPR），储存部分病毒遗传密码，使细菌能够“记住”它。当同一类型的病毒再次攻击时，细菌使用一种特定的CRISPR相关蛋白9（Cas9）来切断病毒的DNA从而破坏病毒。在实验室里，科学家们使用同样的CRISPR–Cas9系统来识别和切断特定的DNA序列，一旦CRISPR–Cas9切断特定目标DNA，科学家们就会使用其他技术添加、删除或修改DNA。[1]

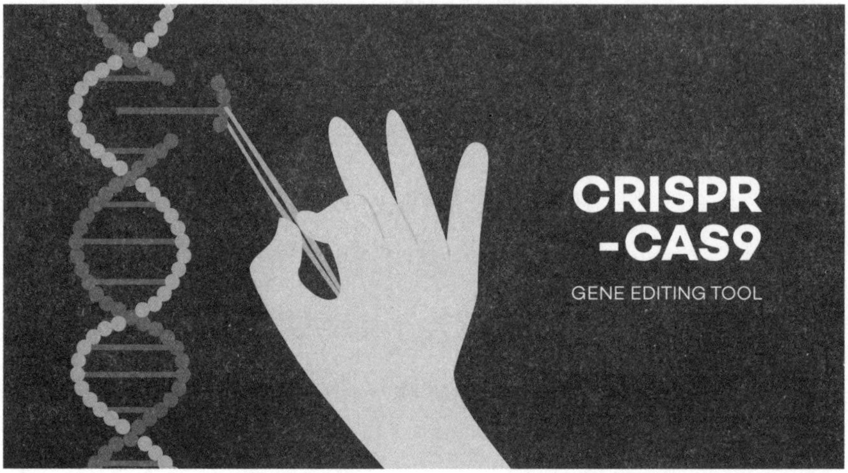

1 GAO: CRISPR GENE EDITING, https://www.gao.gov/products/GAO-20-478SP,2020-4-7.

自 2012 年 CRISPR–Cas9 基因编辑技术问世以来，现在已经被广泛应用于世界各地的数千个实验室，这种快速、便捷、高效的技术推动了基因编辑技术的“野蛮生长”。2017 年，美国科学家首次对人类胚胎开展基因编辑实验。[2] 该实验编辑的胚胎数量之多，超过了此前科学家编辑的胚胎数。2018 年，美国哈佛大学医学院计划开展基因编辑人类精子研究，他们利用 CRISPR 单碱基编辑器修改精子的 ApoE 基因（该基因被认为与阿尔兹海默症有关）。利用 CRISPR–Cas9 基因编辑技术对人类生殖进程的干预实验越来越多。

达尔文的《进化论》认为，人类的繁衍生息依赖自然进化而来，人类基因在自然生殖中进化。但基因编辑技术对于人类生殖的干预正在打破这一自然进化模式，这将导致在法律、社会、伦理、国家安全等层面出现一系列问题。尤其是 CRISPR–Cas9 基因编辑技术的“脱靶效应”具有严重的潜在危害。[3] 研究发现[4]，

---

2 MIT Technology Review: First Human Embryos Edited in U.S.July 26, 2017. https://www.technologyreview.com/2017/07/26/68093/first-human-embryos-edited-in-us/.

3 Schaefer, K., Wu, W., Colgan, D. et al. Unexpected mutations after CRISPR–Cas9 editing in vivo. Nature Methods 14, 547–548 (2017). https://doi.org/10.1038/nmeth.4293.

4 Nature news. CRISPR gene editing in human embryos wreaks chromosomal mayhem. June 25, 2020. https://www.nature.com/articles/d41586-020-01906-4.

使用 CRISPR–Cas9 修饰人类胚胎的基因可能对靶位点或其附近的基因组造成不必要的变化，如产生超过预期数千个碱基缺失，在基因编辑目标序列周围区域出现大规模的、非预期的 DNA 缺失和重排等。美国国防高级研究计划局（DARPA）2017 年就已启动“安全基因”（safe genes）项目，高度关注基因编辑的潜在威胁，[5] 并计划通过使用一些工具解决基因编辑技术关键安全漏洞，限制或逆转经编辑后基因遗传结构的蔓延。由于担心基因编辑“脱靶”可能带来不可逆的生物安全灾难，美国前国家情报总监詹姆斯·克拉珀在美国情报界年度全球威胁评估报告中，[6] 将“基因编辑”列入了“大规模杀伤性与扩散性武器”威胁清单，认为“基因编辑”技术具有双向用途，任何蓄意或无意的误用都可能会引发国家安全问题。

为妥善解决基因编辑问题，世界卫生组织召开了有关基因编辑的会议推进国际标准制定，[7] 讨论基因编辑相关的科学、伦理、

---

5 美国国防高级研究计划局（DARPA），http://www.darpa.mil/news-events/2016-09-07。

6 James R. Clapper. Worldwide Threat Assessment of the US Intelligence Community. 9 February, 2016. https://www.dni.gov/files/documents/SASC_Unclassified_2016_ATA_SFR_FINAL.pdf.

7 WHO.WHO expert panel paves way for strong international governance on human genome editing. 19 March, 2019. https://www.who.int/news-room/detail/19-03-2019-who-expert-panel-paves-way-for-strong-international-governance-on-human-genome-editing.

社会以及法律方面的问题，计划在两年内制定人类基因编辑国际治理框架，并创建在研项目的“中央登记体系”，该框架试图为科学界、医学界等正在开展的相关工作建立一个开放、透明的数据库。

由于基因编辑技术具有巨大的吸引力，尤其在针对人类尚未攻克的疾病、先天性遗传病、生命延长等现实需求的驱使下，预计这项技术还是能够突破重重监管和审查，其各种实验和尝试会不断触碰人类的伦理道德底线，基因编辑的污染问题将成为人类社会面临的巨大挑战。

创造生命的“乐高游戏”

2010 年，美国马里兰州洛克维尔市的科学家 J.Craig Venter 团队人工合成了人类第一个支原体细胞——“辛西娅”（Synthia），这项成果颠覆了人类长久以来对生命本质的看法，让人们重新审视自身和人类在宇宙中的地位。[8] 虽然“辛西娅”并非真正意义上的合成细胞，但很多人对于这种旨在设计和建构“人造生命”

8 Nature. Sizing up the "synthetic cell", https://www.nature.com/news/2010/100520/full/news.2010.255.html.

的行为非常担忧。

“辛西娅”的诞生引发了人们对人工合成生命伦理的强烈争议，担心“人造生命”将打开“潘多拉魔盒”，人造有机体如扩散到自然界可能引发大规模生物基因改变，造成生态灾难甚至被用来制造生物武器，带来毁灭性灾难。[9]

“辛西娅”事件中采用的生物学技术就是合成生物学。所谓“合成生物学”[10]就是用人工合成的方法，对天然存在的生物系统进行重新设计和改造，创造自然界不存在的“人造生命”。“合成生物学”将生命体看作一个由不同的生物元件和模块组成的系统，这些生物元件和模块不仅可以调控，而且为了特定的目的或功能可以如同“乐高游戏”一样按照意愿重新组装。不仅可以重新组装既有生物元件和模块，还可以人工合成新的生物元件和模块，并且最终可能利用这些生物元件创建完整的全新生物系统甚至“人造生命体”（artificial life）。[11]

科技的飞速发展和生物科技与其他科技的交叉融合，加速了合成生物学的迅猛发展。分子生物学、基因技术以及基因组学快

---

9 《人造生命在美诞生能够自己生长繁殖》，《华商报》2010年5月23日，http://finance.ifeng.com/money/roll/20100523/2222416.shtml。

10 赵国屏：《合成生物学的科学内涵和社会意义——合成生物学专刊序言》，《生命科学》2011年第9期，第825页。

11 王国豫、马诗雯、杨君：《生命的设计与构建——合成生物学的哲学挑战》，《社会科学战线》2015年第2期。

速发展，特别是“限制性内切酶”的发现，使科学家们已经能够识别 DNA 的特异序列，并在识别位点或其周围切割双链 DNA，即对 DNA 进行“剪切”，然后按照一定的目的重组。科学家们开始设计构建新的生物元件、器件与系统，或者出于特定目的重新设计现有的自然生物系统。[12] 由于合成生物学具有广阔的发展前景，因此被称为继“分子生物学革命”和“人类基因组计划”之后的第三次生物技术革命。[13]2015 年，美国国防部明确将合成生物学定位为未来六大颠覆性基础研究领域之一，并给予高度关注和项目资助。

合成生物学在给现代医学技术带来巨大推进的同时也产生了巨大的风险隐患。合成生物学具有对自然生命的颠覆性重塑功能，一旦失控将会带来极其严重的后果。

合成生物学将可能创建出更具威力的病毒，[14] 如重建已知的病原性病毒使现有细菌更加危险、通过原位合成制备有害的生物

---

12 Federal Ethics Committee on Non-Human Biotechnology, Synthetic biology-Ethical considerations, http://www.ekah. admin.ch/fileadmin/ekah-dateien/dokumentation/publikationen/d-Synthetische_ Bio_ Broschuere.pdf.

13 袁志明:《合成生物学技术发展带来的机遇与挑战》,《华中科技大学学报（社会科学版）》2020 年第 1 期，DOI:10. 19648 /j. cnki.jhustss1980. 2020. 01. 02。

14 National Academies of Sciences, Engineering, and Medicine. Biodefense in the Age of Synthetic Biology. Washington D.C.: The National Academies Press, 2018.

化学物质等。合成生物学还模糊了化学武器和生物武器之间的界限，可能影响人类生理功能和免疫系统。2016年，哈佛大学医学院遗传学教授乔治·丘奇（George Church）领导的研究团队合成了只有57个密码子的大肠杆菌（正常大肠杆菌有64个遗传密码子）。这项成果证明了通过重编基因组，从根本上重新设计细菌使其具有新的功能和属性是可行的，该实验是人类在合成生物学上较复杂的一项“创造生物”事件。[15]

合成生物学可能或用于新武器研发。合成生物学是一个复杂的、可编程的平台，理论上可以开发出各种生物和化学武器。美国科学、工程与医学理事会指出，[16]合成生物学可以重新制造已知的致病病毒，通过原位合成制备生化化合物及应用合成生物学增加现有细菌的危险性。利用合成生物学技术手段，合成新型病毒和毒素门槛难度将大幅降低，引发新病毒大流行的概率和频率进一步增加。

2018年，美国约翰斯·霍普金斯大学健康安全中心举办了一场基于2003年SARS疫情和2009年H1N1流感疫情的流行

---

15 George M. Church,etc. Enabling large-scale genome editing by reducing DNA nicking. Posted March 15, 2019. doi: https://doi.org/10.1101/574020.

16 National Academies of Sciences, Engineering, and Medicine. Biodefense in the Age of Synthetic Biology. Washington D.C.: The National Academies Press, 2018.

病疫情暴发模拟推演——“Clade X”，推演情景设定为“生物工程病毒被恐怖组织故意释放，20个月后导致全球1.5亿人死亡”。未来，生物武器攻击可能针对特定地理区域、特定职业、特定种族的人群。[17]

合成生物学已经加速渗透到国防安全和武器装备研制中。2011年起，美国国防高级研究计划局（DARPA）宣布“生物铸造”项目，[18]旨在将标准化的生命元件组装成全新的工程微生物，用来实现各种具有军事应用潜力的生物功能。在DARPA制定的《2013—2017年科技发展计划》中，进一步明确了合成生物学可用于军用药物的快速合成、生物病毒战、基因改良和人体快速损伤修复等领域。与此同时，DARPA于2014年创建了生物技术办公室，并将加速推进合成生物学研究列为其支持领域首位，提出了打造先进生物合成平台及“千分子计划”合成的阶段目标。[19]这项技术已经展现出合成生物学军事应用的前景，也折射出合成生物学在生物新武器方面带来的巨大风险。

---

17 National Academies of Sciences, Engineering, and Medicine. Biodefense in the Age of Synthetic Biology. Washington D.C.: The National Academies Press, 2018.

18 徐池、楼铁柱、伯晓晨等：《军用生物技术发展与未来战争生物化趋势》，《军事医学》2012年第5期，第328—331页。

19 蒋丽勇、楼铁柱、吴曙霞等：《美军前沿生物技术研发与启示》，《人民军医》2016年第9期，第909—911页。

达尔文于1859年出版了《物种起源》，提出了以自然选择、自然进化为核心的生物进化学说，自然界生命正是通过“物竞天择，适者生存”进行遗传、变异和自然选择从低级到高级、从简单到复杂，生生不息地繁衍。而合成生物学设计和创造“人造生命”的突破，挑战了传统生物进化以自然法则为基础的生命伦理。理论上，通过合成生物学可以自由“编程”组合优势基因序列，组建出全新的具有更具优势生命功能的“人造生命”。一旦这样的“人造生命”出现，人类现存的普世价值——公平、平等将荡然无存，人类通过遗传、教育、环境塑造等原有的进化模式也将被彻底颠覆。未来，谁或者哪个组织、公司或国家拥有创建人造生命的权力和能力将变得至关重要，世界的权力结构、社会结构和财富结构等将被彻底颠覆。好莱坞科幻大作《银翼杀手》中，生化合成人和真正的人类之间相互猜忌和残杀的场景将在未来成为现实。

警惕“家酿毒品”

在镇痛药物生产方面，科学家通过合成生物技术，已经成功实现利用酵母菌制造阿片样物质，这标志着合成生物的发展取得了突破性进展，对取代罂粟、研发创新药物将有极大的帮助，但这一现象也引发研究界关于生物合成毒品的担忧。

目前，全球合法的阿片样物质主要来自澳大利亚、土耳其和印度等国家的罂粟田，而合成生物技术的发展正悄然改变这一现象。2015年，来自美国斯坦福大学的生物工程副教授克里斯蒂娜·斯莫克（Christina D. Smolke）带领研究团队，利用基因改造酵母，发现实现阿片样物质的全合成路径。这种人造酵母的20多种基因来自酵母、植物和细菌，甚至还有一段来自啮齿类动物，它能把糖转化为蒂巴因[20]，即吗啡类镇痛药物的关键成分。此前，科学家一直通过从罂粟中提取这些镇痛药成分。该研究团队还发现，通过对酵母的进一步改造，还能生产氢可酮[21]，这是一种广泛使用的镇痛药，目前主要由蒂巴因通过化学转化而成。美国加州大学伯克利分校的约翰·杜伊伯（John Dueber）教授和加拿大康考迪亚大学的微生物学家文森特·马丁（Vincent Martin）及其研究团队也宣布，已经非常接近地合成吗啡和其他

20 蒂巴因是一种异喹啉生物碱。近年来，大红罂粟被发现不含吗啡碱和可待因，却含有大量蒂巴因，被多个国家和地区种植用于提炼蒂巴因。药理作用与吗啡相反，其痉挛毒性超过麻醉作用。

21 氢可酮是一种发现于罂粟中的阿片类生物碱，临床上主要适用于各种原因引起的咳嗽和解除中度至重度疼痛。

一些包括抗生素和抗肿瘤治疗所需的药物。[22]

对于利用基因改造酵母并合成阿片样物质，生物学界出现过激烈的辩论。约翰·杜伊伯团队的研究人员指出，这一发现可能会使在家自制毒品成为现实，“我们估计是一两年，而不是十年或更长的时间，就能出现利用酵母来生产阿片类的管制物质”。权威刊物《自然》杂志已呼吁各国监管机构和执法人员加强对这一新技术进行监管，强调“如果获得这种这种酵母菌株和发酵的基本技能，个人就有可能用自酿啤酒的方法合成毒品”，建议将工程酵母菌株的使用权限定在被授权的机构和研究人员，因为酵母菌株的非法运输很难被检测和控制，一旦落入非法分子的手里，后果将难以想象。

进一步说，如果生物合成酵母被广泛地使用，尤其是如何创建毒品生产菌株的知识被公开，任何受过基本的分子生物学训练的人在理论上都可以实现在家自酿毒品。一旦被别有用心的犯罪分子所利用，或许将极大地改变毒品的供应方式。毒贩子可以不再依赖非法进口，而在全球任何一个地方都可以生产。试想一下

---

22 William C DeLoache, Zachary N Russ, Lauren Narcross, Andrew M Gonzales, Vincent J J Martin & John E Dueber, An enzyme-coupled biosensor enables (S)-reticuline production in yeast from glucose，Nature Chemical Biology, volume 11, pp.465–471(2015), https://www.nature.com/articles/nchembio.1816.

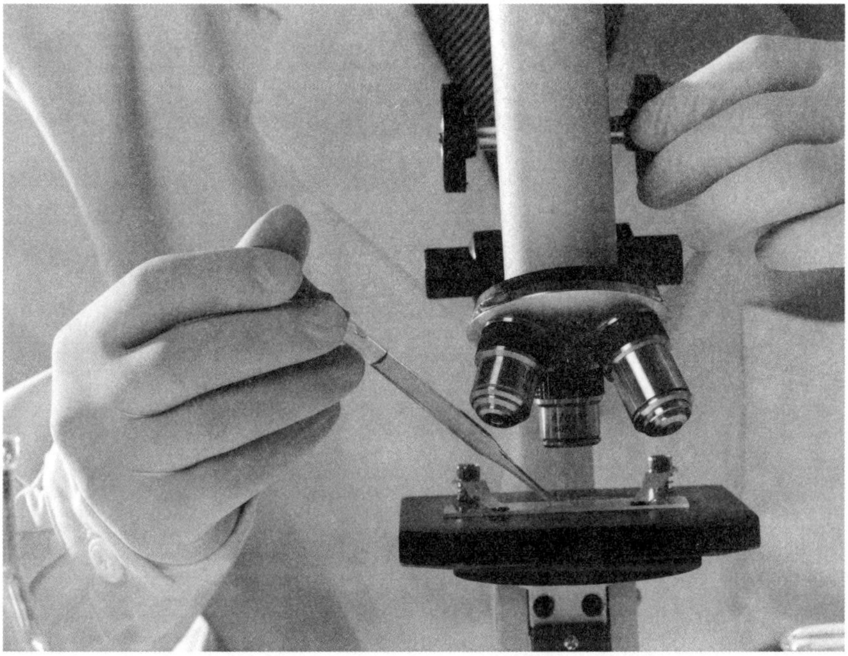

不久的将来，犯罪团伙利用不起眼的酵母菌，还有简单又便宜的啤酒酿造设备，就有可能发展出庞大的罂粟行业，这必然给社会带来严重的灾难。

还有当前所谓的“生物黑客”[23]现象也引发了越来越多的争议。这是一群具备生物专业知识，且接受过生物实验训练的普通人，他们可自行购买 CRISPR 试剂盒，进行小到操纵细菌和酵母

23 《生物黑客青睐 CRISPR，是否成为下一个危害？》，http://www.biodiscover.com/news/product/121506.html。

基因，大到修饰人类基因的实验。中国科学院遗传与发育研究所生物学研究中心的高级工程师姜韬指出，“个人使用基因编辑工具，无论是研究还是应用，都会由于缺乏专家提醒、规范和监督，容易受制于个人自制力、社会责任心、操作水平和认识上的限制，而难免误入歧途，出现无法预期的后果”。[24] 不排除有一天，个别“生物黑客”开始打起家酿毒品的主意，这将造成极其恶劣的影响。

脑机生物接口的超级智能

2017 年 3 月 28 日，美国科技公司 SpaceX 公司创始人埃隆·马斯克（Elon Musk）成立了一家名为“神经链”（neuralink）的公司。[25] 该公司宣称将研发“神经织网”（neural lace）技术，即支持人与机器直接联通交流，不再需要物理交互界面。经过两年的快速发展，2019 年 7 月 15 日，“神经链”公司研制成功了计算机—大脑连接系统，该系统工作方式类似于缝纫机。首先将柔性电极线穿过针鼻，然后由智能机器人插入到大脑不同的位置和深

24 《基因编辑应用前景好 但自行改变 DNA 不现实》，2019 年 10 月 23 日，http://www.xinhuanet.com/tech/2019-10/23/c_1125138893.htm。

25 NEURALINK: https://www.neuralink.com/.

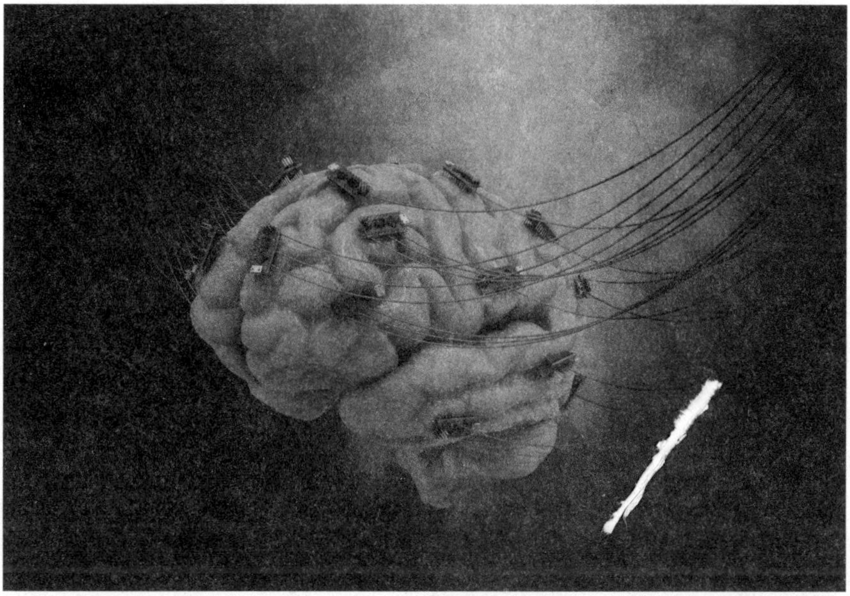

度，以读取神经元信号。电极线由一系列微小电极和传感器组成，能从大量脑细胞中捕获信息，并通过芯片将信息无线发送到计算机进行后续分析。

通过无线连接，该系统可实现人与 iPhone 应用程序的互动。“神经链”公司的目标是将该系统应用于瘫痪患者，允许其控制手机或计算机。2020 年 2 月 4 日，马斯克表示“神经链”公司脑机接口技术已经实现了将猴子的大脑与计算机相连，成功完成多项实验，并于 2020 年内公开发布脑机接口产品。

随着类脑智能技术的发展，脑机接口技术如雨后春笋般发展。2020 年 3 月，美国斯坦福大学研究人员开发出一种新的脑机接口设备，[26] 可以将大脑直接与硅基元器件相连接。这种最新设备可以记录更多的数据，同时比现有的设备侵入性更小。该脑机接口装置包含一束微电线，每根电线的宽度不到人类头发的一半。这些细细的导线可以轻轻地插入大脑，并在外部直接连接到一个硅芯片上，记录每根导线传递的大脑电信号。

脑机接口正在改变人类与机器的交互模式，脑信号直接转换为语音的技术已经获得巨大突破。美国加利福尼亚大学旧金山分校的研究人员开发出将大脑电信号转化为语音的脑机接口技术，[27] 可将癫痫患者说话时的脑皮质电信号转换为人类可直接理解的语音。“脸书”公司也于 2020 年 3 月发布了直接从人脑解码人类语音的脑机接口技术，[28] 借助高密度脑电图能够实时解码人脑活动中的一小部分完整的口语单词和短语，准确率分别达到 76% 和 61%。随着传感技术的进步，基于非侵入式的双向交互式脑机接口将出现，实现人脑与机器智能的完全联接。

---

26 Stanford University: Device brings silicon computing power to brain research and prosthetics, March 20, 2020, https://techxplore.com/news/2020-03-device-silicon-power-brain-prosthetics.html.

27 National Institutes of Health (NIH). Scientists translate brain signals into speech sounds. April 24, 2019, https://www.nih.gov/news-events/news-releases/scientists-translate-brain-signals-into-speech-sounds.

28 Facebook. Imagining a new interface: Hands-free communication without saying a word. March 30, 2020. https://tech.fb.com/imagining-a-new-interface-hands-free-communication-without-saying-a-word/.

脑机接口在试用于医疗和生活的同时，其在军事领域的应用已经取得突破性进展。美军已开展基于脑机接口的飞行仿真控制试验研究，[29] 在美国国防高级研究计划局“革命性义肢”项目（revolutionizing prosthetics program）资助下，约翰斯·霍普金斯大学开展了基于脑机接口的飞行仿真控制实验研究，以验证脑机接口能否在模拟器环境中灵活地控制飞行器。研究人员利用植入人脑的微型芯片，可利用脑电波直接控制多架大型喷气式飞机，[30] 还可使飞行员控制无人机机群和单架 F-35 战机，且实现了飞机信号回传大脑。

人类在漫长的历史进化中，获得知识和智能升级主要依赖遗传和后天的学习，这种循序渐进的培养和积累在过去需要伴随人类的一生，即所谓的“活到老，学到老”。但是，当脑机接口出现后，这一跨越人生几十年的知识积累今后可能几秒钟就能完成，知识量的积累空前巨大且可以选择定制知识，人类的智能水平将因此出现巨大差别。

脑机接口技术正在打破自然生命智能与机器智能的界限，改变人类智能自然进化的范式。可以想象，未来拥有着脑机接口设

---

29 Defense Advanced Research Projects Agency (DARPA). Revolutionizing Prosthetics. https://www.darpa.mil/program/revolutionizing-prosthetics.

30 WIRED. Woman Controls a Fighter Jet Sim Using Only Her Mind. https://www.wired.com/2015/03/woman-controls-fighter-jet-sim-using-mind/.

备的人群将获得超能知识与智慧，而不具备这一技术的人群只能处于社会阶层的最低端，导致人类社会出现史无前例的“智能等级”阶层分化，给人类社会带来巨大的伦理灾难和社会问题。英国皇家学会因此发布报告，[31] 呼吁政府对脑机接口技术道德和应用开展全国性调查，主导创建脑机接口生态系统，尝试新方法来鼓励创新以防止“大科技”公司垄断。但是，脑机接口技术必然会被垄断，最终由公司或者国家完全主导脑机接口技术的使用，从而导致民众素质、国力水平出现级差。该项技术在军事领域的大规模应用将重塑未来战争样式，从而改变世界。

黑客的“柳叶刀”

意念控制器（Epoc+）是美国一家神经科技公司 Emotiv Systems 开发的一款无线便携式脑电仪，[32] 据称可以感测并学习使用者的脑电波数据，解读其意念、感觉和情绪，完成一系列人机交互操作。但后来研究发现，通过使用软件检测“Epoc+”中的脑电波数据，可以获取使用者的情绪状态、银行卡密码等隐私信

31 The Royal Society. iHuman perspective: Neural interfaces. https:/royalsociety.org/news/2019/09/neural-interface-report-released/ .

32 Emotiv: https://www.emotiv.com/epoc/.

息。实际上，很多脑电波仪的扫描记录软件缺乏必要的安全保障，如果使用者在佩戴该设备的过程中进行登录银行账户等操作，该设备记录下来的脑电波数据将可能泄露使用者银行账户密码等敏感信息。因此，研究人员呼吁针对这种能够读取人们情绪的脑机接口设备制定新的法律框架，保护使用者的敏感信息和“精神隐私权”。

网络安全与生物安全的界限正在模糊，两种安全风险彼此互通，威胁令人担忧。随着生物科学与信息科技的高速融合，基因工程、生物信息学、合成生物学、脑机接口、人工智能医疗都在飞速发展，而这些技术和应用都离不开网络信息基础设施。例如，高通量测序技术、高性能基因编辑技术、生物大数据、机器人外科手术系统，以及先进的生物制造设施等都需要运行在信息基础设施上，生命空间与信息空间的间隔正在被数据、信息和网络完全打通，尤其以脑机接口和合成生物学最为明显。未来，信息成为生物和生命机体的基本单元。[33] 这一发展趋势使得本来在信息空间存在的黑客攻击穿透到生命空间，威胁到生命安全。生物网络安全问题日趋严峻。2018 年，美国《今日国土安全》杂志主编兰德尔·默奇（Randall Murch）提出“网络生物安

---

33 National Research Council. 2009. A New Biology for the 21st Century. Washington D.C.: The National Academies Press. https://doi.org/10.17226/12764.

全”（cyberbiosecurity）概念，[34] 认为当前生物安全呈现出新变化和挑战，应将网络安全纳入生物安全的考量范畴。

目前，大量的人类基因组数据可在线共享，这些数据一旦防护不够，就有可能像个人资料、信用卡账户那样被“黑”、被盗甚至被篡改替换。今后，越来越多未得到充分保护的人类基因组数据可能会以人们尚未预料到的方式被修改、使用，带来巨大的个人信息隐私风险；黑客的攻击可能导致基因编辑脱靶，被污染的数据会造成相关研究的失败。更可怕的是，敌对国家甚至犯罪团伙、恐怖组织，都可能会利用人类基因组数据的大数据集发现不同群体和特定群体共享的 DNA 模式，从而设计生物攻击方式，达到种族灭绝的可能。[35]

未来合成生物学在重新设计构建新的生命体中的应用将越来越广泛，但这一设计、制造过程时时刻刻都在网络攻击的威胁之下。如在基因合成编辑的过程中，由于受到恶意信息篡改而出现

34 Randall (Randy) Murch. PERSPECTIVE: Biosecurity Evolving as Cyber Threats Converge. March 26, 2018. https://www.hstoday.us/subject-matter-areas/wmd/biosecurity-evolving-cyber-threats-converge/.

35 Natasha E. Bajema, Diane DiEuliis, Charles Lutes, and Yong-Bee Lim. The Digitization of Biology: Understanding the New Risks and Implications for Governance. July 2018. https://wmdcenter.ndu.edu/Publications/Publication-View/Article/1569559/the-digitization-of-biology-understanding-the-new-risks-and-implications-for-go/.

偏差，合成出超强的传染病病毒或细菌，或者出现超强变异功能的生命体，不仅突破了人类的伦理约束范围，甚至威胁到人类的生存安全。

在第五代移动通信技术（5G）、人工智能、物联网的催生下，万物互联的世界加速到来，网络生物安全将成为生命空间与信息空间的主要威胁，黑客的数字“柳叶刀”将伸向生命体。当数据流、信息流贯穿了生命体的组装、合成、机体、智能全流程后，全新的数字化生物或数字化生命体将大规模出现。这样的“聚变”将重塑生命进化的自然演化模式，改变生命智能的维数，基于网络生物安全的攻击与战争将重新塑造新的国际权力结构，甚至改变人类的文明进程。

你的基因关乎国家利益和安全

当前，生物医学大数据技术正在全球快速发展，越来越多的个人基因信息已被广泛应用于临床疾病诊治、医学药物研究等各个方面，其学术、商业和社会价值十分可观。但是，随着基因检测技术门槛的降低，市场上出现了各式各样、良莠不齐的消费级别的基因检测产品。有些基因检测公司宣称可以帮助客户检测早恋、网瘾、唱歌能力、抗雾霾体质等，有的公司还宣称可以预测各种疾病的患病风险、寻找祖辈信息、挖掘个人的天赋技能、匹配职业发展等等。然而，这些看起来“神通广大”的检测，实质上并没有多少临床应用价值。相反，由此产生的基因数据的安全性问题已经引发国内外的广泛关注和担忧。这是因为，表面上我们似乎只需要花几百块钱，再把自己的头发、唾液或者是血液等装进试剂盒，交给基因检测公司，就能获得心中“未解之谜”的答案。但这也意味着，携带着我们生命密码的基因信息轻而易举地就被基因检测公司掌握了。一旦这些信息遭到泄露或者被恶意利用，谁又能预测将会出现什么样的后果？从更宏观的角度来看，个人的基因数据属于人类遗传资源，关乎国家安全和利益！

所谓人类遗传资源，是指含有人体基因组、基因及其产物的器官、组织、细胞、核酸、核酸制品等遗传材料及其产物的信息资料。[36] 中国科学院院士、复旦大学副校长金力教授指出，人类遗传资源是认知和掌握疾病的发生、发展和分布规律的基础资料，是推动疾病预防、干预和控制策略开发的重要保障，已成为公众健康和生命安全的战略性、公益性、基础性资源。[37] 中国首

---

36 杨渊、池慧、殷环、杜然然等：《美国人类遗传资源管理研究及对我国启示》，《生命科学》2019 年 7 月第 31 卷第 7 期，第 637—643 页。

37 《条例出台，我国重要人类遗传资源将“大有可为”》，中华人民共和国司法部网站，2019 年 6 月 10 日，http://www.moj.gov.cn/news/content/2019-06/10/zcjd_236558.html。

都师范大学科技法研究中心主任李昕教授从个人、社会、国家三个层面论述了人类遗传资源保护立法的重要性。她强调，从国家角度而言，当大量人类遗传资源汇集于研究机构或少数研究者时，所产生的价值与影响将远远超出采集时的预期。人类遗传资源的研究开发涉及国家生物安全和核心竞争力，这使得公权力介入保护成为必要。[38]

从 20 世纪 90 年代开始，我国陆续建章立制，强化对人类遗传资源的管理和保护。1998 年，国务院办公厅印发《人类遗传

38 李昕:《立法保护人类遗传资源正当其时》,《光明日报》2019 年 8 月 22 日 16 版，http://epaper.gmw.cn/gmrb/html/2019/08/22/nw.D110000gmrb_20190822_1-16.htm9。

资源管理暂行办法》，标志着我国利用和保护人类遗传资源正式迈入制度化时代。2011 年、2013 年科学技术部先后两次发布《关于进一步加强人类遗传资源保护管理工作的通知》。[39]2015 年，国务院将“涉及人类遗传资源的国际合作项目审批”的行政许可变更为“人类遗传资源采集、收集、买卖、出口、出境审批”，强化了采集、保藏人类遗传资源的行政审批制度。2015 年，科学技术部公布《人类遗传资源采集、收集、买卖、出口、出境审批行政许可事项服务指南》，[40] 进一步明确“分级管理、统一审批”的监管体制。2017 年，为提高审批效率，促进新药和医疗器械研发，科学技术部发布优化审批流程的通知，简化了利用我国人类遗传资源开展临床试验的审批程序，同时进一步明确中外合作研究双方的权利义务。2019 年 6 月 10 日，国务院公布《中华人民共和国人类遗传资源管理条例》（以下简称《条例》）。《条例》从加大保护力度、促进合理利用、加强规范、优化服务监管

---

39 《〈人类遗传资源管理暂行办法〉实施二十年综述》，《中国科学报》2018 年 6 月 19 日第 1 版要闻，科学网，http://news.sciencenet.cn/htmlnews/2018/6/414556.shtm。

40 中华人民共和国国务院新闻办公室：《关于发布〈人类遗传资源采集、收集、买卖、出口、出境审批行政许可事项服务指南〉的通知》，2015 年 7 月 30 日，http://www.scio.gov.cn/32344/32345/39620/ 40664/xgzc40670/Document/1656539/1656539.htm。

等方面对我国人类遗传资源管理做出规定。[41] 相对之前的暂行办法,《条例》进一步明确了人类遗传资源的范围，从实物到数据信息，不仅罗列了部分典型的遗传材料组织形式，还对遗传资源包含的遗传物质进行了描述。

当前，世界主要大国在生命科学等高技术领域的竞争日益激烈，人类遗传资源已经成为大国博弈的焦点之一。一个国家的人口越多，其民族特征就越具有特点，特别是一些独有的、高发的以及相关的重要疾病基因，更具有宝贵的战略价值。通过研究、分析一个国家或民族特有的基因特点，既有利于推动生物科学研究、垄断药物研发和治疗手段，也对提高国家生物安全能力具有深远的意义。此外，基因检测市场的发展和完善，催生出庞大的商业利益和产业链，基因产业在全球的发展和布局对各国也具有高度的战略价值。

因此，不管是从保护国家公民基因信息的角度出发，还是着眼于支持本国基因科学和生物医药产业的发展，人类遗传资源对各国来说都是备受重视的战略资源。世界主要大国已先后立法规范本国的人类遗传资源使用，并出台很多的措施。2019 年 6 月 11 日，美国两位共和党参议员联名致信美国卫生和公共服务

---

41 《李克强签署国务院令公布〈中华人民共和国人类遗传资源管理条例〉》,《人民日报》2019 年 6 月 11 日 1 版，http://paper.people.com.cn/html/rmrb/2019-06/11/nw.D110000renmrb_20190611_4-01.htm。

部，要求美国政府收紧对遗传资源的利用方式，并宣称很多美国研究机构会把美国人的基因样品送到中国进行测序分析。[42] 各国还在加大力度展开对人类遗传资源的利用研究。美国 2016 年启动“精准医学计划队列项目”，招募 100 万名志愿者，收集医疗记录、基因信息和生活方式等数据；[43] 英国 2012 年推出针对癌症和罕见病患者的“十万人基因组计划”；澳大利亚 2018 年启动最新基因组计划——“澳大利亚基因组健康未来使命”；法国投资 6.7 亿欧元启动基因组和个体化医疗项目——“法国基因组医疗 2025”，计划在未来 10 年将法国打造成世界基因组医疗领先国家。日本 2015 年制订罕见病和未确诊疾病计划，推动病理突变和药物研发。[44]

42 Grassley, Rubio Call on HHS IG to Examine CMS Payments to Chinese-linked Companies，Jun 10, 2019, https://www.grassley.senate.gov/news/news-releases/grassley-rubio-call-hhs-ig-examine-cms-payments-chinese-linked-companies.

43 《美政府推进精准医学计划》，新华网，2016 年 2 月 26 日，http://www.xinhuanet.com//world/2016-02/26/c_1118169556.htm。

44 《各国的大规模基因组计划盘点》，生物通，2018 年 9 月 25 日，http://www.ebiotrade.com/newsf/ 2018-9/2018921171112764.htm。

11

第十一章

生物安全也是国家安全

全球化背景下，生物安全风险愈加复杂严峻，事关国家安全和发展、事关社会大局稳定，已经成为全世界、全人类面临的重大生存和发展威胁。新冠肺炎疫情凸显出各国生物安全体系的弱点和全球生物安全治理的短板，进一步催化大国竞争，加大全球治理难度。生物安全能力建设正成为大国竞争焦点之一，由于缺乏核查机制，加之生物技术具有两用性，生物安全之争可能诱发大国军备竞赛甚至军事冲突。生物恐怖威胁、生物技术谬用和滥用风险更趋复杂，生物数据安全、全球公共卫生治理难度增大。生物安全日益成为总体国家安全观中不容忽视、不可或缺的重要组成部分。

党的十八大以来，以习近平同志为核心的党中央从保护人民健康、维护国家长治久安的高度，把生物安全纳入国家安全体系，出台了有关战略和政策，规划了国家生物安全风险防控和治理体系建设，提高了国家生物安全治理能力，为打赢新冠肺炎疫情防控阻击战奠定了基础。中国作为负责任大国，本着人民至上、生命至上的原则，举全国之力，取得国内疫情防控的重大战略成果。中国外交秉持人类命运共同体理念，坚持国际人道主义，全力服务国内疫情防控和复工复产，与各国人民同舟共济、并肩抗疫。

维护生物安全归根到底是维护“人的安全”和“人类安全”，符合全人类和世界各国的根本利益，以邻为壑不能独善其身，只有同舟共济才能保障安全，各国应从新冠肺炎疫情应对的经验教训中汲取智慧，切实摒弃成见，夯实共同利益基础，树立“共同安全、综合安全、合作安全、可持续安全”的理念，不断更新完善现有国际生物安全机制，在使人类享受生物技术发展红利的同时，切实管控日益严峻的生物安全风险，应对好全球生物安全面临的新挑战。

全球治理更复杂

生物威胁——无论是自然发生的、偶然发生或是故意造成的——都是美国和国际社会面临的最严重的威胁：疾病的暴发可能对美国造成灾难性的伤害，导致大规模的死亡、患病和残疾，并且还可能造成心理创伤以及经济和社会混乱；自然或偶然的暴发以及蓄意的攻击可能来自一个国家，并蔓延到许多其他国家，可能产生深远的国际影响。生物科技的进步为更好更快的治疗方案、经济发展、更清洁的环境和更高的生活质量带来了希望，但同时也带来了新的安全风险。

——美国 2018 年《国家生物防御战略》

随着全球化的深入和生物科技的不断进步，人与自然环境、人与动植物、人与人、国与国的联系都更加密切，生物安全风险传导放大的可能性也随之上升，生物技术的“双刃剑”效应更加显著，全球生物安全治理面临多方面的严峻挑战。

第一，全球公共卫生面临更大威胁。本书回顾了人类与传染病波澜壮阔的斗争史，介绍了人类与“超级细菌”赛跑的紧张时间表。总体来看，过去 100 年现代医学的进步，使得人类克服了大量威胁自身安全的公共卫生问题，但 21 世纪仍将是公共卫生问题迭现的世纪。[1] 从 SARS、中东呼吸综合征的暴发，到 2009 年甲型 H1N1 流感的全球流行，直到此次新冠肺炎疫情的全球蔓延，充分说明了当前全球公共卫生体系存在的诸多不足和治理难度，为国际社会敲响了警钟，类似 1918 年西班牙大流感的严重景象，并不会因医疗水平的进步而一去难返。从新冠肺炎疫情应对来看，多数国家政府表现不尽如人意，或是漫不经心、隔岸观火，或是忧心经济、带疫重启，致使疫情难以得到全面遏制。

未来生物技术的发展，尽管为攻克诸多疑难病提供了振奋人心的前景，但也可能对全球卫生治理造成负面影响。一方面，新型病毒传播的风险不容忽视。各国监管和国际治理普遍滞后于合成生物学等技术的突飞猛进，无论是实验室管理不善导致新技术谬用，还是恐怖分子恶意制毒或“生物极客”的无心之过，都可能引发前所未见的病原体流行。从新冠肺炎疫情的现状来看，很难说国际社会对此类隐蔽性强、传染性大的病原体做好了应对准备。另一方面，生物技术和产业发展将加剧国际公共卫生水平的

---

1 陈坤:《公共卫生安全》，浙江大学出版社 2007 年版，第 1 页。

不均衡。发展中国家受自身科技能力所限，往往只能扮演诸如病毒样本等原材料提供者的角色，疫苗研制等高附加值的产业链末端多为发达国家所垄断，发展中国家无法真正分享前沿生物技术红利，造成实际上的国际分配不公。[2] 新冠肺炎疫情全球流行过程中，可以明显发现不少发展中国家受制于检测能力不足，确诊量偏少，导致病死率和重症率明显偏高。随着主要大国加力投入生物科技和生物产业，未来在疫苗可及性、流行病治疗能力等问题上，发达国家和发展中国家的能力鸿沟还可能进一步扩大。

第二，生物资源尤其是人类遗传资源的数据安全风险不容忽视。本书分析了生物和人类遗传资源对国家安全和经济发展的重要作用，指出生物遗传资源正在升级为新时期国际关系的一个焦点问题，阐述了维护遗传资源安全的重要意义。生物信息是一种战略性资源，蕴含巨大的军事应用价值、经济价值和社会价值。随着生物信息爆炸性增长，生物信息安全已经成为国际社会高度关注的安全领域，国际上围绕生物信息资源领域的控制、隐形掠夺从未停止过，生物信息安全已成为国际战略博弈领域的新疆域，美国、欧洲和日本等在 20 世纪 80—90 年代相继成立了具有世界权威性、数据同步更新的国家级生物信息中心——美国国家

---

2 薛杨、俞晗之:《前沿生物技术发展的安全威胁：应对与展望》,《国际安全研究》2020 年第 4 期，145—146 页。

生物技术信息中心、欧洲生物信息研究所和日本 DNA 数据库，已经成为国际生物信息数据存储、交换、获取方面的核心机构。[3] 美国国家生物技术信息中心网站的日均用户数量突破 300 万，每天处理 27TB 数据。[4] 除了国际科研论文需要向国际数据中心上传数据外，当前商业基因检测日益普及，不少商业公司利用智能手机上传下载染色体数据等生物信息，商业生物数据中心的数据量不可小视。大型医学影像设备、基因测序仪器可能存在漏洞，也可能遭网络攻击而被窃取相关生物信息。尤其是物联网、人工智能等新兴技术与生物技术融合发展，使基于海量基因数据的生物武器研制具备条件，生物数据安全已从过去的潜在隐患变成突出现实威胁。各国都面临维护生物数据安全的艰巨任务。未来如何加强对科研数据、商业数据的监管，完善相关生物信息采集设备的网络安全标准，防止生物数据大量泄露和被少数国家或恐怖组织用于不法目的，是国际社会需要高度关注的问题。

第三，新兴生物技术威胁日益突出。本书介绍了新兴生物技术令人震撼的蓬勃发展和振奋人心的广阔前景，同时也分析了新兴生物技术潜藏的巨大隐患。尤其是新兴生物技术与其他高新技

3　王小理等：《生物信息与国家安全》，《中国科学院院刊》2016 年第 4 期，第 414—415 页。

4　美国国家生物技术信息中心网站，https://www.ncbi.nlm.nih.gov/books/NBK148949/。

术融合发展，为新型生物武器研发提供了极大便利，使原有国际生物安全治理体系的漏洞更为突出，潜藏隐患不断暴露放大。人工智能技术可用于筛选出更多基因序列或样本，优化生物制剂的传播。在生物学和医学分析中广泛应用人工智能，可能开启超靶向生物战，形成针对特定目标群体的生化攻击，生物数据的数字化与日益普及的合成生物学研发能力相结合，更降低了生物武器开发的门槛。通过机器学习，不法分子可优化细菌病毒变异的方案，从而提高其毒性和传播速度；[5] 自动化技术将缩短生物制剂的生产周期，减少对专业工作人员的需求，借助自动化工具，可实现在更广范围内更快捷地制造生物武器；方兴未艾的 3D 打印技术则可用于生产实验室设备组件以制造生物武器所需的其他物品，还可做到分散生产，从而减少对货物实际跨境运输的需求，进而更有可能规避出口管制所施加的障碍，增加出口管制的难度和生物武器扩散的风险。[6]

本书还阐述了强化国际生物军控的紧迫性。由于新兴技术的

5 "Bio Plus X: Arms Control and the Convergence of Biology and Emerging Technologies", March, 2019，https://www.sipri.org/publications/2019/other-publications/bio-plus-x-arms-control-and-convergence-biology-and-emerging-technologies.

6 Kolja Brockmann, "Advances in 3D printing technology: Increasing biological weapon proliferation", July 27, 2019, https://www.sipri.org/commentary/blog/2019/advances-3d-printing-technology-increasing-biological-weapon-proliferation-risks.

发展，生物武器可能日益多样化、小型化、模块化、基因化，但传统出口管控机制却难以管控新兴技术的转移，其更新速度也显著落后于生物技术的迭代演进。作为国际军控重要基础，人类历史上第一个禁止一整类大规模杀伤性武器的国际公约《禁止生物武器公约》主要覆盖生物毒剂，未涉及基因武器等潜在的新武器和新兴两用技术，对非国家行为体也难以约束。因此，国际主要智库和军控组织纷纷呼吁革新当前国际生物军控体制，提升全球生物安全治理水平。

第四，生物技术谬用和滥用风险值得关注。本书介绍了生物实验室安全管理的经验教训，同时分析了现代生物技术发展面临的安全与伦理风险。尤其是以基因编辑、合成生物学、遗传工程、脑机接口等为代表的现代生物技术，与 5G、人工智能、物联网催生的万物互联世界相融合，极大地冲击着人类的基本伦理规范，将人类带到关键的十字路口，面临前所未有的生物技术谬用和滥用风险。一方面，生物技术谬用风险日渐增大。基因编辑等技术具有巨大的应用潜力，也存在一定的技术缺陷和严重的伦理风险。国内外生物科学界对基因编辑的边界和红线的共识是，允许对胚胎发育阶段或生殖系细胞进行体外基因编辑的研究，但绝不能用于生殖的目的，且其研究的过程需要政府主管部门进行严格监管，流程需要公开透明。[7] 但 2018 年，我国南方科技大学贺建奎主导的国际团队宣布，经 CRISPR–Cas9 系统的基因编辑，一对具有抵抗艾滋病能力的婴儿已诞生，引发国内外哗然和强烈反对。除了基因编辑技术的伦理风险外，美国科学家复原西班牙大流感病毒、合成新型冠状病毒等危险举措，也引发强烈的国际争议。

另一方面，新兴生物技术降低生物研究门槛，可能带来严重的滥用风险。比如“生物极客”[8] 正在变得越来越普遍，这一群体缺乏科学和系统的训练，但只需花费较低的价格购买 CRISPR 试剂盒，便可进行小到操纵细菌和酵母的基因、大到修饰人体基因的实验。由于缺乏监管，“生物极客”已引发业界对生物安全的担忧，一旦“生物极客”释放改造过基因的生物武器或将经过修饰的基因传播到自然界，可能引发难以想象的严重后果。

第五，生物恐怖威胁更须警惕。一方面，国际恐怖势力不断谋划生物恐怖袭击。2001 年，美国发生“炭疽邮件”恐怖袭击，敲响了生物恐袭的警钟。2016 年以来，美欧情报部门多次警告，

---

7 刘耀等:《基因编辑技术的发展与挑战》,《生物工程学报》2019 年第 8 期，第 1406 页。

8 Heidi Ledford，Biohackers gear up for genome editing，August 25，2015, https://www.nature.com/news/biohackers-gear-up-for-genome-editing-1.18236.

有证据显示“伊斯兰国”可能在制造生化武器。2018 年，德国警方逮捕一名涉嫌制造蓖麻毒素的“伊斯兰国”追随者，[9] 近年来其他国家也陆续破获制造生化恐袭的预谋。此外，恐怖组织曾多次试图借疫情发起恐怖袭击。2014 年埃博拉疫情在非洲暴发期间，“基地”组织曾策划派人前往疫情重灾区感染病毒，再返回美西方国家，扩散病毒；2016 年寨卡疫情在巴西暴发，“伊斯兰国”扬言利用病毒攻击美国，传播恐慌；2020 年 3 月，伊拉克情报机构透露，“伊斯兰国”计划利用感染新冠病毒的成员充当“人肉炸弹”，向伊拉克南部和什叶派场所发起袭击，以加速病毒蔓延，放大社会恐慌。[10]

2018 年 12 月，美发布《反大规模杀伤性武器恐怖主义国家战略》，称包括生物武器在内的恐怖主义与大规模杀伤性武器的结合是“我们这个时代最大的挑战之一”。[11]

另一方面，全球范围内针对新兴生物技术创新和应用的整合治理体系建设迫在眉睫。2018 年 1 月，加拿大阿尔伯塔大学病

---

9 《用蓖麻毒素做生物炸弹！德国警方逮捕极端分子》，新华网，2018 年 7 月 6 日，http://www.xinhuanet.com/world/2018-07/06/c_129907795.htm.

10 Ted Reynolds, Seeing COVID-19 as an Opportunity, May 3,2020, https://www.thecairoreview.com/essays/seeing-covid-19-as-an-opportunity/.

11 National Strategy for Countering Weapons of Mass Destruction, December 2018, https://www.whitehouse.gov/wp-content/uploads/2018/12/20181210_National-Strategy-for-Countering-WMD-Terrorism.pdf.

毒学家大卫·埃文斯研究团队利用邮件订购的方式获得遗传基因片段，成功合成马痘病毒。该病毒与天花病毒同属正痘病毒家族，这是人类首次合成正痘病毒家族成员，也是目前化学合成的规模最大的病毒基因组。[12] 该研究可直接适用于再生天花病毒，引发各界对生物恐怖主义的担忧。2018 年，美国约翰斯·霍普金斯大学健康安全中心举办病毒大流行桌面推演：一种名为"Clade X"的生物工程病毒被恐怖组织故意释放，可能对美国和全球造成难以应对的灾难性风险。[13] 无论是有意释放还是无意泄露，合成生物有机体都给人类社会带来了难以预测的风险。美国《世界威胁评估 2019》报告认为，"生物武器威胁变得越来越多元，实施方式多样，军民两用技术的发展也助推生物武器的开发"。[14] 新兴生物技术使生物武器开发所需门槛日益降低，未来恐怖分子通过公开材料掌握天花等高致命性病毒合成技术的可能性很难排除，可能对人类造成巨大的灾难。新冠肺炎等传染病全

---

12 Ryan S. Noyce, Seth Lederman, David H. Evans, "Creation of synthetic horsepox virus could lead to more effective smallpox vaccine", January 19, 2018, https://www.sciencedaily.com/releases/2018/01/180119141233.htm.

13 Clade X Pandemic Simulation Exercise. CSIS Commission on Strengthening America's Health Security, Center for Strategic and International Studies, January 28, 2019, https://healthsecurity.csis.org/events/clade-x-pandemic-simulation-exercise/.

14 Worldwide Threat Assessment of the US Intelligence Community, p.8.

球流行所带来的巨大影响，可能对恐怖分子形成巨大吸引力，国际社会应对疫情所暴露出的严重缺陷，也可能被生物恐怖分子利用。如何有效加强生物安全监管，切实斩断恐怖分子与生物武器的结合链条，是世界各国政府、国际组织、科学界、产业界和战略界的共同责任。

此外，全球物种与生态系统安全面临严峻挑战。本书介绍了动物疫情与国家安全的紧密联系，分析了外来生物入侵与物种安全面临的挑战与出路，此外，还阐述了维护生物多样性与生态安全的重要意义。由于全球化、城市化的迅猛发展和全球人口的持续增长，人类正踏足越来越多曾经的无人之境，与各种生物族群的接触越来越密切，人类活动对地球和生物圈的影响不断加剧，气候变化、栖息地破坏、外来物种入侵、过度采伐以及环境污染等因素都使生物多样性正在加速丧失，日益濒临逆变的临界点，可能酿成不可逆的全球生态灾难。新冠肺炎疫情大流行再一次揭示人类与地球是休戚与共的命运共同体，面对日益严峻的全球性自然大危机，世界各国更需要求同存异、开放包容、合作应对，同筑生态文明之基，同走绿色发展之路，携手共建地球命运共同体。

大国竞争添隐患

八十年前，美国启动了世界第一个核武器研发计划“曼哈顿工程”，军队、政府、学术界、工业界、政府承包商和国家实验室共同努力，迅速在二战中确立了压倒性的军事优势，从而结束了二战。今天，美国防御生物威胁已经处于明显的不利境地，美国须在生物防御领域启动新的“曼哈顿工程”，应对生物战、生物恐怖和传染病大流行的威胁。

——美国两党生物防御委员会，2019 年 7 月

2001 年“9 · 11”事件和“炭疽邮件”事件以来，各大国尤其是美国开始高度重视生物安全能力建设，并持续加大投入。2020 年新冠肺炎疫情席卷全球，使生物安全再度成为大国关注的焦点问题。未来大国势必进一步强化各自生物安全能力，在大国竞争日趋激烈的背景下，生物安全之争可能为大国战略稳定注入新的不稳定因素，可能导致军备竞赛、诱发安全冲突、干扰国际公共卫生合作。

目前，美国的生物安全能力已遥遥领先于其他大国，这从生物安全研发投入即可管窥一斑。2001 年“9 · 11”事件以来，美

国对生物安全研究的资助力度持续大幅增加，双重布局基础研究与防控措施研究，生物防御基础设施和应急响应措施建设以及对生物武器的抵御等方面都得到深入研究和巩固，英、法等国的研究晚于美国，且资助力度远不及美国。[15] 美国尤其重视新兴生物技术的军事应用。2014 年美国国防高级研究计划局（DARPA）宣布成立生物技术办公室（BTO），年预算约占 DARPA 总额的 11%，2020 财年 BTO 被批准拨款 3.74 亿美元，2021 财年申请预算 3.93 亿美元，在研项目由 BTO 成立时的三大领域 23 项发展到目前五大领域 48 项，主要涉及生物威胁探测、溯源，大规模快速生物防御及对抗措施，生物战准备及恢复的革命性技术，提高士兵训练及作战能力，人机接口平台等领域。[16]2017 年，美国国防部国防科学委员会成立生物工作组，集中研究现代生物学快速发展尤其是 25 年内可能突破的领域，评估其有助于提升国防创新潜力或对手能力发展对国防安全的威胁。[17] 美国国防科技决策顾问机构“贾森小组”（JASON）向美国国防部递交《基因编辑研究》（2016）、《基因驱动研究》（2017）等多份内部

15　李爱花等:《美英法生物安全领域基金资助布局》,《中华医学图书情报杂志》2019 年第 1 期，第 34—43 页。

16　https://www.darpa.mil/about-us/offices/bto?ppl=viewall#programs.

17　Terms of Reference-Defense Science Board Task Force on Biology, Feb. 09,2017, https://dsb.cto.mil/TORs/TOR-2017-02-09-Biology.pdf.

报告，阐述前沿生物科技的战略意义，建议国防部加大研发和投入。[18] 2018年6月，美国国防部、美国国家科学院、国家工程院和国家医学院联合发布题为《合成生物学时代的生物防御》报告，强调近几年迅速崛起的合成生物学正在带来新一代的生物武器威胁，基因编辑工具的发展使恶意的生物信息编辑变得更为快速简易、难防难测，将对民众和军事作战产生巨大威胁，呼吁“美国政府应该密切关注合成生物学这一高速发展的领域，就像冷战时期对化学和物理学的密切关注一样”。[19]

受疫情刺激，美国酝酿启动“生物曼哈顿工程”，可能进一步拉大与其他国家生物安全能力的差距，不排除诱发生物安全领域军备竞赛的可能性。2020年是美国实施“曼哈顿工程”75周年，该工程可谓是美国版的“集中力量办大事”，在成功研制核武器方面功不可没。2019年7月，美国官方咨询机构“生物防御蓝带研究小组”（现更名为“两党生物防御委员会”）提出“生物防御曼哈顿计划”，倡议通过公私合作，保护美国免受生物战、生物恐怖主义和传染病等生物威胁的侵害，赢得大国竞争新优

18 "Gene Drive Files Expose Leading Role of US Military in Gene Drive Development," December 1, 2017, http://genedrivefiles.synbiowatch.org/2017/12/01/us-military-gene-drive-development/#7.

19 "Biodefense in the Age of Synthetic Biology," June,2018, https://scipol.duke.edu/track/biodefense-age-synthetic-biology-nasem-report/biodefense-age-synthetic-biology-report.

势。[20]新冠肺炎疫情在美国暴发后，其国内关于启动“生物曼哈顿工程”的呼声再度高涨。美国议员、高官、学者纷纷呼吁尽快推进“生物曼哈顿工程”，以抗疫为契机带动生物安全能力建设：一是按战争动员建设病毒检测、个人防护、医疗资源等关键能力；二是创新金融支持方式，大力推进官、民生物基础科学研究；三是多管齐下推进相关生物安全专业队伍建设；四是创新监管机制，推进生物安全技术的快速产业化能力。[21]2020 年 4 月，美国富豪与顶尖科学家宣布效仿“曼哈顿工程”，联合启动“新冠曼哈顿项目”，12 名来自化学生物学、免疫生物学、神经生物学、肿瘤学、胃肠病学、流行病学及核安全等领域的顶尖专家组建“遏制新冠病毒科学家联盟”，聚焦疫苗和药物研发，为美国政府高层收集和筛选全球最有价值的科研成果。[22]此外，在民主党、共和党尖锐对立的背景下，美参议院少数党领袖舒默仍联手

---

20 A Manhattan Project for Biodefense: Taking Biological Threats Off The Table, July 11, 2019, https://www.biodefensestudy.org/event/a-manhattan-project-for-biodefense.

21 Dr. Robert Siegel: Coronavirus Manhattan Project needed-10 things we must do right now,Fox News, March 18, 2020, https://www.foxnews.com/opinion/coronavirus-manhattan-project-dr-robert-siegel.

22 Josh Sandberg, "The Secret Group of Scientists and Billionaires Pushing a Manhattan Project for Covid-19", https://www.wsj.com/articles/the-secret-group-of-scientists-and-billionaires-pushing-trump-on-a-covid-19-plan-11587998993.

共和党参议员托德·扬提出“无尽前沿”议案[23]，拟在 5 年内向美国国家科学基金会注资 1000 亿美元，以支持先进科技研发，震动美国科学界，一定程度上反映出两党在集中力量维持美国科技优势方面的共识，生物技术是其中重点之一。

由于《禁止生物武器公约》未设核查机制，在条约框架下建立核查机制的国际努力一直因美国的阻挠而难有进展。尽管美国自尼克松政府时期已宣布停止生物武器研发，[24]但生物技术存在很强的两用性，新兴生物技术发展又进一步模糊了生物进攻与防御的界限。弗朗西斯·福山在《我们的后人类未来：生物科技革命的后果》中表示，未来生物技术会成为世界政治重要的断裂线。[25]美国以强化生物防御能力为由加速生物军事技术研发，又拒绝国际核查，很可能引发其他国家的警惕和跟进。在大国竞争加剧、政治互信降低的背景下，如果不能打破这种相互猜疑的安全困境，很可能诱发生物领域的军备竞赛，进而危及大国战略稳定。

除了军备竞赛风险外，随着生物技术的进一步发展，大国互信可能更加脆弱，全球安全可能由于新的大流行病陷入前所未有

---

23 Lawmakers introduce bill to invest $100 billion in science, tech research, 2020.05.27, https://thehill.com/policy/cybersecurity/499754-lawmakers-introduce-bill-to-invest-100-billion-in-science-tech-research.

24 Kissinger HA. N.S. Decision Memorandum 44. 20 February, 1970.

25 ［美］弗朗西斯·福山著，黄立志译：《我们的后人类未来：生物科技革命的后果》，广西师范大学出版社 2017 年版，第 193 页。

的混乱甚至军事冲突。此次新冠病毒溯源问题尽管尚未完全调查清楚，但国际权威研究已普遍认为，新冠病毒源于自然而非人工合成，主要证据在于：一是其刺突蛋白与人体细胞结合效率很高，现有人类基因工程技术尚达不到这一水平；二是病毒构型与现有已知病毒均不相同，而目前人工合成病毒须以现有病毒为模板制造。[26] 新冠肺炎疫情在美国暴发蔓延后，美国一些政客不顾国际科学界的共识和美国情报机构的专业评估，迅速甩锅中国生物实验室，叫嚣启动国际调查追责，[27] 最终难以与科学权威相抗衡而无果而终。事实上，美军遍布全球的生物实验室也早已引发俄罗斯等国担忧。俄罗斯高官称，美国全球建有 200 多个军用生物实验室，尤其是在靠近俄边境地区建立生物实验室对俄生物安全构成重大威胁，俄罗斯官方曾多次表示过担忧。[28] 俄罗斯外交部 2020 年 5 月再次表示，美国在世界各地开展“军事生物学活

---

26 International Researchers Conclude COVID-19 is Not Man-Made, Mar. 18, 2020, https://www.biospace.com/article/stop-the-conspiracy-theories-novel-coronavirus-has-natural-origin/.

27 Pompeo Ties Coronavirus to China Lab, Despite Spy Agencies' Uncertainty, May 7, 2020, https://www.nytimes.com/2020/05/03/us/politics/coronavirus-pompeo-wuhan-china-lab.html.

28 俄安全会议秘书:《美军生物实验室遍布全世界》, 2019 年 1 月 16 日，http://www.xinhuanet.com/mil/2019-01/16/c_1210039953.htm。

动”，俄方需从维护国家安全的角度对相关问题“予以思考”。[29]

可以想见，由于新兴生物技术的快速发展，未来人工合成相关病毒或蛋白质的效率将不断提高，而人工智能和大数据与基因编辑、合成生物学相结合，很多病毒构型可以通过计算模拟而得，未必一定需要基于自然存在的病毒构型，这势必极大弱化和模糊人造病毒和自然进化的界限。此外，由于美国推动“全政府”对华竞争战略，美国国家卫生研究院（NIH）等机构和联邦调查局（FBI）联手，以窃取知识产权为由拉网式调查华裔科学家，[30]不公平地限制中美生物科技交流，这将进一步加剧两国之间的不信任感。

如果国际生物实验室核查机制长期无果，国际尤其是中美生物科学家又日趋处于“脱钩”状态，在大国战略竞争日趋激烈的背景下，一旦再暴发类似此次新冠肺炎全球大流行的疫情，由于政治上的互不信任，“病毒人造”的阴谋论势必甚嚣尘上；如果科学上再难以及时做出有说服力的结论，可能引发国际社会的激烈矛盾，甚至不排除引发军事冲突的可能性。美国时任国防部长

29 俄媒：《美在乌克兰等地参建生物实验室引担忧》，新华社莫斯科 2020 年 5 月 28 日电。

30 Vast Dragnet Targets Theft of Biomedical Secrets for China, The New York Times, Nov. 4, 2019, https://www.nytimes.com/2019/11/04/health/china-nih-scientists.html?_ga=2.161812860.1374212263.1591940777-1860217241.1574162704.

马蒂斯在2018年美国《国家生物防御战略》发布会上表示，生物防御战略名为防御，指的是美国面对生物进攻采取的生物防御措施，不意味着美国不会采取非生物军事措施予以回击。[31]

大国竞争不仅加剧军备竞赛和危机冲突风险，还将干扰国际卫生合作。世界卫生组织尽管还存在资源受限、能力不足等各种不足，但依然是无可替代的公共卫生治理的国际协调平台和危机应对枢纽。尤其是2005年《国际卫生条例》的修订通过，进一步扩展了国际防疫的范围，增强了世界卫生组织的权威性，有力强化了国际公共卫生危机的应对能力。[32]但是美国因疫情应对不力，恼羞成怒，甩锅推责，不客观、不公平地批评世界卫生组织的疫情处置，并决定退出世界卫生组织，引发国际社会的强烈批评，[33]也对新冠肺炎疫情的全球应对造成极大负面影响。

---

31 Press Briefing on the National Biodefense Strategy, September 18, 2018, https://www.whitehouse.gov/briefings-statements/press-briefing-national-biodefense-strategy-091818/.

32 郑涛主编:《生物安全学》，科学出版社2014年版，第149—150页。

33 Coronavirus: Backlash after Trump signals US exit from WHO, BBC, 30 May, 2020, https://www.bbc.com/news/world-us-canada-52862588.

第十一章

他山之石可攻玉

生命科学的进步给我们的健康、经济和社会发展带来了裨益，同时也给想蓄意制造破坏的行为主体提供了新渠道。美国本土的生物威胁——不管是故意袭击、偶然性事件还是自然因素——越来越多，需要我们采取措施，从源头来解决这些问题。我们会与其他国家合作提前检测和缓和疫情暴发，防止疾病蔓延。我们将从源头检测和控制生物威胁，支持生物医学创新，提高应对紧急情况的能力。

——美国 2017 年《国家安全战略》

近年来，生物技术快速发展，并与跨领域高新技术交叉融合，取得一系列重大成果，引发各国广泛关注，纷纷加强顶层设计，加大研发投入，争夺生物技术和生物经济领先地位。但是，新兴生物技术与人工智能等高新技术融合是一把双刃剑，既能极大催发生物经济产业，也使各国面临更为复杂的生物安全形势。为此，美国等国纷纷推进战略、完善体系、强化研发，健全国家生物安全战略体系。

一是完善立法保障。美国《生物恐怖主义预防法》扩大了对生物武器的定义，严惩使用特定生物制剂和毒素危害公共安全的行为;《公共卫生安全与生物恐怖主义应对法》强调“事前预防”和“事后报告”的工作原则，严控生物制剂和毒素管理;《联邦信息安全管理法》《关键基础设施保护法》对生物信息和基础设施的保护做出规范。欧盟在动植物安全、转基因安全、生物制剂、两用生物物项等领域共制定10项条例、6项指令和6项决议。[34]条例在各成员国均有法律效力，指令则需成员国限期完成相关国内立法，决议对所涉特定对象有法律约束力。日本在传染病防治、转基因规范、禁止生物武器等领域均有专门立法,《外汇和外国贸易法》《航空法》《邮政法》《劳动安全卫生法》等综合法律均有涉及生物安全的条款。

二是加强战略统筹。战略上高度重视新兴技术的生物安全影响，加强国家战略规划。美国自2001年“9·11”事件和“炭疽邮件”事件以来，高度重视生物威胁对国家安全的影响，历届政府的《国家安全战略》都把生物恐怖威胁视为对其国家安全的重大威胁，并制定专门的国家生物防御战略。美国总统小布什2004年签署《21世纪生物防御》总统令，首次明确美国生物防御计划四大支柱，即“威胁感知”“预防和保护”“监视和侦察”“救

34 European biosafety / biosecurity legislation, https://ebsaweb.eu/european-biosafety-biosecurity-legislation.

援反应和重建”。[35] 奥巴马政府 2009 年发布《应对生物威胁的国家战略》，提出生物科研、应急响应、全球健康、安全规范等领域的七大目标。[36] 特朗普政府 2017 版美国《国家安全战略》中，明确把探测和遏阻生物威胁、支撑生物医学创新和生物产业、加强应急响应作为“应对生物安全威胁和流行病”领域的三大优先行动。[37] 2018 年公布《国家生物防御战略》，要求成立内阁级生物防御指导委员会，由卫生部长牵头，下设生物防御协调小组，负责统筹 15 个政府部门处理生物恐怖主义和致命疾病暴发问题，并定期监督和评估生物防御战略的实施。[38] 英国 2018 年也公布首份《生物安全战略》，界定面临的生物安全风险，规范政府职责、应对原则和响应机制。[39]

三是强化风险评估、监测预警和应急响应体系。风险评估和预警方面，美国建立多种国家生物监测安全系统，如国土安全部

35 Biodefense for the 21st Century，April 28, 2004, https://fas.org/irp/offdocs/nspd/hspd-10.html.

36 National Strategy for Countering Biological Threats 2009,November,2009,p4, https://obamawhitehouse.archives.gov/sites/default/files/National_Strategy_for_Countering_BioThreats.pdf.

37 National Security Strategy of the United States of America, December 2017, p.9.

38 National Biodefense Stategy,Setemper 2018,p.5, https://www.whitehouse.gov/wp-content/uploads/2018/09/National-Biodefense-Strategy.pdf.

39 UK Biological Security Strategy, July 2018,p.5, https://assets.publishing.service.gov.uk/government/uploads/system/uploads/attachment_data/file/730213/2018_UK_Biological_Security_Strategy.pdf.

负责“生物监测计划”，监测空气中病原体释放，预警生物恐怖事件；美国疾控中心实施“生物传感计划”，从国防部、实验室协会、医院等部门获取数据，快速发现、判定公共卫生紧急事件，美国还制定了《国家生物监测科学和技术路线图》，推进监测预警网络整合。[40] 英国情报机构负责搜集评估蓄意生物威胁，由公共卫生局、环境食品和农村事务部等部门负责公众和动植物健康数据；建有覆盖全面的监测系统，可快速监测和识别疫情，临床医生、兽医、科学家和行业专业人员每天报告重大疾病或可疑生物安全事件。[41] 应急响应方面，美国实施“生物盾牌”计划，针对生物恐怖袭击的潜在病原体，研发疫苗、药物、诊断与治疗方法，做好炭疽疫苗、天花疫苗等重要生防物资的储备和应急生产准备；[42] 美国还通过《国家应急框架》，协调各级政府、公私部门和非政府组织应对生物恐袭等紧急事件。英国也制定了多项生物安全应急预案，定期开展跨部门培训和演习。[43]

---

40 郑涛等：《美国等发达国家生物监测预警能力的发展现状及启示》，《中国工程科学》2017 年第 2 期，第 123—124 页。

41 UK Biological Security Strategy, July 2018,p.12, https://assets.publishing.service.gov.uk/government/uploads/system/uploads/attachment_data/file/730213/2018_UK_Biological_Security_Strategy.pdf.

42 吉荣荣等：《美国生物盾牌计划的完善进程及实施效果》，《军事医学》2013 年第 3 期，第 176—178 页。

43 "Emergency response and recovery ," https://www.gov.uk/guidance/emergency-response-and-recovery.

四是完善基础设施，提升科研能力。美国公开的生物安全四级实验室 15 个，三级实验室 1356 个，远超世界其他国家。[44] 美国还积极整合相关研究力量，如在德特里克堡组建“国家跨部门生物研发联盟”（NICBR），整合国防部、国土安全部、农业部、卫生部四部门下属的 8 个研究单位的研究力量。[45] 欧盟、英国、日本等政府和独立机构大量投资生物科技，企业与高等教育机构紧密合作，研发能力强大，生物安全产业较为发达。

西方抗疫有教训

对疫情防控的政治化，使整个国家出现了巨大的鸿沟。我所推动的公共卫生措施，单纯为了保护人们的健康和安全。有些人却对此很生气，认为我干涉他们的生活。我不仅收到了恐吓信，还有那种真正意义上的严重威胁，我从没见过这样的社会，严重威

44 High-Containment Biosafety Laboratories: Preliminary Observations on the Oversight of the Proliferation of BSL-3 and BSL-4 Laboratories in the United States,GAO, October 2007, pp.9-10, https://www.gao.gov/new.items/d08108t.pdf.

45 https://www.nicbr.mil/.

胁我、我的妻子和女儿的生命安全。这真的是美国吗？[46]

——安东尼·福奇博士 2020 年 7 月

美国国家过敏症和传染病研究所所长

白宫冠状病毒应对工作组关键成员

2020 年新冠肺炎疫情席卷全球，美欧发达国家看似稳固的生物安全体系成为“马奇诺防线”，并未经受住疫情的考验。截至 2020 年 7 月 2 日，美欧两大洲已有 807 万人感染新冠肺炎，其中美国感染人数 262 万，死亡近 13 万人，[47] 感染人数仍在不断攀升，教训十分惨痛，反映出各国生物安全体系依然不够完备。“福奇之问”更反映出科学家在新冠肺炎疫情防控被政治化时的深深的无奈和愤怒。

生物安全不是孤立存在的单独体系，与人民安全、经济安

---

46 Dr. Fauci Says He and His Family Have Received Serious Threats: "Is This the United States of America?" 7/25/2020, https://www.newsweek.com/dr-fauci-says-he-his-family-have-received-serious-threats-this-united-states-america-1520485.

47 数据来自世卫组织网站，https://covid19.who.int/?gclid=Cj0KCQjwrlf3BRD1ARIsAMuugNujl-BIW17ZCJrGn7uojHVgcocd7JeEDpevUNifU6F34umKzJa--jYaAhitEALw_wcB。

全、科技安全等非传统安全领域紧密相关，其根本出发点和落脚点是人民安全。再强大的生物防御体系也难以单独发挥全部作用，必须与整个国家治理体系密切配合，才能一竟全功。疫情就像一面镜子，映照出不同国家的价值理念和执政能力差异。有的国家精于在政治利益、经济利益得失上“算小账”，罔顾人民安全这个“大账”，政府失信、机制失灵、民主失色、民众失望，导致疫情迅速蔓延，人民最基本的生存权都无法得到保障。[48]

具体而言，西方一些国家在疫情应对中暴露出的问题主要有四个方面。一是对疫情严重性估计不足，错失防疫黄金期。美欧面对病毒来袭，最初“按兵不动”，甚至“隔岸观火”，对新冠肺炎病毒的高传染性没有给予足够重视，多国大型活动照常进行，未能进行有效的社交隔离。

二是政府危机意识薄弱，缺乏决断担当。在新冠肺炎疫情早期，美国政府决策层对情报部门提交的预警报告置若罔闻，断言疫情会“奇迹般”消失。美疾控中心前主任托马斯·弗里登表示，美国直到“为时已晚”才进行严格的筛查，这暴露出整个政

48 陈文清:《总体国家安全观的生动实践和丰富发展》,《求是》2020年第8期，第42—43页。

府的失败。[49]不仅如此，出于维护经济业绩的考虑，不少政府刻意淡化疫情威胁，在应当采取坚决措施遏制病毒传播时优柔寡断，迟迟不能下定决心，决策不断反复，以致坐失良机。

三是跨部门协调不足，危机管控混乱。如美国公共卫生体系强调联邦与州分权，美国宪法并未明确赋予联邦政府公共卫生服务的权力，因此原则上各州和地方政府才是执行层面的核心力量，联邦政府的作用不断弱化，直接对接社区的州和地方政府与公共卫生部门的作用则持续放大。[50]而各州疾控体系组织方式各异、职能架构分散，影响应急协调。特朗普政府的混乱更使美国公共卫生应急体制的固有缺陷暴露无遗，多个与生物安全相关的高级职位长期空缺，还取消了小布什和奥巴马政府设置的总统国土安全和反恐顾问一职，国安会负责全球卫生安全和生物防御的团队也在 2018 年被解散。特朗普还多次改组政府防疫小组的领导架构，导致整个防疫系统沟通协调不畅，白宫官员内斗严重，围绕防疫预算、封关禁令等进行持久争论，极大拖延了防疫进程。欧盟在疫情暴发初期同样缺乏协调，各国各自为战，时有以

---

49 What the C.D.C. Did Wrong, and Why, The New York Times, June 4, 2020, https://www.nytimes.com/2020/06/04/opinion/letters/coronavirus-cdc-frieden.html.

50 王聪悦：《美国公共卫生治理：沿革、经验与困境》，《当代世界》2020 年第 4 期，第 51—52 页。

邻为壑之举。意大利作为疫情的重灾区，不断对欧盟“抱怨”支持不足。法国、德国、捷克等国实施医用防护设备出口禁令，引起欧盟其他国家，特别是缺乏生产能力的国家的不满。

四是政府应急资源储备不足，应对疫情捉襟见肘。欧美国家医疗资源丰富、医疗水平先进、社会保障体系相对完善，但此次疫情仍然暴露了欧美国家医疗系统的脆弱一面。欧盟文件显示，就在欧洲开始争购口罩、呼吸机和检测工具的一个月前，各国政府曾向布鲁塞尔表示，它们的医疗系统“已经做好准备，没有必要再订购更多的库存”。在我国武汉“封城”两周后，欧盟委员会的一名官员还自信满满地表示，“一切尽在掌控中”。[51] 但疫情暴发后，欧洲各国对自身医疗系统的“过度自信”带来灾难性影响，专家甚至建议给 ICU 病房设置年龄上限，医生不得不面对“谁该插管”的残酷生死选择。特朗普政府在疫情前已连续多年削减疾控中心等公共卫生关键预算。因为口罩储备、产能严重不足，为了避免医护人员无口罩可用的窘境，美国政府不得不在疫情初期建议民众毋须佩戴口罩，对疫情蔓延起了火上浇油的作用。

---

51 Exclusive-"Things under control": how Europe sleepwalked into the coronavirus crisis, Reuters, April 2, 2020, https://www.reuters.com/article/us-health-coronavirus-eu-prevention-excl/exclusive-things-under-control-how-europe-sleepwalked-into-the-coronavirus-crisis-idUSKBN21J6FF.

中国世界共安全

生物安全问题已经成为全世界、全人类面临的重大生存和发展威胁之一，必须从保护人民健康、保障国家安全、维护国家长治久安的高度，把生物安全纳入国家安全体系。要全面研究全球生物安全环境、形势和面临的挑战、风险，深入分析我国生物安全的基本状况和基础条件，系统规划国家生物安全风险防控和治理体系建设，全面提高国家生物安全治理能力。尽快推动出台生物安全法，加快构建国家生物安全法律法规体系、制度保障体系。[52]

要把生物安全作为国家总体安全的重要组成部分，坚持平时和战时结合、预防和应急结合、科研和救治防控结合，加强疫病防控和公共卫生科研攻关体系和能力建设。[53]

——习近平

---

52 习近平：《全面提高依法防控依法治理能力 健全国家公共卫生应急管理体系》，《求是》2020 年第 5 期。

53 习近平：《为打赢疫情防控阻击战提供强大科技支撑》，《求是》2020 年第 6 期。

这次新冠肺炎疫情，是 1949 年以来在我国发生的传播速度最快、感染范围最广、防控难度最大的一次重大突发公共卫生事件，既是对我国治理体系和能力的一次大考，也是对我国应对非传统安全挑战的一次检验。面对新冠肺炎疫情这只“黑天鹅”，党中央审时度势、综合研判，站稳阵脚、沉着应战，及时提出了“坚定信心、同舟共济、科学防治、精准施策”的总要求，不到 2 个月时间，中国即强力扭转了疫情传播势头，创造出了人类抗击瘟疫历史上的伟大奇迹。这是一场遭遇战，但某种意义上，我们也打了一场防范和抵御重大非传统安全领域风险的有准备之战。[54]

2014 年 4 月 15 日，中共中央总书记、国家主席、中央军委主席、中央国家安全委员会主席习近平在主持召开中央国家安全委员会第一次会议时深刻指出，当前我国国家安全内涵和外延比历史上任何时候都要丰富，时空领域比历史上任何时候都要宽广，内外因素比历史上任何时候都要复杂，必须坚持总体国家安全观，以人民安全为宗旨，以政治安全为根本，以经济安全为基础，以军事、文化、社会安全为保障，以促进国际安全为依托，走出一条中国特色国家安全道路。党的十八大以来，以习近平同

---

54 陈文清：《总体国家安全观的生动实践和丰富发展》，《求是》2020 年第 8期。

志为核心的党中央从保护人民健康、维护国家长治久安的高度，把生物安全纳入国家安全体系，出台了有关战略和政策，规划了国家生物安全风险防控和治理体系建设，提高了国家生物安全治理能力，为打赢今天的疫情防控斗争奠定了基础。习近平总书记对统筹传统安全与非传统安全问题多次做出强调，并对生物安全等非传统安全问题做出前瞻性部署。2018 年 1 月，习近平总书记指出，对重大传染性疾病，要时刻保持警惕、严密防范。

生物安全立法方面，中国已在病原微生物、实验室生物安全、传染病防控、基因工程和转基因、食品安全、生物制品、人类遗传资源与生物资源保护、伦理管理、两用物项和技术管控、动植物检疫、出入境检验检疫、突发安全事件等 12 个领域制定了 86 项法律、法规、规章。[55] 党的十九大以来，我国还加快了生物安全顶层立法工作，并针对新冠肺炎疫情防控经验又对立法草案做出修订。2020 年 10 月 17 日，经全国人大常委会通过，习近平主席签署国家主席令，《中华人民共和国生物安全法》正式颁布，将于 2021 年 4 月 15 日生效。法案共计 10 章 88 条，聚焦防范和应对生物威胁，保障人民生命健康，促进生物技术健康发展，保护生物资源和生态环境。

---

55 《中华人民共和国生物安全相关法律法规规章汇编》，科学技术文献出版社 2019 年版。

《中华人民共和国生物安全法》(以下简称《生物安全法》)法案明确，生物安全是国家安全的重要组成部分，维护国家生物安全应当贯彻总体国家安全观。规定坚持中国共产党对国家生物安全工作的领导，建立健全国家生物安全领导体制，加强国家生物安全风险防控和治理体系建设，提高国家生物安全治理能力。法案规定了国家生物安全工作协调机制的职责，明确国家生物安全工作协调机制由国务院卫生健康、农业农村、科学技术、外交等主管部门和有关军事机关组成，分析研判国家生物安全形势，组织协调、督促推进国家生物安全相关工作。在防控重大新发突发传染病、动植物疫情方面，《生物安全法》明确生物安全风险监测预警制度，建立国家生物安全风险监测预警体系，提高生物安全风险识别和分析能力。

《生物安全法》规定，完善分类管理制度，明确根据对公众健康、工农业、生态环境等造成危害的风险程度，将生物技术研究、开发活动分为高风险、中风险、低风险三类。明确开展生物技术研究、开发活动应当遵守国家生物技术研究开发安全管理规范，进行风险类别判断，密切关注风险变化，及时采取应对措施。本法还对实验室生物安全管理、人类遗传资源与生物资源安全管理、防范生物恐怖与生物武器威胁、生物安全能力建设等方面内容做出规定，并明确了相关法律责任。

除《生物安全法》紧锣密鼓推进外，近年来我国还针对就生物安全重点领域的监管薄弱环节出台相关条例，如2019年5月通过《中华人民共和国人类遗传资源管理条例》，2018年4月修订《病原微生物实验室生物安全管理条例》，国家卫生和健康委员会2019年2月制定《生物医学新技术临床应用管理条例（草案）》，科学技术部2019年3月制定《生物技术研究开发安全管理条例（草案）》等。

生物安全技术方面，我国近年来也取得显著进步。在新冠肺炎疫情暴发之初，中国疾控中心迅速完成病毒基因测序，第一时间分离鉴定了新冠病毒，获得全球首张新冠病毒电镜照片，随即向世界卫生组织提交新型冠状病毒基因组序列信息，在全球流感共享数据库发布，供全球共享。这为全球开展疫苗研发、药物研究、疫情控制等提供了重要基础。世界卫生组织总干事谭德塞称赞说，“中国在创纪录短的时间内甄别出病原体并同世界卫生组织和其他国家分享病毒全基因序列信息”。[56] 截至2020年6月22日，全国医疗卫生机构累计进行核酸检测数据达到9041万人（份）。武汉、北京都曾在十多天内完成上千万人的核酸检测，检测能力之大，效率之高，震撼世界。中国多款新冠肺炎病毒疫苗研发也处于世界领先行列。习近平总书记强调，生命安全和生物

56 《为全球抗疫找答案 我国科研攻关不停步》，新华社北京2020年4月10日电。

安全领域的重大科技成果也是国之重器，疫病防控和公共卫生应急体系是国家战略体系的重要组成部分。要完善关键核心技术攻关的新型举国体制，加快推进人口健康、生物安全等领域科研力量布局，整合生命科学、生物技术、医药卫生、医疗设备等领域的国家重点科研体系，布局一批国家临床医学研究中心，加大卫生健康领域科技投入，加强生命科学领域的基础研究和医疗健康关键核心技术突破，加快提高疫病防控和公共卫生领域战略科技力量和战略储备能力。要加快补齐我国高端医疗装备短板，加快关键核心技术攻关，突破这些技术装备瓶颈，实现高端医疗装备自主可控。[57]

生物安全后勤保障方面，我国也已具备强大的生产调配能力。习近平总书记指出:“打疫情防控阻击战，实际上也是打后勤保障战。”新冠肺炎疫情暴发后，我国开展新中国成立以来规模最大的医疗支援行动，调动全国医疗资源和力量，全力支持湖北省和武汉市医疗救治。自 2020 年 1 月 24 日至 3 月 8 日，全国共调集 346 支国家医疗队、4.26 万名医务人员、900 多名公共卫生人员驰援湖北。19 个省份以对口支援、以省包市的方式支援湖北省（除武汉市以外）16 个地市，各省（自治区、直辖市）在

57　习近平:《为打赢疫情防控阻击战提供强大科技支撑》,《求是》2020 年第 6 期。

发生疫情、中国防控救治任务十分繁重的情况下，集中优质医疗资源支援湖北省和武汉市。中国人民解放军派出 4000 多名医务人员支援湖北，承担火神山医院等 3 家医疗机构的医疗救治任务，空军出动运输机紧急运送医疗物资。各医疗队从接受指令到组建 2 小时内完成，24 小时内抵达，并自带 7 天防护物资，抵达后迅速开展救治。从全国紧急调配全自动测温仪、负压救护车、呼吸机、心电监护仪等重点医疗物资支援湖北省和武汉市。从全国调集 4 万名建设者和几千台机械设备，仅用 10 天建成有 1000 张病床的火神山医院，仅用 12 天建成有 1600 张病床的雷神山医院。

短短 10 多天建成 16 座方舱医院，共有 1.4 万余张床位。加强临床血液供应，10 个省份无偿支援湖北省红细胞 4.5 万单位，血小板 1762 个治疗量，新鲜冰冻血浆 137 万毫升（不含恢复期血浆）。大规模、强有力的医疗支援行动，有力保障了湖北省和武汉市的医疗救治，极大缓解了重灾区医疗资源严重不足的压力。

为尽快解决医疗资源短缺和病患急剧增多的突出矛盾，中国充分发挥制造业门类全、韧性强和产业链完整配套的优势，克服春节假期停工减产等不利因素，开足马力，深挖潜力，全力保障上下游原料供应和物流运输，保证疫情防控物资的大规模生产与配送。医疗企业克服工人返岗不足等困难，以最快速度恢复医疗用品生产，最大限度扩大产能。其他行业企业迅速调整转产，生

< 武汉火神山医院建设现场

产口罩、防护服、消毒液、测温仪等防疫物资，有效扩大了疫情防控物资的生产供应。快速启动防控医疗物资应急审批程序，全面加强质量安全监管，确保以最快的速度批准上市、促产保供，截至 2020 年 5 月 31 日，共应急批准 17 个药物和疫苗的 19 件临床试验申请，附条件批准 2 个疫情防控用药上市。在各方共同努力下，医用物资产能不断提升，医用物资保供实现从“紧缺”到“紧平衡”“动态平衡”“动态足额供应”的跨越式提升。2 月初，医用非 N95 口罩、医用 N95 口罩日产量分别为 586 万只、13 万只，到 4 月底分别超过 2 亿只、500 万只。畅通供应链条和物流

渠道，建立联保联供协作机制，源源不断地把全国支援物资运送到疫情防控重点地区。[58]

中国还积极践行人类命运共同体理念，在搞好本国生物安全建设的基础上，积极提供全球公共产品。中国认为，生物安全关乎一个民族的生存、一个国家的稳定和整个人类社会的发展，也对地区安全乃至全球战略平衡有着深远影响。面对生物武器威胁、生物恐怖主义、大规模传染病等相互交织的多样化挑战，各国日益成为生物安全领域休戚与共的命运共同体。中国主张，国际社会各方应秉持“公正有效、平衡有序、合作互助、统筹兼顾”的生物安全理念，在做好本国生物安全顶层设计的同时，共谋全球生物安全公共产品，共筑全球生物安全屏障。[59]

2020年以来，新冠肺炎疫情在全球暴发蔓延，成为第二次世界大战结束以来最严重的公共卫生危机，给世界造成全方位冲击，给人类带来前所未有的挑战。中国作为负责任大国，本着人民至上、生命至上的原则，秉持人类命运共同体理念，坚持国际人道主义，与各国人民同舟共济、并肩抗疫。国家主席习近平亲力亲为开展元首外交，发出国际社会携手抗疫、共克时艰的

58 《抗击新冠肺炎疫情的中国行动》，国务院新闻办公室，2020年6月。

59 《中国代表团团长傅聪大使在〈禁止生物武器公约〉第八次审议大会上的发言》，2016年11月17日，http://www.china-un.ch/chn/hyyfy/t1416195.htm。

最强音。习近平主席在第73届世界卫生大会视频会议开幕式致辞中宣布中国支持全球抗疫将采取的“提供国际援助、建设应急枢纽、对口医院建设、疫苗全球可及、暂缓债务偿付”五大举措，[60]尤其是“为实现疫苗在发展中国家的可及性和可担负性做出中国贡献”，与美国加强新冠病毒相关医疗技术的出口管控、试图垄断疫苗接种、屡屡拖延国际援助的举止形成鲜明对比，赢得国际社会普遍赞誉。[61]

流行性疾病不分国界和种族，是人类的共同敌人。团结合作是最有力的武器，挽救生命是最紧迫的任务。中国向世界卫生组织捐资5000万美元，向150多个国家和国际组织提供紧急医疗物资援助。[62]尤其是在美国不断加码对中国企业无理制裁，一小撮政客撺掇开启对华“新冷战”的背景下，中国依然保持国际政治道德的高水准，对美国国内疫情形势感同身受，不计前嫌地向美方提供了大量防疫物资援助，为美方自华采购医疗物资提供

---

60 《团结合作战胜疫情，共同构建人类卫生健康共同体》，习近平主席在第73届世界卫生大会视频会议开幕式上的致辞，2020年5月18日，http://www.xinhuanet.com/politics/leaders/2020-05/18/c_1126001593.htm。

61 US sticks it to WHO as Xi offers vaccine hope, May 18, 2020, https://www.politico.eu/article/us-donald-trump-alex-azar-sticks-it-to-who-world-health-organization-as-xi-jinping-offers-coronavirus-vaccine-hope/.

62 《外交部发言人谈今年以来中国外交成果和下阶段工作重点》，2020年8月10日，https://www.fmprc.gov.cn/web/wjdt_674879/fyrbt_674889/t1805159.shtml。

便利和支持。截至2020年8月2日，中方累计向美方提供口罩265亿只、防护服3.3亿件、护目镜3100万副、外科手套6.1亿双、呼吸机1.15万台。[63]

此次疫情带来的最大启示是：各国人民的生命健康和安全、发展利益休戚与共、紧密相连，人类社会实际上是一个命运共同体。中国将始终做世界和平的建设者、全球发展的贡献者、国际秩序的维护者，与各国人民携手共建人类命运共同体。中国将加强疫情防控国际合作，直到全世界最终战胜新冠病毒，将积极与各国探索建立联防联控机制，开展药物、疫苗研发等防疫合作，向有需要的国家提供力所能及的帮助，尽快阻断疫情跨境传播。中国将一如既往支持世界卫生组织工作，促进全球公共卫生治理，打造人类卫生健康共同体。中国与世界上绝大多数国家站在一起，坚决摒弃意识形态偏见，切实形成抗击疫情的最大合力。[64]

维护生物安全归根到底是维护“人的安全”和“人类安全”，符合全人类和世界各国的根本利益，以邻为壑不能独善其身，只

---

63 《2020年8月7日外交部发言人汪文斌主持例行记者会》，https://www.fmprc.gov.cn/web/wjdt_674879/fyrbt_674889/t1804743.shtml。

64 《外交部发言人谈今年以来中国外交成果和下阶段工作重点》，2020年8月10日，https://www.fmprc.gov.cn/web/wjdt_674879/fyrbt_674889/t1805159.shtml。

有同舟共济才能保障安全，各国应从新冠肺炎疫情应对的经验教训中汲取智慧，切实摒弃成见，夯实共同利益基础，树立“共同安全、综合安全、合作安全、可持续安全”的理念，发挥创造力，合作求安全，不断更新完善现有国际生物安全机制，在使人类享受生物技术发展红利的同时，切实管控日益严峻的生物安全风险，解决好全球生物安全的新挑战。